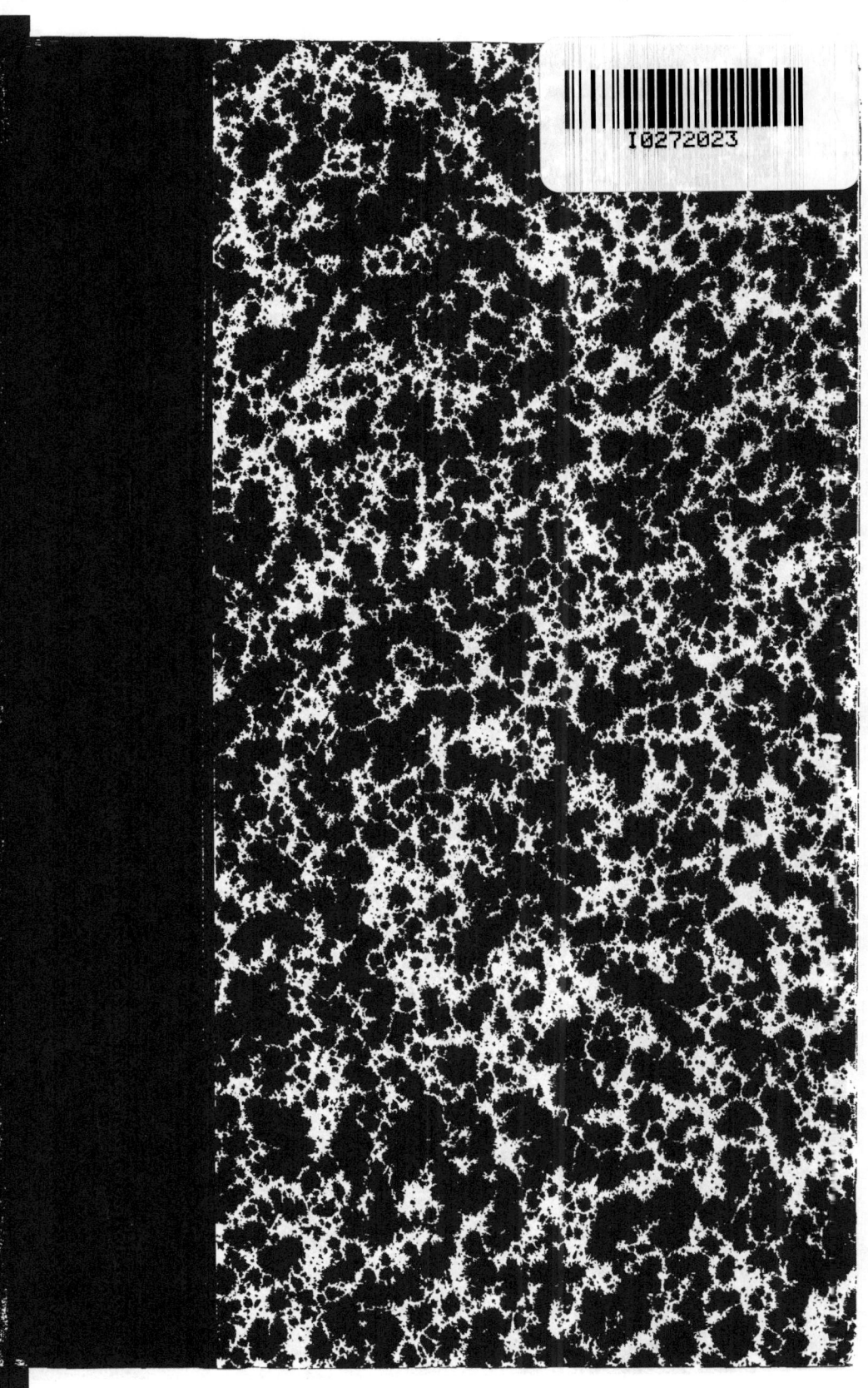

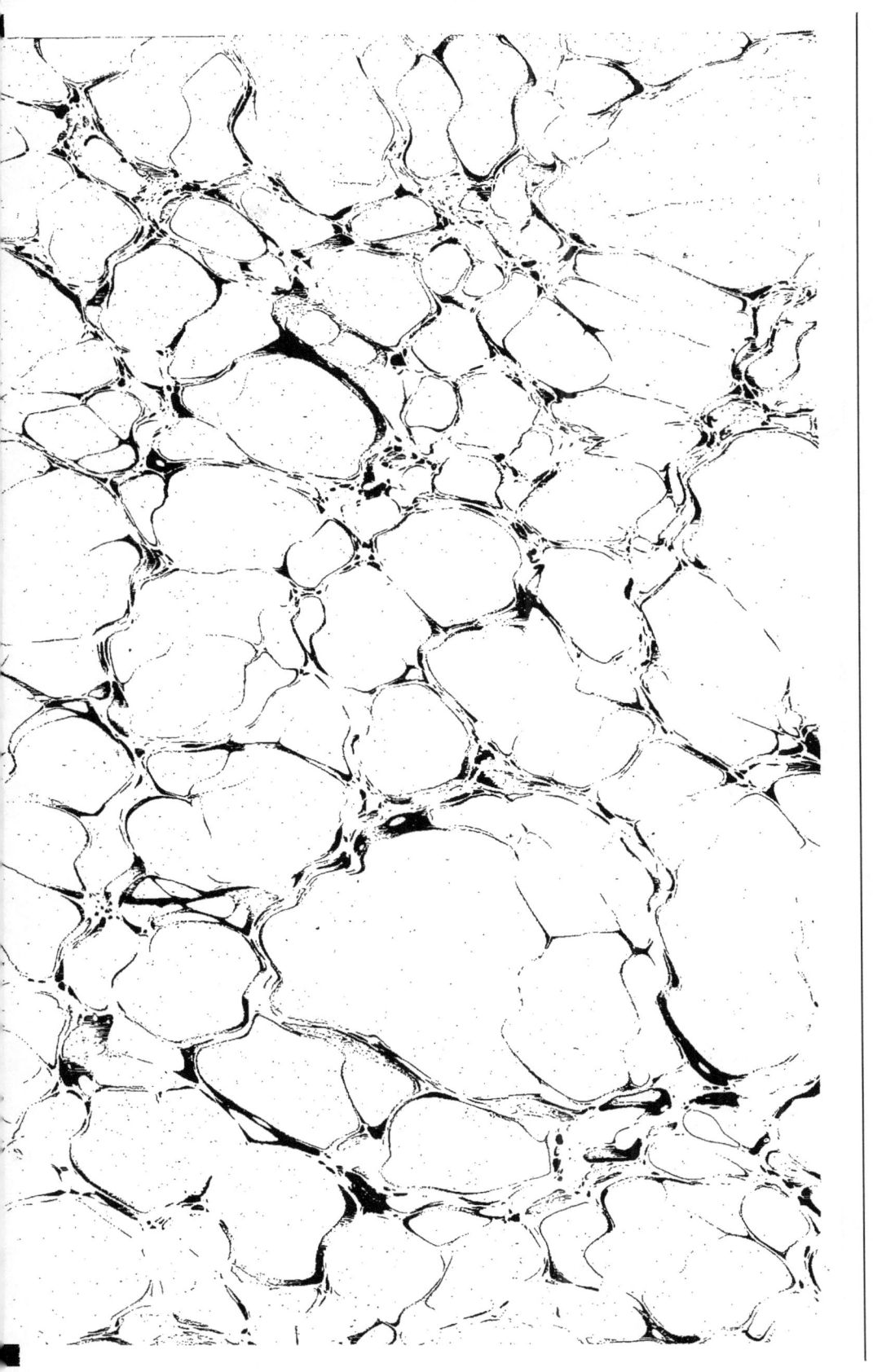

MÉMOIRES
DU
CARDINAL DE RICHELIEU

PUBLIÉS

D'APRÈS LES MANUSCRITS ORIGINAUX

POUR LA SOCIÉTÉ DE L'HISTOIRE DE FRANCE

AVEC LE CONCOURS DE

L'INSTITUT DE FRANCE ET L'ACADÉMIE FRANÇAISE

(FONDATIONS DEBROUSSE ET GAS)

TOME CINQUIÈME

(1625-1626)

A PARIS

SOCIÉTÉ DE L'HISTOIRE DE FRANCE

46, RUE JACOB

M DCCCC XXI

Exercice 1921
2ᵉ volume
(Voir au verso.)

*Le Siège social de la Société de l'Histoire de France
est à Paris, rue des Francs-Bourgeois, n° 60.
Le Dépôt des publications est rue Jacob, n° 46; il est ouvert
le mardi et le vendredi de dix heures à midi.*

VOLUMES RÉCEMMENT PARUS

Exercice 1919.

390. Annuaire-Bulletin, 1919.
391. Chronique de Jean II et Charles V, t. III.
392. Chronique de Jean II et Charles V, t. IV (*album*).
393. Dépêches des ambassadeurs milanais en France sous Louis XI, t. III.

} Distribués en septembre-octobre 1920.

Exercice 1920.

394. Annuaire-Bulletin, 1920.
395. Grandes Chroniques de France, t. I.
396. Correspondance du maréchal de Vivonne relative à l'expédition de Messine, t. II.

} Distribués en décembre 1920.

Exercice 1921.

397. Annuaire-Bulletin, 1921 (*non encore paru*).
398. Rapports et notices sur les Mémoires du cardinal de Richelieu, fasc. VI.

} Distribué en sept. 1921.

MÉMOIRES

DU

CARDINAL DE RICHELIEU

IMPRIMERIE DAUPELEY-GOUVERNEUR

A NOGENT-LE-ROTROU.

MÉMOIRES

DU

CARDINAL DE RICHELIEU

PUBLIÉS

D'APRÈS LES MANUSCRITS ORIGINAUX

POUR LA SOCIÉTÉ DE L'HISTOIRE DE FRANCE

AVEC LE CONCOURS DE

L'INSTITUT DE FRANCE — ACADÉMIE FRANÇAISE

(FONDATIONS DEBROUSSE ET GAS)

TOME CINQUIÈME

(1625-1626)

A PARIS
SOCIÉTÉ DE L'HISTOIRE DE FRANCE
46, RUE JACOB

MÉMOIRES

DU

CARDINAL DE RICHELIEU

TOME CINQUIÈME

(1625-1626)

PUBLIÉ SOUS LA DIRECTION DE

M. Louis DELAVAUD

PAR

Roger GAUCHERON et Émile DERMENGHEM

M DCCCC XXI

EXTRAIT DU RÈGLEMENT.

Art. 14. — Le Conseil désigne les ouvrages à publier, et choisit les personnes les plus capables d'en préparer et d'en suivre la publication.

Il nomme, pour chaque ouvrage à publier, un Commissaire responsable, chargé d'en surveiller l'exécution.

Le nom de l'éditeur sera placé en tête de chaque volume.

Aucun volume ne pourra paraître sous le nom de la Société sans l'autorisation du Conseil, et s'il n'est accompagné d'une déclaration du Commissaire responsable, portant que le travail lui a paru mériter d'être publié.

Le Directeur de la publication soussigné déclare que le tome V des Mémoires du Cardinal de Richelieu, *préparé par* MM. Roger Gaucheron *et* Émile Dermenghem, *lui a paru digne d'être publié par la* Société de l'Histoire de France.

Fait à Paris, le 1er octobre 1921.

Signé : L. DELAVAUD.

Certifié :

Le Secrétaire de la Société de l'Histoire de France,

R. DELACHENAL.

MÉMOIRES
DU
CARDINAL DE RICHELIEU

ANNÉE 1625.

L'année 1625[1] vit dès son commencement éclore une infâme rébellion de nos hérétiques, qui fut tramée par Soubise[2], lorsqu'on n'attendoit point de lui une semblable infidélité. Il étoit signalé entre les rebelles de ce qu'il avoit été le premier de tous qui s'étoit osé présenter pour défendre au Roi l'entrée en une de ses villes. Sortant de Saint-Jean-d'Angély[3] par composition, il jura de ne plus porter les armes contre S. M. Au préjudice de son serment, il ne laissa pas, à quelque temps de là, de se saisir des Sables-d'Olonne,

---

1. Le 13ᵉ cahier du manuscrit A comprend, outre la fin de 1624, le début du récit de 1625, ainsi qu'il a été expliqué dans notre tome IV, p. 232, n. 1. Toutefois, la pagination du manuscrit est reprise en ce point (actuellement fol. 127). Sancy a écrit à la marge, en regard de la première ligne : « L'an 1625. »
2. Tout le récit de la rébellion de Soubise est emprunté au *Mercure françois*, t. XI, p. 206 et suiv.
3. En juin 1621. Voyez notre tome III, p. 149.

où, voyant le Roi fondre sur lui, il se retira à la Rochelle, comme les oiseaux craintifs se cachent dans les creux des rochers quand l'aigle les poursuit. Là il reçut encore grâce pour la seconde fois de S. M. Mais, comme la reconnoissance des infidèles est aussi infidèle qu'eux, ces grâces descendirent si peu avant dans son cœur que, ne lui en demeurant aucun sentiment ni mémoire, sa rébellion, aussi féconde que l'hydre, renaît de nouveau. Il met le feu dans le royaume tandis que le Roi est employé en la défense de ses alliés, ainsi qu'Érostrate embrasa le temple de Diane tandis qu'elle étoit attentive à promouvoir la naissance d'Alexandre[1].

Dès l'automne de l'année précédente, machinant en son esprit cette méchante entreprise, il alla en Languedoc trouver le duc de Rohan[2], son frère, pour la concerter avec lui. Il lui dit que les grands vaisseaux de S. M.[3] sont au port de Blavet, sans garde, en assurance et en belle prise. Il feint de vouloir faire un voyage de long cours et, sous ce prétexte, arme quelques vaisseaux[4] pour s'aller saisir de ceux-là, et

1. Les trois phrases qui précèdent figurent dans un discours prononcé par le sieur d'Olive, premier avocat du Roi en la sénéchaussée de Toulouse, et inséré dans le *Mercure françois*, t. XI, p. 215.

2. Il y avait été précédé par son agent La Milletière. Sur l'opposition tout d'abord manifestée par Rohan aux projets de Soubise, voyez *Mémoires de Bouffard-Madiane*, publ. par Ch. Pradel, p. 75-81.

3. L'escadre de la Milice chrétienne achetée par le Roi. Le manuscrit A portait tout d'abord : « Les grands vaisseaux appartenant partie au Roi, partie à M. de Nevers. »

4. Soubise prépara son expédition à Chef-de-Baye, près la Rochelle; M. de Loudrières était l'un de ses principaux par-

quant et quant tenter de surprendre le château, qui est une place qu'il seroit difficile au Roi de reprendre sur eux s'ils l'avoient entre les mains. Il n'est point besoin de rapporter ici les raisons[1] qu'il lui mit en avant pour lui faire trouver bon ce dessein ; car, à des infidèles, le seul pouvoir de nuire suffit à les y persuader. Le duc de Rohan[2] envoya incontinent sa femme[3] au Bas-Languedoc pour solliciter les villes à se soulever pendant qu'il travailloit au Haut-Languedoc à la même fin.

Soubise, après avoir demeuré quelques journées avec lui, sous prétexte[4] d'aller consoler sa mère[5] sur la mort de sa fille[6], s'en alla en Aunis pour exécuter

tisans. Sur les ressources qu'ils réunirent, voyez Ch. Bernard, *Histoire des guerres de Louys XIII contre les religionnaires rebelles de son estat* (1633), p. 440, et la dépêche du 9 janvier 1625 de l'ambassadeur hollandais Langerack : Bibl. nat., ms. Français 17940, fol. 238 v°.

1. Première rédaction du manuscrit A : « raisons très grandes ».

2. En février 1625, le duc de Rohan déclara « en pleine assemblée de la ville de Castres » qu'il voulait « suivre la bonne ou la mauvise fortune de son frère de Soubise ». Lettre d'Herbault à Aligre, ambassadeur à Venise, 21 février 1625 (Arch. nat., KK 1361, fol. 114 v°).

3. Sur le séjour de Mme de Rohan à Nîmes, Uzès et Avignon, voyez le *Mercure françois*, t. XI, p. 207-208.

4. Première rédaction du manuscrit A : « feignit ».

5. Catherine de Parthenay. Le 18 décembre 1624, elle remerciait le Cardinal pour une libéralité faite par le Roi à Mlle de Rohan (Aff. étr., France 778, fol. 166 v°] ; le 21 février 1625 elle s'adressait à lui pour se plaindre du duc de Vendôme, qui avait mis garnison dans sa maison de Josselin (*Catalogue de la collection d'autographes A. Bovet*, série IX, n° 1189).

6. Henriette de Rohan, née à la Rochelle en mars 1577, morte le 21 août 1624.

son entreprise. Dès qu'il fut à la mer, il se saisit de l'île de Ré[1]. Les Rochelois, qui ne vouloient pas encore paroître de la partie jusqu'à ce qu'ils la vissent plus assurée, le prièrent de s'éloigner afin qu'il ne fît point tomber l'orage sur eux. Pour contenter leur désir, il fit voile plus tôt qu'il n'avoit pensé et arriva, le 6e de janvier 1625[2], à Blavet avec douze navires[3], force barques et chaloupes. Il se saisit, sans coup férir, de six vaisseaux[4] qui étoient au port, entre lesquels étoit celui de la *Vierge*, artillé de huictante canons de fonte verte; se rendit maître de la ville de Blavet[5] et bloqua le château, qu'il pouvoit prendre s'il eût osé l'attaquer, vu qu'il n'y avoit que seize hommes dedans lorsqu'il y arriva. Mais, quelques jours après, Querolhein[6], lieutenant dans la place, s'y rendit avec les

1. Soubise occupa l'île de Ré du 7 au 15 janvier. L'intendant de Bris s'était réfugié, à son approche, dans le fort Louis (J. Guillaudeau, *Diaire*, publ. par L. Meschinet de Richemond dans les *Archives historiques de la Saintonge et de l'Aunis*, t. XXXVIII, 1908). Voyez la lettre écrite par Soubise aux Rochelais, le 13 janvier 1625, avant son départ de Saint-Martin de Ré (Bibl. nat., ms. Brienne 212, fol. 306).

2. Erreur des *Mémoires*, dont la chronologie pour l'année 1625 est souvent fautive. Soubise arriva à Blavet dans la nuit du 18 janvier 1625. Voyez le récit donné par Ch. B. de la Roncière, *Histoire de la marine française*, t. IV, p. 464.

3. C'était l'escadre de Loudrières, armée pour une expédition en Guyane (Ch. de la Roncière, *op. cit.*, p. 464).

4. La *Vierge*, le plus important de ces vaisseaux, était de 800 tonneaux, le *Saint-Michel* et le *Saint-Jean* de 600, le *Saint-Louis* et le *Saint-Basile* de 300 (Guillaudeau, *Diaire*, p. 265).

5. Sur cette ancienne dénomination du Port-Louis, voyez Ch. Bernard, *Histoire du roy Louis XIII*. Paris, 1646, p. 460.

6. Nom, omis par le scribe, ajouté en interligne sur le manuscrit A par Charpentier. Querolhein commanda à Hen-

soldats. Le duc de Vendôme, qui en reçut la nouvelle à Nantes, y alla promptement avec toute la noblesse qu'il put amasser[1] et lui fit quitter la ville et rentrer dans ses vaisseaux.

Le Roi avoit eu avis plus d'un mois[2] auparavant de cette entreprise et avoit commandé à Mantin[3] et au chevalier de Saint-Julien[4] d'y aller en diligence et se jeter dans les vaisseaux avec nombre de soldats et matelots nécessaires pour les défendre; mais le retardement que les surintendants[5] apportèrent à leur faire

nebont de 1612 à 1616 (arch. du Morbihan, B 2405); il tenait ses pouvoirs du maréchal de Brissac (Bernard, *Histoire des guerres...*, p. 444; voyez une lettre qu'il écrivit au Cardinal le 6 février 1625 : Aff. étr., France 780, fol. 4). La défense du château de Blavet par Querolhein est longuement décrite dans un mémoire du sieur de Louche, vicaire de Quimperlé (Aff. étr., France 783, fol. 73).

1. Voyez la lettre de l'envoyé de Lorraine, Bréval, du 2 février 1625 : « Les nouvelles de Blavet sont très bonnes et le gouverneur répond au Roi de la place; toute la côte de Bretagne est en armes » (Bibl. nat., Nouvelles acquisitions françaises 3145, fol. 209 v°).

2. Sur les mesures de précaution prises contre les « pratiques et menées des huguenots », voyez une lettre d'Herbault à Béthune du 4 janvier 1625 (Bibl. nat., ms. Français 3667, fol. 56).

3. Manuscrits A et B : « Manty ». — Théodore de Mantin, chef d'escadre et vice-amiral. Cf. Avenel, *Lettres du cardinal de Richelieu*, t. IV, p. 738, et Pithon Curt, *Histoire de la noblesse du Comtat-Venaissin*, t. II, p. 229.

4. Le chevalier Saint-Julien fut chargé d'une mission en Hollande dans le courant de 1625 et se distingua dans la bataille navale du 15 septembre. Cf. Ch. de la Roncière, *op. cit.*, p. 470.

5. A La Vieuville et aux Brûlart écartés par Richelieu avaient succédé les surintendants de Champigny et de Marillac, assistés des quatre intendants des finances de Chevry, Trousson, du Houssay et de Soupir.

délivrer l'argent qui avoit été ordonné à cette fin fut cause qu'ils n'y purent arriver que trois jours après. Par là voit-on clairement combien les plus petits manquements produisent de grands inconvénients, avec quelle exacte diligence il faut, en matière d'État, exécuter ce qui est commandé et que les maux, pour légers qu'ils soient en leurs commencements, ne doivent pas être méprisés[1]. Le point[2] est le commencement d'une ligne infinie s'il y en a quelqu'une, et les plus grands fleuves ne sont pas plus considérables en leurs sources que les moindres ruisseaux.

Le duc de Vendôme, nonobstant toutes les troupes et le canon qu'il avoit, ne put ou ne voulut empêcher[3], durant dix ou douze jours, Soubise de calfater et équiper à sa vue les navires qu'il avoit pris; après

1. Richelieu a exprimé à maintes reprises la même pensée. Voyez notamment *Testament politique*, éd. 1689, 2ᵉ partie, p. 17 et 206.

2. Le manuscrit A portait fautivement : « pont »; cette bévue du copiste a été corrigée par Charpentier.

3. Bassompierre (*Mémoires*, éd. de la Société de l'histoire de France, t. III, p. 199), envoyé par le Roi à Blavet, se rencontra le 7 février avec Vendôme, « lequel étoit fort malheureux et fort peu aimé, mais nullement coupable des choses dont on l'accusoit ». En revanche, la complicité de Vendôme est attestée par les dépositions recueillies au cours de l'enquête de 1626, notamment celles de Châteaubriant et du chevalier de Rasilly (Aff. étr., France 783, fol. 65 et 72 v°; voyez les lettres de Vendôme au Cardinal, 15 et 22 janvier 1625 : Aff. étr., France 780, fol. 1, et France 1503, fol. 235); il expliquait dans la seconde lettre « la peine que j'ai eue pour faire équiper des navires ici [à Saint-Malo] pour renforcer l'armée navale de S. M., suivant son commandement, faisant cet armement à mes dépens, seul, sans aide ni contribution de qui que ce soit au monde ».

quoi il fit voile[1] et s'en alla le long de la côte, prenant dans les ports les vaisseaux qu'il rencontroit pour grossir sa flotte[2].

Le Roi, incontinent qu'il sut que ses vaisseaux étoient pris, en envoya demander au roi d'Angleterre, qui lui promit de l'en assister de huit[3], ne pouvant

1. Dans la nuit du 4 février 1625 (voyez Ch. de la Roncière, *op. cit.*, t. IV, p. 465). Des prisonniers furent faits par les troupes royales, lors de l'embarquement. Soubise revendiquait en leur faveur, par une lettre adressée le 20 mars à M. de Cossé, président au parlement de Rennes, le traitement réservé aux « gens de guerre » et déclarait être à la tête d'un parti formé où « tout le général de notre religion prend part » (Bibl. nat., ms. Dupuy 100, fol. 145). Voyez le récit donné au Cardinal le 15 février 1625, de Port-Louis, par François de Cossé : « Mrs de Vendôme et de Retz ... ont été tellement soupçonnés en cette province qu'il se peut dire que sans moi on leur auroit refusé l'entrée des villes, et principalement celle de Hennebont. Quand il vous plaira vous enquérir de la vérité, vous trouverez que toute la noblesse du pays m'assistoit à charger les ennemis et que ceux qui en eurent nouvelles les firent retirer de la ville du Port-Louis pour se jeter dans leurs vaisseaux, ce que je ne trouve point étrange, parce que, les ayant fait venir, il étoit bien raisonnable qu'ils leur donnassent le moyen de se retirer sains et saufs. Je puis dire avec vérité que les ennemis ont été seulement maltraités par ceux de cette place, car nous leur avons coulé à fond huit navires, contraint le vaisseau appelé *le Saint-François* de se rendre à discrétion, pris cent ou six-vingts prisonniers des leurs, tué trois cents hommes de leur armée et rendu les plus grands vaisseaux en tel état que le moindre a plus de deux cents coups de canon » (Aff. étr., France 1503, fol. 239).

2. Voyez la lettre d'Herbault à l'ambassadeur de Venise, Aligre : « Le s[r] de Soubise est en mer qui muguette les côtes et îles de ce royaume et tient en alarme les sujets de S. M. » (Arch. nat., KK 1361, fol. 115, 21 février 1625).

3. La demande du Roi avait été faite le 23 janvier ; dès le

lui en bailler davantage à cause de la grande flotte qu'il préparoit pour envoyer en Espagne[1].

Il manda au Roi que, s'il avoit besoin de sa propre personne, il iroit le trouver, bien qu'il eût sujet de se plaindre de Madame, qui n'avoit pas voulu recevoir ses lettres ni celles de son fils, sans en avoir eu auparavant la permission de la Reine sa mère; qu'elle l'avoit satisfait après en avoir eu la licence[2], mettant sa lettre, après qu'elle l'eut lue, sous son chevet, et celle de son fils en son sein, voulant par là donner à connoître qu'elle vouloit avoir son appui en lui et loger son fils en son cœur[3].

En ce temps-là, qui étoit le mois de février, le Père de Bérulle, qui avoit été envoyé à Rome pour la dispense du mariage d'Angleterre, après avoir surmonté toutes les traverses que l'Espagne apporta pour l'empêcher, l'obtint enfin de S. S., qui l'envoya à son

---

2 février, Effiat annonçait le consentement de Jacques Ier (S. R. Gardiner, *Documents illustrating the impeachment of the Duke of Buckingham*, p. 140 et 144).

1. Cette expédition, dont l'objectif final fut Cadix, n'eut lieu qu'en octobre 1625. Voyez plus loin.

2. Manuscrit A : *mais qu'elle l'avoit...* — Var. (ms. Français 17542) : sans en avoir eu auparavant la licence, mettant... — C'est là une bévue du scribe, qui a omis une ligne du manuscrit qu'il copiait.

3. Emprunt au *Mercure françois*, t. X, p. 869, qui rapporte les propos tenus par le roi Jacques, le 15 février, devant sa cour : « Lorsqu'elle sera par deça, je lui ferai la guerre de ce qu'elle n'a voulu lire ma lettre ni celle de mon fils sans avoir premièrement eu le consentement de la Reine, sa mère. Je lui sais néanmoins bon gré de ce qu'après les avoir lues elle a mis la mienne dans son coussin et l'autre dans son sein, comme voulant dire qu'elle se veut appuyer sur moi et loger mon fils dans son cœur. »

nonce[1] avec ordre de ne la point délivrer que les articles, qu'elle avoit dressés en langue latine, ne fussent signés de la main des deux rois [2].

Cela apporta un grand trouble en cette affaire[3], le roi de la Grande-Bretagne faisant difficulté de signer rien de nouveau outre ce qu'il avoit déjà signé, pour ce que, la substance des articles latins étant la même de

1. Bernardino Spada, archevêque de Damiette et nonce apostolique en France de 1614 à 1627. Le 20 mars, La Ville-aux-Clercs écrivait à Effiat : « MM. les cardinaux de la Rochefoucauld et de Richelieu, que j'ai accompagnés chez M. le Nonce », n'ont pu le « persuader de délivrer la dispense » (Bibl. nat., ms. Baluze 154, fol. 142).

2. Le Père de Bérulle l'annonça au Cardinal, de Turin, le 26 janvier 1625 : « Je vous écris ce mot en chemin pour vous dire comme encore que les affaires d'Angleterre se soient passées comme on peut désirer et que la dispense soit pure et simple, et qu'il n'y ait qu'une étendue de paroles un peu plus exactes et expresses dans les conditions approuvées par S. S., si est-ce que M. le Nonce, auquel la dispense est envoyée, ne la délivrera pas que ces articles, selon cette étendue de paroles, ne soient signés des deux rois » (Aff. étr., Rome 36, fol. 59).

3. C'est sur un refus formel de Carlisle et Holland de recevoir les nouveaux articles que Richelieu entreprit une démarche suprême auprès du Pape. Carlisle « nous met le marché à la main », écrit Loménie à M. d'Effiat le 19 mars 1625 (Bibl. nat., ms. Baluze 154, fol. 141). Voyez aussi la lettre de Carlisle et Holland à Richelieu et Schönberg du 19 mars (Bibl. nat., ms. Dupuy 145, fol. 173 v°). — De ces « pressements extraordinaires » des ambassadeurs d'Angleterre, mentionnés dans l'instruction à Béthune du 23 mars, il est à peine trace dans les *Mémoires*. Dans une lettre du 21 mars adressée à M. d'Effiat, le Roi manifestait le désir de voir la négociation du mariage être désormais confiée au duc de Buckingham : « Cette affaire ne sauroit bien aller, ni aucune autre, tant que le comte de Carlisle s'en entremettra, ne prenant conseil de deçà que des

ceux qu'il avoit signés en françois[1], il sembloit que ce qu'on lui demandoit maintenant n'étoit qu'en dessein de le faire intervenir en un acte qui parlât en catholique; ce qu'il ne vouloit pas, estimant que S. M. Très Chrétienne ne l'y pouvoit raisonnablement astreindre et obliger, et qu'il suffisoit qu'ils fussent signés par elle, qui seule traite avec le Pape, et non pas lui.

Le Roi dépêcha pour cet effet un courrier en diligence à Rome[2], rendant par cet envoi un nouvel acte d'obéissance et de respect à S. S. et au Saint-Siège, nonobstant l'empêchement[3] de ses affaires et l'avis de la plupart de ses conseillers, qui lui disoient qu'il pouvoit et devoit passer outre; ce qu'il fut néanmoins

huguenots qui ne veulent point le mariage » (Bibl. nat., ms. Baluze 154, fol. 144). Le Cardinal et Schönberg firent appel à la médiation de l'ambassadeur vénitien Morosini. Voyez sa dépêche du 23 mars, *Calendar of State Papers*, *Venice*, vol. XVIII, 1912, p. 619.

1. Le récit qui va suivre est emprunté à l' « Instruction envoyée à M. de Béthune pour la dispense du mariage d'Angleterre », le 23 mars 1625. La copie de ce document, utilisée par les secrétaires des *Mémoires*, est conservée à la Bibl. nat., ms. Français 15990, fol. 287; elle est de la main de Le Masle des Roches. Une minute, d'ailleurs incomplète, de la même instruction, et corrigée par le Père de Bérulle, figure dans les papiers de l'Oratoire (Arch. nat., M 232). Le travail d'adaptation des fragments de l'instruction transcrits par le scribe a été fait sur le manuscrit A par Sancy.

2. Voyez la lettre d'Herbault à Bullion du 29 mars 1625 : « Le Roi a dépêché par exprès deux courriers, l'un par la Suisse, l'autre par Marseille, pour porter ordre à M. de Béthune de poursuivre instamment la délivrance de la dispense du mariage; mais, comme le Roi a satisfait à tout ce qui dépend de lui et que cette dispense ne peut lui être dénuée, S. M., sur cette créance, passera à l'accomplissement dudit mariage » (Arch. nat., KK 1361, fol. 206 v°).

3. L'instruction originale portait : « empressement ».

retenu de faire par la grande révérence qu'il a toujours rendue et vouloit rendre au Saint-Père[1].

S. M. commanda par le courrier au sieur de Béthune[2], son ambassadeur, de supplier S. S. de sa part de ne s'arrêter point en cette affaire, si importante à la chrétienté, sur de simples formalités sans substance et sans réalité.

Que le principal point, qui étoit l'article secret demandé en faveur des catholiques, étoit déjà obtenu, et le roi Très Chrétien en avoit livré l'original ès mains de M. le Nonce pour assurer davantage S. S. Il n'y avoit que cette différence, qu'on le lui donnoit en françois et il le désiroit en latin.

Il donna encore à M. le Nonce, en latin et en la même forme que S. S. l'avoit prescrite, toutes les obligations particulières qui avoient été ordonnées par S. S.

Tellement que tout étoit accompli, hors cette seule différence, que quelques articles latins n'étoient pas signés du roi de la Grande-Bretagne, mais la substance en étoit signée en françois, et la garantie de tous les articles latins étoit donnée par S. M.;

Qu'il ne falloit pas que cette affaire, si grande et

1. Comparez le passage correspondant de l'instruction originale : « A cet effet, S. M. dépêche en diligence ce courrier exprès à S. S. pour l'en supplier très humblement, et S. S. considérera, s'il lui plaît, que ce nouvel envoi est un nouvel acte d'obéissance et de respect que S. M. rend à S. S. et au Saint-Siège, nonobstant l'empressement de ses affaires et l'avis de plusieurs qui lui disent qu'elle peut et doit passer outre, ce qu'elle est retenue de faire par le grand respect qu'elle veut rendre au Saint-Père, chose qui mérite d'être bien considérée. »

2. Philippe de Béthune, ambassadeur ordinaire du Roi à Rome depuis juin 1625.

importante à la France et à l'Angleterre, et peut-être à la chrétienté, fût réduite en extrémité, non par aucun point de substance et de considération particulière, mais par une simple formalité.

Et qu'il n'étoit pas à présumer que S. S. fit plus d'état de cette simple formalité que des grands périls et inconvénients qui suiv[r]oient la rupture de cette affaire dans l'Angleterre, dans la France, peut-être dans l'Europe[1];

Que, si ce mariage se rompoit, la religion huguenote étoit fortifiée en France par le secours des Anglois, lequel eût été empêché par ce mariage, et la religion catholique étoit perdue en Angleterre, car, très assurément, le prince seroit marié à une hérétique s'il n'épousoit la sœur du roi Très Chrétien, et le dessein en étoit tout formé. Ç'avoit toujours été le but des puritains, lesquels ont toujours tramé la rupture de tout mariage catholique, et de celui d'Espagne comme de celui-ci.

Au contraire, si ce mariage se faisoit, la religion

1. Le passage suivant de l'instruction n'a pas été reproduit : « S. S. est donc très humblement suppliée de considérer qu'en l'affaire de ce mariage c'est le roi Très Chrétien qui traite seul avec le Pape, et qui seul demande la dispense, et auquel seul elle est adressée. Que le roi de la Grande-Bretagne ne veut intervenir en actes qui parlent en catholique, et le Roi ne peut l'y astreindre et obliger. Qu'en effet le Roi seul est envers S. S. le garant de ces articles, car S. S. ne reçoit ni traité, ni parole des hérétiques, et la garantie du Roi est si bonne et si digne qu'elle suffit à décharger S. S. et devant Dieu et devant la chrétienté. Qu'il plaise donc à S. S. se contenter de la signature et garantie du roi de France et de tous les autres actes qu'elle a désirés de S. M., laquelle est toute prête de les mettre tous ès mains de M. le Nonce. »

catholique recevroit un très grand appui en Angleterre et la religion huguenote seroit ruinée en France, car, les huguenots ayant donné au Roi par leur rébellion de les châtier et les perdre, S. M. les vouloit pousser jusqu'au bout, et le feroit d'autant plus facilement qu'ils ne pourroient être si ouvertement secourus ni de Hollande ni d'Angleterre;

Que le Roi, pressé de ces considérations si puissantes et voyant qu'il n'y avoit rien d'important et essentiel dans les articles latins envoyés de Rome qui ne fût compris virtuellement, quoique avec moins d'étendue, dans les articles françois signés du roi de la Grande-Bretagne, avoit cru devoir absolument empêcher la rupture de ce mariage; et, ayant une parfaite confiance en l'affection paternelle de S. S. vers sa personne et au grand jugement qu'elle a de ce qui peut arriver dans les affaires présentes par l'expérience du passé, ne lui restant aucun autre moyen d'empêcher cette rupture, avoit pensé devoir promettre dans un mois l'accomplissement du mariage dont il avoit plu déjà à S. S. accorder la dispense, se réservant ce temps pour obtenir de S. S. ordre exprès à son nonce de la délivrer sans autre condition que les pièces qui lui seroient délivrées par son ambassadeur[1] et celles qu'il devoit mettre ès mains du nonce[2], selon les formes prescrites par S. S., hors

1. La ratification par Louis XIII des articles proposés par le Pape. La promesse du mariage fut donnée par le Roi, le 23 mars, et renouvelée pour un mois, le 11 avril (Bibl. nat., ms. Baluze 154, fol. 167).

2. « Les originaux de l'écrit particulier et du serment signés par le roi de la Grande-Bretagne et le prince de Galles » (Bibl. nat., ms. Français 3667, fol. 123).

ces articles latins, signés par le roi de la Grande-Bretagne[1];

Que si S. S., après que toutes ces choses lui auroient été représentées, n'étoit pas encore entièrement satisfaite, il la supplioit de donner plein pouvoir[2] à MM. les cardinaux, conjointement avec M. le Nonce, pour délivrer ladite dispense aux conditions qu'ils estimeroient en conscience le pouvoir et devoir faire; et, d'autant que d'ordinaire l'opinion des hommes se trouve différente, qu'il seroit bon que le pouvoir portât (ce qui est commun en toute délibération) que les deux emportent le troisième.

Si, d'aventure, S. S. vouloit que, pour plus grande lumière et pour plus grande décharge en cette affaire, MM. les cardinaux appelassent en cette délibération un des premiers professeurs de théologie en la Sorbonne, avec le confesseur du Roi[3] et le Père de Bérulle, qui a connoissance de toute cette affaire, S. M. se con-

1. L'instruction contenait le paragraphe suivant, omis : « Le s^r de Béthune représentera que le Roi a été obligé à cela par des pressements extraordinaires et outre pour sauver la religion perdue à jamais dans l'Angleterre si le prince épouse une protestante, comme le dessein en est tout formé; quoiqu'il ne soit engagé sur l'assurance qu'il a pris que S. S. l'ordonneroit ainsi à M. le Nonce, que s'il arrivoit qu'il ne l'obtînt pas, le bien de la chrétienté et l'état où il se trouve l'obligeroient, quoiqu'avec un extrême regret, à passer outre. »

2. Comparez l'instruction originale : « A toute extrémité, si le Pape est résolu de ne point se relâcher aux conditions demandées pour faire délivrer la dispense, on peut lui proposer de donner, etc... »

3. Gaspard de Séguiran (1568-1634), de la Compagnie de Jésus, confesseur et prédicateur du Roi de 1621 à 1625. Voyez François Garasse, *Mémoires*, publ. par Ch. Nisard, 1861, p. 5, n. 2.

tenteroit de cet expédient, pourvu que S. S. leur commandât de terminer cette affaire sans délai[1].

Ces choses étant ainsi représentées au Saint-Père[2], il se résolut de donner au Roi le contentement[3] qu'il désireroit[4].

1. La fin de l'instruction est reproduite sans modification. Avec ce document fut adressée à Béthune une dépêche royale datée du 23 mars 1625 (Bibl. nat., ms. Français 3667, fol. 122). Elle fut certainement composée par le Cardinal, puisque la minute (Aff. étr., Espagne 14, fol. 152) a été écrite par le secrétaire de la main. Nous en reproduisons le passage essentiel : « M. l'Ambassadeur se comportera fortement et si diligemment en cette négociation qu'elle se termine dans huit jours et, s'il pressent qu'il y eût difficulté d'obtenir du Pape ce qu'il demande, il en donnera promptement avis secret au Roi afin qu'auparavant la résolution du refus, dont en ce cas il prolongera la prononciation par sa conduite, on puisse passer outre en l'exécution du mariage, sur l'assurance que S. M. témoignera avoir de l'obtention de sa demande. »

2. Des lettres furent en outre adressées au Pape par Louis XIII et Marie de Médicis; elle « estime avoir beaucoup de crédit près S. S. », écrit Herbault à Béthune le 23 mars, et « désire l'accomplissement du mariage de Madame avec passion ».

3. La nouvelle fut annoncée par Marquemont, le 12 avril 1625, au cardinal de Richelieu : « Nous avons eu la dépêche du Roi du 23 sur le sujet de la dispense, pour laquelle le Nonce nous a écrit fort favorablement, et sa recommandation, jointe à la diligence et dextérité de M. de Béthune, a produit un si bon effet que ce courrier vous porte de quoi achever le mariage, puisqu'on ne désire plus rien du roi anglois et qu'on se contente des promesses de S. M. » (Aff. étr., Rome 36, fol. 310; voyez aussi une lettre de Béthune au Père de Bérulle, 11 avril 1625 : Arch. nat., M 232). La dispense fut remise à Marie de Médicis par le nonce Spada, le 6 mai 1625 (Herbault à Béthune, 7 mai 1625 : Bibl. nat., ms. Français 3702, fol. 45).

4. *Désireroit.* Première version de A : « et manda ». Les *Mémoires* devaient donc reproduire la réponse du Pape, mais ces deux mots furent supprimés lors de la revision du manus-

Cependant, Jacques, roi d'Angleterre, mourut en mars 1625[1]; le prince son fils lui succéda. Dès qu'il est venu à la couronne, il écrit au Roi et le supplie de hâter ses fiançailles avec Madame, sa sœur. Elles furent célébrées le 11e de mai[2] sur un échafaud dressé à la porte de l'église cathédrale de Notre-Dame de Paris, tout ainsi et avec les mêmes cérémonies dont on avoit usé au mariage du feu roi Henri le Grand, lors roi de Navarre, avec la reine Marguerite.

Cette cérémonie fut suivie d'un festin royal[3] en la salle de l'archevêché, de feux de joie par toutes les rues de Paris et de lumières aux fenêtres, qui sembloient faire d'une nuit un beau jour[4].

Le Cardinal, qui avoit avec tant de peine et de prudence conduit cette alliance à une heureuse fin, se

crit; une note de Sancy porte à la marge : « Je ne sçay pas l'ordre qu'il donna. »

1. Le 6 avril 1625 (27 mars, a. st.), à Théobalds, comté de Hertford.

2. Les manuscrits A et B portent : « deuxième ». La « lecture du contrat » et les « fiançailles » eurent lieu au Louvre le 8 mai. Cf. lettre d'Herbault à Aligre, 8 mai 1625 (Arch. nat., KK 1361, fol. 311). Le mariage fut célébré le dimanche 11 mai à Notre-Dame par le cardinal de la Rochefoucauld, grand aumônier de France. Le duc de Chevreuse avait reçu du roi d'Angleterre procuration pour le représenter. Voyez L. Batiffol, *la Duchesse de Chevreuse*, 1913, p. 45.

3. Voyez L. Batiffol, *op. cit.*, p. 47.

4. L'Histoire de la maison de Guise (Bibl. nat., ms. Français 5801, fol. 262 v°) emploie une image analogue pour décrire les joyaux de Chevreuse : « Le duc de Chevreuse avoit son habit, sa toque et son écharpe si couverts de diamants et de pierreries que leur éclat étoit capable de tourner la nuit en beau jour. »

sentant comme obligé de témoigner son contentement, qui excédoit celui de tous les autres, fit à LL. MM. et à toute la cour une collation et un feu d'artifice qui étoient dignes de la magnificence de la France[1].

Mais ne nous y arrêtons point davantage; retournons trouver Soubise, qui est à la mer avec les vaisseaux du Roi qu'il a enlevés.

Il n'eut pas plus tôt fait cette infidèle équipée[2] que la Rochelle et les huguenots, qui lui avoient donné le conseil et les moyens de la faire, la Rochelle lui ayant

1. Cette fête eut lieu le 27 mai au palais du Luxembourg : « M. le cardinal de Richelieu fit une superbe collation de confitures dans la grande galerie de Luxembourg aux trois reines, aux ambassadeurs d'Angleterre et à tout ce qu'il y avoit de relevé à la cour, et leur fit ouïr toute sorte de musique, de voix et d'instruments dans les chambres dudit Luxembourg, qui avoient été superbement parées, et leur fit voir dans le jardin un feu d'artifice, le plus superbe et de la plus belle invention qui ait été vue de longtemps. Le Roi n'y put assister, à cause qu'il se ressentoit encore de son indisposition » (Bibl. nat., ms. Brienne 49, fol. 327). Le légat ne s'était pas rendu à la fête, afin d'éviter de se rencontrer avec Buckingham et les ambassadeurs d'Angleterre (Herbault à Béthune, 23 mai 1625 : Bibl. nat., ms. Français 3702, fol. 62). Le choix du Luxembourg peut s'expliquer par le désir de Richelieu de rendre hommage à la Reine mère; la grande galerie du Luxembourg venait de recevoir la décoration des peintures de Rubens retraçant la vie de Marie de Médicis. Rubens séjournait alors à Paris et avait assisté au mariage de Henriette de France. Voyez *Correspondance*, t. III, p. 319 et 351. Le P. Garasse, critiquant la munificence déployée par le Cardinal, prétend que les frais de la collation s'étaient élevés à 40,000 livres (*Mémoires*, éd. Ch. Nisard, 1861, p. 69).

2. Ici commence le « quinzième cahier » du manuscrit A; comme l'indique une note de la main de Sancy (fol. 134), « il n'y a point de quatorzième cahier »; la page de garde porte

fourni l'argent, le corps et l'équipage de ses vaisseaux, désavouèrent par écrit public et par les députés généraux en cour ce qu'il avoit fait[1].

Mais dès qu'ils virent que la flotte étoit grossie et que, par l'enlèvement des vaisseaux[2] qu'il alloit ravissant de port en port, elle s'étoit rendue puissante et considérable, ils se déclarèrent en sa faveur, nonobstant les désaveux passés[3].

Castres et Montauban commencèrent. Le duc de Rohan prit ouvertement les armes et déclara de bonne prise tous les serviteurs du Roi qu'il put attraper.

Le Roi, pour leur faire sentir sa juste[4] colère et

également le résumé habituel, de la main de Charpentier : « La Rochelle et les huguenots se déclarent pour Soubise. Dégâts de Castres et de Montauban. Avis du Cardinal sur les affaires présentes. Entrée de Soubise en la rivière de Bordeaux. Le Roi demande des vaisseaux aux Hollandois. »

1. La déclaration de Montmartin et Maniald, « députés généraux des églises réformées de France, résidant près la personne du Roi », est datée du 21 janvier 1625 (*Des adieu des deputez généraux des églises prétendues réformées de France*. Paris, 1625, in-8°, 7 p.). — Des députés de la Rochelle se présentèrent, en outre, à la cour le 6 février. Voyez la lettre de l'envoyé de Lorraine, Bréval, du 8 février : « MM. les députés de la Rochelle arrivèrent avant-hier, qui disent de belles choses de leur fidélité et blâment l'action de M. Soubise; mais je ne sais si leurs discours ont point besoin de caution » (Bibl. nat., Nouvelles acquisitions françaises 3145, fol. 212).

2. Première rédaction du manuscrit A : « le vol des vaisseaux ».

3. Le traité d'alliance conclu entre Soubise et les maire et échevins de la Rochelle porte la date du 17 mai (Bibl. nat., ms. Français 4102, p. 146; cité par J. Roman, *Histoire générale du Languedoc*, t. XI, p. 991).

4. Cet adjectif a été omis par le manuscrit B. Nous le rétablissons d'après la leçon de A.

appréhender d'être assiégés, envoya le duc d'Épernon[1] faire le dégât autour de Montauban et le sieur de Thémines à Castres[2].

Cette révolte venoit si à contretemps au Roi en cette saison où il avoit tant d'affaires au dehors, que la plupart de ceux de son Conseil étoient si éperdus[3] que tantôt ils vouloient qu'on fît une paix honteuse avec l'Espagne, tantôt qu'on accordât aux huguenots plus qu'ils ne demandoient.

Le Cardinal[4], au contraire, regardant d'un cœur assuré toute cette tempête, dit au Roi[5] :

Que pour bien juger quelle résolution il devoit

1. Le duc d'Épernon, gouverneur de Guyenne, avait sous ses ordres les trois régiments : Sainte-Croix d'Ornano, Foucaude et Maillé ; il rassembla ses troupes à Moissac en juin et commença ses opérations devant Montauban au début de juillet (Girard, *Histoire de la vie du duc d'Épernon*, p. 411-413, et *Mercure françois*, t. XI, p. 787-789).

2. Le maréchal de Thémines, nommé le 20 mai au commandement de l'armée de Languedoc, « pour faire le dégât aux environs de Castres », rejoignit Toulouse le 9 juin ; son armée était composée de 5,500 hommes d'infanterie et de 600 chevaux. Les opérations eurent pour premier résultat, le 21 juin, la prise du château de Bonnac ; elles s'achevèrent, en octobre, par une tentative infructueuse sur le Mas-d'Azil. Voyez *Histoire générale du Languedoc*, t. XI, p. 992, et *Mercure françois*, t. XI, p. 745 et 755.

3. *Var.* : Tout éperdus. Tantôt ils vouloient... (manuscrit A).

4. La source de ce passage est un mémoire du Cardinal au Roi publié par Avenel, t. II, p. 77-84, d'après France 246, et daté par lui de la fin d'avril ou du début de mai 1625 ; il a été écrit par le secrétaire de la main. Sancy a apporté, sur le manuscrit A, d'assez nombreuses corrections de forme à ce document.

5. Première version du manuscrit A : « Le Cardinal, au con

prendre il falloit voir et considérer mûrement quelle étoit la face des affaires présentes en toute la chrétienté;

Qu'il sembloit que toutes choses conspirassent maintenant à rabattre l'orgueil d'Espagne;

Qu'il n'y avoit personne qui ne sût l'état des armes du Roi en Italie, qui étoit tel qu'en un mot il étoit maître de la Valteline et que difficilement Gênes pouvoit-il éviter d'être pris[1].

Celui des Pays-Bas étoit aussi connu d'un chacun; le siège de Bréda, dont l'événement à la vérité étoit incertain, au moins portoit-il ce préjudice aux Espagnols que, quand même ils l'auroient pris, leur armée seroit tellement ruinée qu'il leur[2] seroit impossible de faire aucun effet notable de tout l'été, vu, principalement, que les États avoient, outre leur armée ordinaire, celle de Mansfeld, capable d'empêcher, pour cette année, que l'armée de Spinola ne fît en leur pays ou ailleurs autre progrès que celui de Bréda, quand même ils ne pourroient secourir la place à cause que de longtemps les assiégeants s'étoient retranchés et fortifiés[3];

traire, voyant d'un cœur assuré toute cette tempête, dit au Roi ce qui s'ensuit. »

1. Lesdiguières s'était emparé, le 26 avril, du château de Gavi. Marquemont écrivait le 5 mai, de Rome, au cardinal de la Valette : « L'on tient l'effroi et la confusion être si forts parmi eux [les Génois] que quand l'armée sera à vue de leur ville ils parleront incontinent de composition » (Bibl. nat., ms. Français 6644, fol. 82).

2. France 246, et première édition du manuscrit A · « lui ».

3. La place était investie depuis le 27 août 1624.

Qu'en Allemagne les princes et États de la Basse-Saxe avoient élu capitaine général de leur cercle le roi de Danemark, qui est membre de leur corps à cause de son duché de Holstein[1]; que ce roi, avec celui de Suède[2] et le marquis de Brandebourg[3] mettoient une armée très puissante sur pied pour rétablir les princes dépouillés par la maison d'Autriche et ses adhérents ;

Que déjà ils avoient assemblé[4] plus de vingt-cinq mille hommes de pied et quatre mille chevaux; qu'on avoit aussi nouvelle que Gabor étoit armé[5] et vouloit entrer en la Hongrie. Mansfeld, ayant fait ce qu'il prétendoit faire en Hollande, entreroit aussi en Allemagne du côté[6]   , et tous les princes de deçà, Würtemberg et autres, se joindroient à lui avec leurs forces ;

1. Manuscrits A et B : « Holsace ». La mention de l'élection du roi de Danemark ne figurait pas dans le mémoire original ; elle a été ajoutée, en interligne, sur le manuscrit A. Christian IV, roi de Danemark (1588-1648), était à la tête de la ligue réformée pour le rétablissement du Palatin ; il fut élu capitaine du cercle de Basse-Saxe à la diète de Brunswick, en mai 1625, en remplacement de Christian de Brunswick-Lünebourg-Zell, demeuré fidèle à l'Empereur. B. Nani (*Historia della republica Veneta*. Venetia, 1662, in-4°, t. I, p. 349) parle du mécontentement que cette élection apporta à l'empereur Ferdinand.

2. Gustave-Adolphe.

3. Georges-Guillaume, margrave de Brandebourg, né en 1595, duc de Prusse, électeur (1619-1640), tenait à s'assurer l'administration de l'archevêché de Magdebourg et recevait des subsides des villes hanséatiques.

4. *Var.* : amassé (ms. Français 17542).

5. France 246 : « On a nouvelle que Gabor est aussi armé ».

6. Le nom est demeuré en blanc dans les manuscrits A et B, comme dans le mémoire original.

Qu'aux Indes un chacun savoit les pertes qu'y avoient faites les Espagnols, tant à la baie de Todos-los-Santos[1] qu'à la dernière flotte, qui fut défaite par celle de l'Hermite, et que les Hollandois seuls étoient capables d'occuper tous les armements de mer qu'ils sauroient faire;

Qu'il se préparoit un grand armement de cent voiles en Angleterre, tel que de deux cents ans on n'en avoit vu un pareil, qui n'avoit autre fin que l'abaissement d'Espagne, tant le roi d'Angleterre se tenoit offensé en ce qui s'étoit passé sur le fait de son mariage[2];

Que les Espagnols n'avoient point d'argent, ni en Espagne, ni en Flandre, ni en Italie; tous leurs peuples étoient extrèmement mécontents de leur gouvernement, harassés et ruinés des gens de guerre qui, n'ayant point été payés, ont vécu à discrétion et à la foule du pays, particulièrement en Flandre et en Italie.

Quelque effort qu'ils pussent faire pour défendre l'Italie, il étoit difficile qu'ils la pussent garantir, vu, principalement, que l'Italie avoit toujours tiré son secours de Gênes[3] quant à l'argent et d'Allemagne

---

1. San-Salvador ou Bahia (Brésil), sur la baie de Todos-los-Santos, fut pris par les Hollandais le 9 mai 1624; mais, le 28 avril 1625, les Espagnols s'emparèrent à nouveau de la ville, sous le commandement de Don Frédéric de Toledo. Voyez *Mercure françois*, t. XI, p. 396.

2. France 246 et première rédaction du manuscrit A' : « au projet fait de son mariage ».

3. Sur les levées de troupes allemandes faites en 1625 par Feria avec l'argent de Gênes, voyez Capriata, *Libri dodici ne quali si contengono tutti i movimenti d'arme successi in Italia dal M DCXIII sino al M DCXXXIV*. Genève, 1640, p. 650.

pour les hommes ; ce qu'elle ne sauroit faire, supposé la prise de Gênes et les troubles qu'on voyoit naître en Allemagne ;

Que le Roi avoit force argent devant lui et, sans hyperbole, pouvoit faire état de douze millions de livres pour le fonds de la guerre[1] ;

Que ses armes étoient victorieuses en la Valteline et du côté de Gênes sa réputation très grande ; il avoit, sur ses frontières de Champagne et Picardie, des armées considérables et considérées de ses ennemis, qui les regardoient avec crainte ;

Que le roi d'Angleterre, avec qui il contractoit une nouvelle alliance, en la naissance desquelles on en tire toujours quelque profit, désiroit la guerre avec Espagne et ne pouvoit aisément s'y réconcilier à cause de ses intérêts ;

Que le duc de Savoie, qui avoit un cœur de roi et ne l'étoit pas de sa naissance, n'avoit autre but que la guerre, comme le seul moyen[2] par lequel il le pouvoit devenir, aux dépens d'Espagne ou de ses alliés ;

Que Venise, qui craint et hait la puissance d'Espagne, estimant le temps propre à la diminuer, désiroit passionnément qu'on le fît et craignoit que, si on perdoit cette occasion, l'Espagne attendît son temps pour en prendre revanche à leurs dépens, puisqu'elle le pouvoit faire plus aisément sur eux que sur aucuns autres ;

Que tous les princes d'Italie qui étoient attachés à

1. Dix millions de livres, d'après une lettre du Cardinal à l'archevêque de Lyon, Marquemont, 13 mars 1625 (Avenel, t. II, p. 70).

2. *Var. :* comme le sûr moyen (ms. Français 17542).

l'Espagne, l'étant plus par crainte que par amour, n'attendoient autre chose qu'à voir qui sera le plus fort pour s'y joindre, et que c'étoit chose sans doute qu'ils suivroient la fortune du victorieux, de peur qu'en voulant s'y opposer ils en fussent la proie ;

Que le Pape même voudroit que les Espagnols fussent hors de l'Italie, et ne prendroit nul intérêt en cette affaire, sans celui qu'il y prétend avoir, en ce que ses gens ont été délogés de la Valteline ;

Que tous les protestants d'Allemagne étoient obligés de jouer leur reste en cette occcasion et s'y préparoient. Le duc de Bavière[1] même ne s'intéresseroit pas en la diminution de la maison d'Autriche, pourvu qu'il fût assuré qu'on ne le voulût point priver de la qualité d'électeur[2], ni de quelques autres avantages dont il étoit aisé de s'accorder avec lui ;

Que le roi de la Grande-Bretagne vouloit se servir de cette occasion pour le rétablissement de son beaufrère[3], en considération duquel il préparoit l'armement de mer mentionné ci-dessus ;

Que, par toutes ces considérations, il sembloit qu'il n'y eût une si belle occasion au Roi d'augmenter sa puissance et rogner les ailes à ses ennemis ; mais qu'il falloit tourner le feuillet et voir quelles autres considérations pouvoient contre-peser celles qui sont ci-dessus déduites ;

Qu'il ne mettroit point en avant qu'il semble qu'il

1. Maximilien de Bavière, duc de Bavière (1597), électeur et chef de la ligue catholique allemande (1610-1625).
2. Elle lui avait été conférée par la diète de Ratisbonne, le 25 février 1623.
3. Frédéric V, électeur palatin, roi de Bohême.

étoit difficile de prendre tous les avantages qu'on peut ès occasions présentes, sans diminution de la religion en quelque chose, d'autant que, bien que cela fût en apparence au commencement, le zèle et la piété du Roi feroient qu'à la fin elle y trouveroit son avantage;

Qu'il ne diroit point que nous avons toujours été assez heureux à conquérir en Italie, mais si malheureux à conserver que les lauriers qu'on y avoit cueillis avoient promptement été changés en cyprès, d'autant qu'étant devenus sages à nos dépens nous avions appris que le vrai secret des affaires d'Italie étoit de dépouiller le roi d'Espagne de ce qu'il y tenoit, pour en revêtir les princes et potentats d'Italie, qui, par l'intérêt de leur propre conservation, seroient tous unis ensemble pour conserver ce qui leur auroit été donné, et que, bien que nous n'eussions pas été assez forts[1] pour maintenir ce que nous avions conquis, notre force et leur prudence seroient plus que suffisantes pour produire infailliblement cet effet. Et le seul partage que devoit désirer la France en toute cette conquête ne devoit être que la diminution de l'Espagne, qui prétendoit égalité avec elle et qui nous vouloit affoiblir, et l'avoit fait depuis quelque temps[2];

Qu'il ne mettroit point encore en avant qu'on pouvoit craindre que l'Espagne, pressée à l'extrémité par nous, pût entrer à force ouverte en France, soit du côté d'Espagne ou de la Flandre, tant parce qu'il étoit

1. France 246 et première version du manuscrit A : « assez prudents et assez forts ».
2. Manuscrit A : les verbes de cette phrase sont demeurés au présent.

aisé de l'en garantir du côté d'Espagne avec de médiocres forces, à cause de la situation du pays, que parce que le Roi avoit une armée fraîche et puissante sur la frontière de Picardie et Champagne, laquelle, sans nouvelle dépense, il fortifieroit toujours de six mille hommes de pied[1] et de mille chevaux, en y portant sa personne, que parce que le Roi, contribuant aux frais de Mansfeld, il pouvoit faire en sorte que, au cas que Spinola tournât tête vers la France, cette armée le suivroit en queue.

Mais qu'il falloit considérer que les rébellions sont si ordinaires en France qu'il étoit à craindre que, tandis que nous penserions à humilier autrui, nous ne reçussions plus de mal de nous-mêmes que nous n'en saurions faire à nos propres ennemis;

Que ces rébellions ne pouvoient venir que des grands du royaume mécontents ou des huguenots.

Des grands, il n'y avoit rien à craindre maintenant, tant à cause de leur impuissance que par ce, aussi véritablement, que bien qu'il y en eût beaucoup qui désireroient qu'il arrivât quelque remuement, pour cependant faire mieux leurs affaires, il n'y en avoit aucun qui en voulût être auteur, pour la connoissance que tous ont que ce n'est plus le temps d'en tirer avantage.

Quant aux huguenots, qu'ils étoient si accoutumés à faire leurs affaires aux dépens de l'État et d'en prendre le temps lorsqu'ils nous voient occupés contre ceux qui en sont ennemis déclarés, ainsi qu'ils firent pendant le siège d'Amiens[2], que nous devons

1. Les mots « de pied » manquent dans France 246.
2. Dans sa *Réponse au manifeste du s^r de Soubise*, Jérémie

appréhender qu'ils ne fissent de même en cette occasion, la prise des armes et les insolentes demandes qu'ils font ôtant tout lieu d'en douter ;

Partant qu'il falloit voir si leur puissance étoit assez considérable pour arrêter le Roi de poursuivre le dessein qu'il avoit de faire la guerre au dehors ;

Qu'il étoit certain que d'eux-mêmes ils n'étoient pas puissants, mais qu'ils le pouvoient être par accident, parce que l'Espagne les pouvoit favoriser d'argent et de vaisseaux, comme nous en avons déjà quelque connoissance[1] ;

Que si par hasard ils avoient quelque bon succès, ce qui pouvoit arriver par la trahison de quelque gouverneur qui, par quelque surprise volontaire, leur vendroit sa place, tel maintenant qui ne les favorisoit que de volonté se déclareroit pour eux en effet et pourroit mettre les affaires en compromis ;

Qu'il falloit considérer davantage que les affaires sont comme le corps humain, qui ont leur croissance, leur perfection et leur déclin ; que toute la prudence politique ne consiste qu'à prendre l'occasion la plus avantageuse qu'il se peut de faire ce qu'on veut ;

Que maintenant tout trembloit sous la terreur des

du Ferrier évoque également la conduite des huguenots à l'égard de Henri IV durant le siège d'Amiens par les Espagnols, en 1597 : « Ils l'ont abandonné au siège d'Amiens et tenté la même procédure qu'ils tiennent à présent. »

1. Voyez la lettre de Béthune au Roi, 11 février 1625 : « Je comprenois de la lettre de V. M. que cette infidélité et perfidie du s[r] de Soubise et des autres de son intelligence n'avoit été entreprise par les uns ni par les autres qu'à la sollicitation des Espagnols et par le moyen de l'argent qu'ils avoient charitablement employé en telles aumônes pour l'accroissement de la religion catholique » (Aff. étr., Rome 36, fol. 82).

armes de la France; jusques ici tout avoit succédé à souhait; on ne s'étoit point aperçu[1] des divisions qui se mettent d'ordinaire dans les armées des ligues, bien que nous ne puissions ignorer que la semence en étoit déjà germée en celle de Piémont[2];

Que, quoique le Roi eût de l'argent, comme il avoit dit ci-dessus et qu'il n'eût point encore manqué aux armées, les dépenses étoient si excessives en France qu'il n'y avoit personne qui pût répondre qu'on pût toujours fournir à si grands frais, vu principalement qu'en matière de guerres on sait bien comment et quand elles commencent, mais nul ne peut prévoir le temps et la qualité de leur fin, d'autant que l'appétit vient quelquefois en mangeant et que les armes sont journalières;

Partant qu'il croyoit qu'il n'y avoit personne qui n'estimât qu'il falloit par nécessité donner la paix[3] à soi-même, en l'assurant au dedans de l'État, ou la donner à ses ennemis étrangers, étant certain que tout homme qui aura du jugement avouera que c'est trop d'avoir deux affaires à la fois, dont l'une seule est capable d'occuper;

Que les médecins tiennent pour aphorisme assuré qu'un mal interne, quoique petit en soi-même, est plus

1. Manuscrit A : les trois verbes qui précèdent sont demeurés au présent.
2. Des difficultés s'étaient élevées, en mars et surtout à la fin d'avril 1625, entre le duc de Savoie et le Connétable, notamment pour le choix de la garnison de Gavi. Sur la foi de bruits calomnieux venant de Gênes, le duc aurait même insinué que Lesdiguières recevait des subsides de l'ennemi (Capriata, *op. cit.*, p. 749-753).
3. France 246 : « se donner la paix ».

à craindre qu'un externe beaucoup plus grand et douloureux; que cela nous devoit faire connoître qu'il falloit abandonner le dehors pour pourvoir au dedans, s'il se pouvoit, par remèdes simples et purgations légères qui n'émeuvent ni n'altèrent point le corps; qu'il se falloit bien donner garde d'avoir recours à d'autres; mais que, si la maladie étoit si grande que tel remède ne fît qu'aigrir[1] le mal au lieu de le guérir, il falloit se servir de ceux qui étoient capables d'en couper les racines, pourvoyant non seulement au présent, mais à l'avenir qu'il falloit prévoir;

Que, tant que les huguenots auroient le pied en France, le Roi ne seroit jamais le maître au dedans[2], ni ne pourroit entreprendre aucune action glorieuse au dehors[3];

Que la difficulté étoit de faire la paix avec l'Espagne, en sorte qu'elle fût sûre, honorable, et que tous nos alliés y pussent avoir l'avantage que raisonnablement ils pouvoient désirer, vu qu'autrement, pour spécieuse qu'elle fût, elle seroit très dommageable;

Qu'il étoit certain que, quand une fois nous aurions posé les armes, si l'établissement de la paix n'étoit sûr, nous aurions de la peine à porter nos collègues à les reprendre de nouveau et à nous y résoudre nous-

---

1. Le scribe du manuscrit A avait écrit « gaigner »; cette faute de lecture a été corrigée par Charpentier.

2. Le manuscrit A portait tout d'abord « au dehors »; l'erreur a été également rectifiée par Charpentier.

3. Manuscrit A : « Que tant que les huguenots auront le pied en France le Roi ne sera jamais le maître au dedans, ni ne pourra entreprendre aucune action glorieuse au dehors. »

mêmes, étant des États comme des hommes, qui ont un certain feu hors lequel on ne peut attendre d'eux ce que pendant icelui on n'eût su empêcher.

Que c'étoit chose aussi très assurée que, s'il y avoit quelque condition foible dans le traité qu'on feroit, toute la gloire et réputation qu'on avoit eue jusques alors se convertiroit en honte;

Qu'au reste, si nous manquions à procurer l'avantage de nos alliés, nous n'en pourrions plus faire état à l'avenir, ce qui feroit que nous aurions beaucoup plus[1] perdu en cette affaire que gagné.

La question étoit donc de faire la paix de la Valteline, de Gênes et, s'il se pouvoit, du Palatinat, en sorte que chacun eût raisonnablement son compte et que nous demeurassions plus liés que jamais;

Qu'il falloit voir promptement la fin des négociations qu'on proposoit sur ce sujet, afin que, si elles ne pouvoient réussir, S. M. contentât les huguenots et se disposât, de toutes parts, fortement à la guerre contre les Espagnols, étant certain que les Espagnols ne la pourroient soutenir longtemps, si en même instant on les attaquoit puissamment de divers côtés[2], au lieu que, si l'effort qu'on feroit étoit foible, ils la supporteroient aisément, ce qui nous mettroit en une guerre de durée, en laquelle ils auroient autant d'avantage, par l'habitude qu'ils ont à pâtir, comme nous en avons aux entreprises dont le bon succès dépend de la furie françoise[3].

1. Ce mot a été ajouté par Charpentier sur le manuscrit A.
2. France 246 : « de diverses parts ». On a voulu éviter une répétition.
3. Ici prend fin l'emprunt au mémoire du Cardinal.

Cependant, Soubise entra le 11ᵉ juin[1] en la rivière de Bordeaux avec soixante-quatorze voiles, descendit à Castillon en Médoc et le prit, mit du canon en terre, fit quelques courses pour épouvanter le pays et voir si quelques-uns se voudroient joindre à lui; mais le maréchal de Praslin, qui étoit à l'entour de la Rochelle, y envoya le sieur de Toiras[2] avec ses forces, qui le fit retirer en ses vaisseaux et quitter la rivière.

Le Roi, ne pouvant pas assez promptement faire équiper en son royaume nombre suffisant de navires pour s'opposer à la flotte de Soubise et ne tenant l'assistance des huit vaisseaux anglois qui lui avoient été promis suffisant, demanda secours de vingt vaisseaux aux Hollandois, selon qu'ils étoient obligés par l'alliance renouvelée avec eux en juin 1624[3], et plus particulièrement par le contrat qu'avoit fait avec eux Bellujon au nom du Connétable, bien que ce fût pour employer à la guerre de Gênes[4].

1. Soubise comptait mettre à profit l'absence du duc d'Épernon, qui dirigeait le « dégât » de la région de Montauban (*Mercure françois*, t. XI, p. 790-800).

2. Toiras commandait, outre ses chevau-légers, treize compagnies de gens de pied. Venu du Fort-Louis, il gagna Mortagne, passa la Gironde à Blaye et attaqua Soubise dans Castillon; il entra ensuite à Bordeaux à la tête de ses troupes (M. Baudier, *op. cit.*, p. 33). Une lettre de Rubens à l'infante Isabelle, Paris, 15 mars 1625 (*Correspondance*, t. III, p. 343), nous montre Richelieu et la Reine mère « contrecarrant » l'influence de Toiras « autant qu'ils peuvent ».

3. Sur la conclusion du traité de Compiègne (10 juin 1624), voyez t. IV, p. 89.

4. La Forest-Toiras fut envoyé à la Haye afin de hâter le départ des vaisseaux promis à Bellujon; il rendit compte de sa mission par lettres adressées au Cardinal les 6 et 11 février

Ils l'eussent volontiers refusé contre leurs frères s'ils eussent pu; mais au moins s'opposèrent-ils à une condition avec laquelle le Cardinal vouloit absolument qu'on les leur demandât; c'est que, prévoyant bien que, si on en venoit aux mains avec Soubise, ils eussent fait un faux bond au Roi et n'eussent pas voulu combattre, ou l'eussent fait foiblement, si les vaisseaux eussent été en leur puissance et commandés par eux, il leur fit dire que le Roi vouloit mettre sur douze de leurs vaisseaux des capitaines et des soldats françois [1].

Ils y firent grande résistance et le refusèrent entièrement [2]. En l'absence du Cardinal, on se relâcha de cette condition [3]; mais le Cardinal la reprit et montra que, bien que le corps des États eût bonne intention, la malice d'un seul capitaine particulier pouvoit ruiner une armée et donner victoire aux ennemis, dont jamais on ne relèveroit, étant certain que, si une fois ils avoient du succès, les huguenots et catholiques mal affectionnés y courroient tous.

(Aff. étr., Hollande 10, fol. 5 et 224). Il fut rejoint le 16 mars 1625 par Saint-Julien et Mantin, chargés de procéder au « choix des matelots et de faire faire les victuailles et munitions de guerre » (Bibl. nat., ms. Français 3682, fol. 118 v°).

1. Voyez les instructions données le 28 février 1625 par le Roi à l'ambassadeur à la Haye, Espesses (Bibl. nat., ms. Français 3682, fol. 127).

2. Notamment par une lettre adressée le 23 mars à leur représentant à Paris, l'ambassadeur Langerack, dont copie est conservée aux Aff. étr., Hollande 10, fol. 11.

3. Probablement à la fin de mars 1625 et durant un séjour de Richelieu à Limours. Voyez Bibl. nat., ms. Français 3667, fol. 129 v°.

Partant qu'il falloit[1] avoir des vaisseaux absolument et sans condition et soutint qu'ils n'étoient point en état de le refuser, vu le secours qu'ils tiroient de nous en argent et en hommes, en l'occasion présente du Mansfeld.

Pour cet effet, qu'il falloit faire une forte dépêche[2] qui témoignât combien le Roi trouva étrange, vu les obligations qu'ils lui avoient, qu'ils lui voulussent donner un secours qui lui seroit à plus de préjudice qu'à avantage.

Un mousse peut ruiner toute une armée, et un capitaine de navire, étant assuré par les ennemis du paiement de son vaisseau, peut entreprendre de brûler toute l'armée, et ce d'autant plus facilement qu'il penseroit faire un grand sacrifice à Dieu à cause de sa religion.

En cela, le Cardinal se mettoit en grand hasard auprès du Roi ; car il soutint absolument qu'en tenant ferme et menaçant les Hollandois[3] de les priver

1. Les corrections de temps que présente le manuscrit A permettent de supposer que ce passage a été emprunté à un Avis du Cardinal au Roi que nous n'avons pas.
2. Elle fut envoyée à l'ambassadeur d'Espesses, le 2 avril 1625 : « Ma résolution est d'avoir dès à présent et sans délai les vingt vaisseaux destinés pour Bellujon et la disposition entière sur douze d'iceux pour y mettre tels capitaines et tels nombre de gens de guerre que je verrai bon être » (Bibl. nat., ms. Français 3683, fol. 51 v°).
3. Comparez le texte de la dépêche royale du 2 avril : « Vous leur [aux États] ferez donc connoître que, si ces raisons ne les portent à ce que je désire et que recevant d'eux, en cette occasion, les marques d'une froide affection en mon endroit, je serois obligé de tempérer les miennes, dont ils ont toujours jusques ici reçu des effets très avantageux, et ne pourrois faire

du[1] secours que le Roi leur donnoit, s'ils manquoient à faire en cela ce que S. M. désireroit, assurément ils accorderoient ce qu'on demandoit. En quoi on eut ce bonheur que la chose réussit comme on l'avoit prédite, et le Roi eut pouvoir de mettre non seulement sur les vaisseaux des capitaines françois, mais, qui plus est, sur chaque vaisseau cent François[2].

Mais le malheur du temps étoit tel qu'il sembloit qu'on fût responsable de tous les événements, tant parce que la cour étoit pleine de gens qui n'attendoient autre chose qu'un mauvais succès pour se servir du talent qu'ils avoient acquis à faire du mal à ceux qui servoient le public, que parce que les princes

autre chose que révoquer tout le secours que je leur donne, tant d'hommes que d'argent, puisqu'ils manqueroient à celui qu'ils me doivent par leurs traités. »

1. Ici commence (fol. 144) le 16e cahier du manuscrit A. Charpentier a transcrit sur la feuille de garde ce résumé : « Le Roi obtient les vaisseaux hollandois et anglois comme il désiroit. Le connétable de Lesdiguières envoie Bellujon aux Rochelois et huguenots. Négociation de paix avec eux. Avis du Cardinal sur la rébellion de Soubise. Soubise brûle le vaisseau de l'amiral Haultain. »

2. Ainsi que le stipulait le traité conclu le 12 avril par Espesses avec les États et ratifié le 10 mai par le roi de France (Aff. étr., Hollande 10, fol. 2). Aux négociations de la Haye participèrent, avec l'ambassadeur, La Forest-Toiras, le chevalier de Saint-Julien et Mantin. Le 2 mai, le secrétaire d'État Potier d'Ocquerre mandait à Espesses : « Le traité du 12 avril a été approuvé et trouvé conforme aux intentions du Roi » (Bibl. nat., ms. Français 3683, fol. 137 v°). — Une lettre de Herbault à Béthune, 7 mai, mentionne l'arrivée « des vingt vaisseaux de Hollande en bon équipage au port de Vic, à six lieues de Calais; l'on les fera avancer à Dieppe pour y prendre les soldats qui ont été levés pour mettre sur les vaisseaux » (Bibl. nat., ms. Français 3702, fol. 45).

d'ordinaire jettent sur ceux qui sont auprès d'eux les mauvais succès des choses qui leur ont été bien conseillées.

Qui se fût considéré soi-même n'eût peut-être pas pris ce chemin, qui, étant le meilleur pour les affaires, n'étoit pas le plus sûr pour ceux qui les traitoient; mais, sachant que la première condition de celui qui a part au gouvernement des États est de se donner du tout au public et ne penser point à soi-même, on passa par-dessus toutes considérations qui pouvoient arrêter, aimant mieux se perdre que manquer à aucune chose nécessaire pour sauver l'État, auquel on peut dire que les procédures basses et lâches des ministres passés avoient changé et terni toute la face.

Il eut la même difficulté avec les vaisseaux anglois[1]. Sans lui, on les eût reçus pour ruiner les affaires du Roi, et non pour y servir; car les matelots, soldats et capitaines anglois disoient ouvertement qu'ils ne tireroient pas un coup de canon contre les huguenots, qu'on savoit d'ailleurs s'en tenir tout assurés[2].

La nécessité qu'on avoit de vaisseaux étoit si grande

1. Les huit vaisseaux commandés par John Pennington arrivèrent à Dieppe le 13 juin. Pennington, s'appuyant sur les instructions du roi d'Angleterre datées du 20 mai, refusa d'embarquer les détachements français concentrés à Dieppe et prit le large le 27 juin, au lendemain de l'arrivée de Montmorency, qui était venu passer en revue les vaisseaux (S. R. Gardiner, *History of England*, t. V, p. 379, et Ch. B. de la Roncière, *op. cit.*, t. IV, p. 467).

2. Voyez une note marginale de « l'Avis sur les propositions du duc de Buckingham ». « Il ne faut oublier ce que les vaisseaux anglois ont dit à Rasilly en s'embarquant, qui est en un mot qu'ils ne vouloient point aller contre la Rochelle » (Aff. étr., Angleterre 33, fol. 221 v°).

que tout le Conseil étoit d'avis qu'on les devoit prendre à ces conditions plutôt que de ne les avoir point. Le Cardinal[1] seul soutint le contraire, dit qu'il valoit mieux ne les prendre point que de les prendre ainsi, pour plusieurs raisons aisées à concevoir et trop longues à déduire ; qu'au reste il ne doutoit point que, si on opiniâtroit à les avoir sans matelots, officiers et soldats anglois, le roi de la Grande-Bretagne ne les dénieroit pas à l'extrémité, quoi qu'il eût fait et dit jusqu'ici ; que la chaleur d'une alliance fraîchement faite et la nécessité qu'il avoit de la France en beaucoup d'autres choses ne lui permettoient pas de faire ce refus ;

Que, pour parvenir à ce qu'on désiroit, il n'y avoit qu'à renvoyer les vaisseaux[2] et faire entendre clairement que le Roi aimoit mieux ne les avoir point que de les avoir en sorte qu'il n'en fût pas le maître.

Tout le monde fut d'avis contraire, et cependant le Roi, déférant par sa bonté à celui du Cardinal[3], il succéda en sorte que le roi d'Angleterre envoya les vaisseaux au Roi avec plein pouvoir d'en user comme bon lui sembleroit[4].

1. Première rédaction du manuscrit A : « Amadeau ». Sur ce surnom de Richelieu employé dans l'intimité, voyez Avenel, t. VII, p. 541.
2. Comparez la lettre du Roi du 27 avril 1625 au duc de Chevreuse et à M. de la Ville-aux-Clercs, où il déclare qu'il renoncera aux vaisseaux plutôt que de les « recevoir à conditions telles qu'ayant l'apparence de quelque secours je n'en puisse avoir l'effet » (S. Gardiner, *Documents illustrating the impeachment of the Duke of Buckingham in 1626*, p. 184).
3. Première rédaction du manuscrit A : « Amadeau ».
4. Louis XIII obtint finalement la libre disposition des vais-

Le temps justifia bien l'utilité de ce conseil non seulement par le gain de la bataille navale[1], où les Anglois ne se fussent pas trouvés s'ils eussent été sur les vaisseaux, et où il fallut que le chevalier de Saint-Julien portât l'épée à la gorge d'un capitaine hollandois sur le vaisseau duquel il commandoit, parce qu'il ne vouloit pas aborder un vaisseau ennemi[2]; mais, en outre, par les instances et poursuites pressantes que les Anglois et Hollandois, touchés du déplaisir du gain de cette bataille, firent plusieurs fois depuis pour ravoir leurs vaisseaux, ce qu'on empêcha

seaux, Buckingham ayant enjoint aux capitaines de « recevoir en leurs bords autant de soldats qu'ils en pourront porter » : lettre de Chevreuse et Ville-aux-Clercs à Louis XIII, Londres, 10 juillet 1625 (Gardiner, *op. cit.*, p. 220). Voyez aussi la lettre d'Herbault à Béthune, du 25 juillet 1625 : « Les vaisseaux anglois qui, après avoir été en nos côtes, s'étoient retirés en Angleterre, ont été renvoyés par le roi de la Grande-Bretagne, avec ordre et commandement exprès à ceux qui les commandent d'y recevoir tel nombre de François que S. M. ordonnera, et de faire tout ce qui leur sera commandé par M. l'Amiral, tellement que ce soit paix ou guerre le Roi aura moyen de réduire ceux de la Rochelle à la raison » (Bibl. nat., ms. Français 3702, fol. 95). L'embarquement eut lieu à Dieppe ; le chevalier de Ris prit le commandement des vaisseaux et rallia la flotte de Montmorency : lettres du Roi et du secrétaire d'État Potier d'Ocquerre à M. d'Effiat, 15 août 1625 (Bibl. nat., ms. Baluze 154, fol. 254 et 264). Voici un extrait de cette dernière lettre : « Puisque l'amiral Pennington est devenu homme raisonnable, ainsi que votre dépêche m'a fait voir, je vous dirai qu'elle a donné une réjouissance au Roi et à toute la cour. »

1. La bataille navale du Pertuis-Breton, livrée les 15, 16 et 17 septembre.

2. Probablement le capitaine hollandais de Lyffaibre. Le fait n'est pas rapporté dans les relations contemporaines de la bataille navale.

par les mêmes façons qu'on avoit obtenu contre leur gré ledit secours.

Les légèretés et inégalités ordinaires des Anglois feront assez juger la peine qu'il y eut d'obtenir d'eux leurs vaisseaux et résister aux importunités avec lesquelles ils les redemandoient. Il est impossible de les concevoir toutes, si on ne sait qu'en même temps le parlement d'Angleterre, animé contre le duc de Buckingham, lui imputa à crime ce secours de vaisseaux, ce qui le rendoit d'autant plus soigneux de les ravoir.

Durant les peines qu'on avoit à obtenir ces vaisseaux anglois et hollandois en la manière que le Roi les demandoit et qu'il savoit être seule utile à son service, on traitoit avec les huguenots par l'entremise du connétable de Lesdiguières[1], qui, voyant bien que ce soulèvement retranchoit toute l'espérance de la gloire qu'il avoit conçue de son voyage en Italie, obligeant le Roi d'y employer les vaisseaux qu'il avoit destinés pour le secourir, employa tous ses efforts pour le terminer par une bonne paix.

Il envoya, pour cet effet, avec la permission du Roi, le sieur de Bellujon[2], en qui il avoit beaucoup de con-

---

1. Le 22 janvier 1625, Bullion écrivait de Vizille à Richelieu : « M. le Connétable a dépêché de tous côtés pour empêcher de tout son pouvoir que les huguenots ne remuent du côté du Dauphiné, Provence et Languedoc. J'appréhende le dernier à cause de Castres et de celui qui est dedans. » Voyez aussi la lettre de Lesdiguières à Herbault, 31 mars (Aff. étr., Suisse 18, fol. 244).

2. Bellujon arriva à la cour en février 1625; il avait été annoncé à Richelieu par une lettre du Connétable du 3 février : « Il a si bien réussi en son voyage de Hollande et témoigne tant d'affection et de fermeté au service du Roi que je ne crains

fiance, vers les sieurs de Rohan et de Soubise, les villes du Languedoc et de la Rochelle[1], et fit tant, par remontrances et par menaces, qu'il les fit condes-

point d'assurer S. M. et vous-même qu'il continuera jusques à sa fin et qu'elle n'en sera jamais que très satisfaite » (Aff. étr., Turin 5, fol. 56). Néanmoins, sa mission souleva d'abord des difficultés. Voyez la lettre d'Herbault à Bullion du 21 février 1625 : « M. de Bellujon, que vous nous avez envoyé par deçà, a fait quelques propositions pour retirer Mrs de Rohan et de Soubise de la débauche où ils sont et leur donner emploi dans l'armée delà les monts; d'abord ledit s[r] de Bellujon, ayant voulu mêler les ambassadeurs d'Angleterre, Venise, Savoie et Hollande en ce sujet et assemblé aucuns des principaux de sa religion pour en conférer à grand mouvement, éloigna le Roi d'y entendre; depuis, les choses ayant été modérées et réduites à la seule entremise de M. le Connétable, sans y engager ni peu ni prou le nom du Roi, ni celui des autres princes, la chose a été mieux reçue et semble qu'il soit en terme de se servir de cet expédient. » Bullion répondit le 3 mars : « Quant à Bellujon, il va trop vite; prenez occasion de nous le renvoyer; il est allé trop avant de mêler les ambassadeurs dans une telle négociation, où les étrangers, moins qu'en toute autre affaire, doivent avoir part ni communication » (Aff. étr., Turin 5, fol. 145 v°).

1. Bellujon se rendit auprès de Rohan au début de mars 1625. Herbault annonce son retour à l'ambassadeur d'Aligre le 21 mars : « Le s[r] de Bellujon est de retour du voyage qu'il a fait vers M. de Rohan, dont il a apporté toute assurance de paix du côté du Languedoc et bonnes paroles d'obéissance de la part dudit duc; mais il propose trois choses : l'une que l'on lui donne commission pour lever en France 6,000 hommes de pied et 300 chevaux pour mener en Italie; l'autre que l'on donne le commandement des vaisseaux qui sont en la mer de Ponant à M. de Soubise pour aller servir en Italie, avec paiement de Sicile pour trois mois; en dernier lieu, il supplie M. de Savoie et le Connétable de s'entremettre envers le Roi pour le rasement du Fort-Louis » (Arch. nat., KK 1361, fol. 190 v°). Le 15 avril, il fut chargé d'une nouvelle mission

cendre à quelques conditions de celles que S. M. pouvoit désirer.

Mais, comme leur esprit étoit dans la fureur de la rébellion, ils faisoient incontinent des nouvelles demandes outre les choses qu'ils avoient premièrement proposées, et y avoit une extrême peine pour les faire joindre et mettre à la raison.

Le Roi, qui ne vouloit pas leur faire croire qu'il n'y eût qu'à demander pour obtenir, ce qui eût augmenté leur audace à l'infini, demeura ferme à ce dont il étoit convenu.

Sur[1] quoi Bellujon, répondant de leur part que les

auprès des Rochelais et de Soubise (Guillaudeau, *Diaire*, p. 275-276). L'ambassadeur hollandais Botzelaer rapporte que le Roi, la Reine mère, le Cardinal et Schönberg délibérèrent à Rueil, le 28 avril, « sur le rapport de M. de Bellujon touchant l'accommodement de M. de Soubise, et que, dans cette conférence, ledit cardinal de Richelieu avoit fort vigoureusement parlé pour la paix de dedans le royaume et la continuation de la guerre au dehors, disant que le Roi étoit beaucoup plus intéressé et engagé pour continuer la guerre au dehors que pour la commencer au dedans, et qu'on pouvoit apaiser cette dernière avec peu de chose, en donnant ce que S. M. avoit si solennellement promis à ceux de la Religion, et que cela étoit son seul sentiment qui provenoit d'un cœur véritablement françois et qui aimoit la prospérité et le bien du royaume, ajoutant toutefois à la fin qu'il remettoit tout à la prudence et à la discrétion de S. M. » (Bibl. nat., ms. Français 17940, fol. 254). Finalement, Bellujon se rendit pour la seconde fois à la Rochelle et reçut le 7 mai les propositions écrites du corps de ville (Guillaudeau, *Diaire*, p. 269, et lettre d'Herbault à Bullion : Arch. nat., KK 1361, fol. 326 v°, 9 mai 1625).

1. Ici commence un emprunt à un mémoire adressé le 25 mai 1625 par le Cardinal à Bellujon et publié par Avenel, t. II, p. 87, d'après le vol. France 780, fol. 29. Ce document, qui est de la main de Charpentier, porte la mention « Employé » ;

nouvelles demandes[1] ne se faisoient pas par capitulation, mais étoient seulement prétendues de grâce, le Roi lui donna charge de mander à Soubise, et à ceux de la Rochelle, qu'à cette condition ils pouvoient envoyer au plus tôt leurs députés bien intentionnés et autorisés, et leur faire savoir, comme de lui-même[2], qu'étant auprès de S. M. ils pouvoient bientôt résoudre ce qui étoit à polir et éclaircir, pour ajuster entièrement leurs demandes avec l'intention de Sadite Majesté[3];

Que pour faciliter le moyen de l'envoi de leursdits députés et faire voir comme même le Roi les convioit derechef à la paix sûre et perpétuelle qu'il vouloit donner à tous ses sujets, ledit sieur de Bellujon obtint de S. M. tous les passeports nécessaires qui leur étoient envoyés;

Que si le sieur de Soubise n'avoit déjà dépêché au duc de Rohan, avec le passeport du sieur de Praslin[4],

il a été reproduit dans le manuscrit A, à l'exception des deux premières phrases qui ont été omises; ultérieurement, Sancy a entièrement modifié l'ordre des cinq derniers paragraphes, en ayant recours, pour guider le copiste, aux signes conventionnels : A-B, C-D, E-F, G-H.

1. Sur ces propositions des Rochelais reçues par Bellujon durant son séjour à Marans, le 16 mai, voyez Guillaudeau, *Diaire*, p. 282.

2. Ces quatre mots ne figuraient pas dans le manuscrit original. L'envoyé porteur des lettres de Bellujon arriva à la Rochelle le 28 mai (Guillaudeau, *Diaire*, p. 284).

3. France 780 : « leurs réponses avec lesdits articles, c'est-à-dire avec les articles du 7 mai ».

4. Charles de Choiseul, marquis de Praslin, maréchal de France et lieutenant général au gouvernement des pays de Saintonge, Angoumois, Aunis et ville de la Rochelle.

pour le faire convenir à même intention que lui et faire cesser tous actes d'hostilité de sa part, il lui seroit envoyé un passeport du Roi pour un des siens, afin qu'il le dépêchât en diligence vers ledit sieur de Rohan et fît que son député, bien autorisé, se trouvât à la cour en même temps que les autres;

Que S. M., croyant que le sieur de Faye-Saint-Orse[1] étoit bien intentionné et informé de ce qui étoit à faire, selon la volonté du Roi, pour cet accommodement, S. M. trouvoit bon qu'il retournât diligemment vers M. de Rohan, avec les lettres dudit sieur de Bellujon et des députés généraux, pour l'informer des réponses rapportées de la Rochelle par ledit sieur de Bellujon et de ce que le conseil du Roi avoit répondu sur icelles[2];

Qu'il procureroit que les députés de Montauban, Castres, Nîmes, Uzès et Milhau vinssent en même temps que celui de M. de Rohan faire leurs protestations au Roi, suivant ce qui étoit porté par lesdits articles du 7ᵉ mai[3];

Et procureroit aussi de faire retirer de la campagne les gens de guerre que M. de Rohan y avoit mis, afin que les troupes du Roi ne fussent point obligées à agir contre eux, dont il arriveroit des effets tout contraires

---

1. N. de Peyrebrune, seigneur de Saint-Orse, gouverneur de Clairac; il avait accompagné Bellujon à Castres en mars 1625 et fut chargé d'une nouvelle mission auprès de Rohan au début de mai (Bouffard-Madiane, *Mémoires*, p. 81).

2. Cet alinéa était l'avant-dernier dans le mémoire original.

3. Les articles du 7 mai remis par les Rochelais à Bellujon avaient été déjà cités dans le préambule du document que les *Mémoires* n'ont pas reproduit : « les articles du 7 mai dont on ne prétend point se départir ».

à l'accommodement que S. M. désiroit voir en ces affaires, par le moyen duquel elle auroit le contentement de voir ses sujets délivrés des appréhensions et malheurs que les guerres civiles apportent[1];

Et que cependant il seroit mandé auxdits sieurs de Praslin et de la Rochefoucauld de contenir les troupes du Roi sans rien altérer, afin que, par mésintelligence, cette affaire, qui étoit en très bon état, ne se gâtât; pourvu aussi que les vaisseaux du sieur de Soubise et des Rochelois ne fissent aucun préjudice durant ce temps-là aux sujets de S. M.;

Que l'on ménageroit au plus tôt aussi l'amiral Haultain[2] pour le disposer à l'échange de cinq vaisseaux[3], pour convenir de la qualité d'iceux, de ce qu'il fera des hommes qui sont dedans, et autres particularités à démêler avec lui, s'il n'étoit trouvé plus à propos de le mander de venir en cour en diligence, puisqu'il est aux côtes de la France[4], de peur que l'on ne se trouve avoir compté sans son hôte au fait du change desdits vaisseaux[5].

1. Ce paragraphe formait la conclusion du mémoire original.
2. Guillaume Haultain de Zoete, amiral de Zélande, commandant de la flotte hollandaise prêtée à Louis XIII.
3. Il s'agit là des cinq vaisseaux hollandais que devait recevoir Soubise, après avoir restitué les navires enlevés à Blavet. Le journal de l'ambassadeur hollandais Botzelaer, en date du 21 avril, nous apprend que Soubise se refusait à « accepter les cinq navires du Roi, après avoir rendu les dix ou douze, sous la condition offerte que S. M. y vouloit mettre des capitaines, officiers et matelots à sa dévotion ; à quoi ledit s^r de Soubise répondoit qu'en tel cas il seroit mis comme en une prison » (Bibl. nat., ms. Français 17940, fol. 253).
4. Au Havre-de-Grâce. Lettre d'Herbault à Aligre, 26 mai 1625 (Arch. nat., KK 1391, fol. 315).
5. Ici s'arrête l'emprunt à France 780.

Par les ordres susdits, il se voit qu'on n'oublioit précaution, industrie, ni diligence quelconque, pour rassurer ces esprits dévoyés et les faire rentrer en leur devoir.

La plus grande difficulté de la part des villes étoit le rasement du Fort-Louis; de la part des sieurs de Rohan et de Soubise, le paiement de ce qu'ils prétendoient leur avoir été promis par le traité de Montpellier. Le premier, outre cela, demandoit de commander un petit corps d'armée pour aller joindre par terre le connétable de Lesdiguières[1], et le dernier demandoit être fait duc et pair et employé par le Roi avec des vaisseaux pour son service en Italie. Moyennant cela, Soubise promettoit de démolir ce qu'il avoit fortifié de nouveau ès îles de Ré et d'Oléron.

Selon ces propositions, les huguenots envoyèrent, en juillet, des députés à Fontainebleau pour demander la paix au Roi[2].

S. M. leur accorda la plupart de ce qu'ils demandoient, mais demeura ferme sur le refus du rasement du Fort-Louis[3], le Cardinal y insistant absolument,

---

1. Le 11 juin, le Connétable demandait au Roi de « pardonner à ceux qui se sont émancipés et d'étouffer la naissance d'un mal dont l'accroissement pourroit donner occasion aux brouillons catholiques mécontents, ou prétendus tels, et à beaucoup d'autres qui n'attendent que leur temps pour l'exécution de leurs mauvais projets » (Aff. étr., Turin 5, fol. 319 v°).

2. Ils furent reçus le 4 juillet par le Roi. « Mémoire de l'arrivée auprès de S. M. des députés de Mrs de Rohan, de Soubise, de la Rochelle, Montauban et Castres » (Aff. étr., France 1743, fol. 25).

3. « Toute la difficulté consiste en ce fort de la Rochelle, dont ils demandent la démolition; S. M. ne peut consentir à leur faire cette grâce en cette conjoncture, mais voudroit

bien que le duc de Guise fût ouvertement d'opinion contraire, fondé sur quelques raisons apparentes, lesquelles furent détruites, quoique non sans hasard pour le Cardinal, vu que, si l'événement eût été mauvais, il en eût été responsable.

Il représenta au Roi[1] que, bien que l'audace[2] et le crime du sieur de Soubise fussent tels qu'ils méritassent un châtiment exemplaire, et non aucun pardon, S. M., néanmoins, devoit considérer[3] que le secret du gouvernement des États consistoit à prendre les occasions les plus propres aux actions qu'on veut faire, et que les grandes et diverses affaires qu'elle avoit lors sur les bras requéroient que S. M. ne regardât pas présentement l'excès de cette faute, ains la couvrît de sa prudence et se contentât de recevoir, pour le présent, des satisfactions qui fussent suffi-

qu'ils se missent en état de le mériter par leur obéissance et par leurs services, afin qu'elle pût avoir juste sujet de leur accorder » : Herbault à Béthune, 4 juillet 1625 (Bibl. nat., ms. Français 3702, fol. 85). Parmi les nombreux pamphlets où la démolition du fort était demandée, voyez *Sincère et libre discours par supplications et remonstrances très humbles au Roy*, p. 25, et l'*Advis salutaire au Roy sur les affaires présentes*, p. 19.

1. Première rédaction du manuscrit A : « Le Cardinal donna au Roi en cette occasion l'avis suivant. »

2. Ici commence la reproduction d'un « Avis sur la rébellion du sr de Soubise », émanant du Cardinal et composé certainement au milieu de juillet, durant les pourparlers de Fontainebleau. Ce document, écrit par le « secrétaire de la main », a été publié par Avenel, t. II, p. 97, d'après France 880, fol. 117 ; il a été transcrit textuellement dans le manuscrit A, qui porte trace des corrections de temps et de style faites postérieurement.

3. France 780 : « S. M. considérera s'il lui plaît ».

santes au public et n'arrêtassent le cours des desseins de S. M.[1], qui pourvoiroit puis après aisément[2] à tous ces désordres ;

Que les demandes des sieurs de Rohan et Soubise étoient diverses. Les unes regardoient leur particulier et les autres le général de leurs églises prétendues. L'aîné désiroit être employé par terre avec six mille hommes et cinq cents chevaux en Italie et être payé de cent cinquante mille écus qui lui avoient été promis par le traité fait à Montpellier[3].

Le second demandoit être employé en Italie par mer, avec les vaisseaux qu'il avoit pris, ceux qu'il avoit et ceux qu'il pourroit mener de la Rochelle.

Pour l'intérêt général des huguenots, ils demandoient tous deux le rasement du fort de la Rochelle.

Que le Roi pouvoit donner emploi à M. de Rohan en Italie[4], pourvu qu'on ne lui donnât point plus grand nombre de troupes qu'un régiment et une compagnie de gendarmes[5]. Cela le pouvoit contenter et ne pourroit lui donner le moyen de desservir le Roi ; mais que le nombre plus grand des troupes qu'il demandoit lui donneroit un corps dans lequel il s'autoriseroit et avec lequel il pourroit revenir en France, au

---

1. La campagne de Valteline et l'expédition de Gênes.
2. Manuscrit A et France 780 : « aisément et assurément ».
3. Comparez les reproches adressés par Fancan dans la *France mourante* aux ministres qui, en 1623, n'exécutaient pas les clauses du traité de Montpellier.
4. France 780 : « et sans aucun intérêt ». Ces quatre mots ont été biffés lors de la revision du manuscrit A.
5. Par lettre du 26 juillet 1625, le Roi proposait à Rohan 2,000 hommes de pied et 200 chevaux (Bibl. nat., ms. Dupuy 502, fol. 143 v°).

préjudice de la tranquillité publique et du service de S. M.

Quant à l'argent, S. M. lui pouvoit accorder sans faire brèche à sa réputation, puisqu'il lui étoit dû, et que, s'il n'avoit été payé, ce n'étoit que par la faute de ceux qui avoient l'administration de ses finances.

Que le sieur de Soubise devoit rendre à S. M. les vaisseaux de M. de Nevers qu'il avoit pris, et lors S. M., après avoir mis sur lesdits vaisseaux les mêmes capitaines et soldats qu'elle avoit destinés devant qu'ils fussent pris, pouvoit bien les prêter à S. A. de Savoie et approuver qu'ils fussent joints à une escadre que le sieur de Soubise commanderoit, mais qu'on ne pouvoit permettre qu'il les emmenât autrement, et il ne le devoit pas désirer, vu que ce seroit lui donner lieu de faire voir aux pays étrangers les marques de la honte de la France et les trophées d'une victoire qu'il n'avoit acquise que par surprise et trahison.

Sur les prétentions de la Rochelle, il falloit considérer qu'il n'y avoit personne qui ne vît que S. M. ne pouvoit maintenant ni raser le fort, ni le permettre ou en donner espérance pour sa réputation, tant à cause qu'il sembleroit qu'on extorqueroit par force cet avantage qui devoit être reconnu de la pure bonté du Roi, que parce aussi que ceux qui en recevroient le fruit en sauroient le gré aux sieurs de Soubise et Rohan, qui, par ce moyen, feroient réussir les prétentions qu'ils avoient toujours eues de se rendre chefs de parti;

Mais que S. M. pouvoit bien permettre au Connétable de dire aux Rochelois qu'il avoit toujours connu la volonté du Roi être de satisfaire à ce qui avoit été ci-devant promis en son nom, dont il avoit été diverti jusqu'à présent par diverses rencontres; qu'il s'en présentoit une maintenant plus considérable qu'aucune autre passée, ce qui faisoit qu'il n'y avoit point de lieu maintenant de demander l'exécution qu'ils souhaitoient;

Qu'il falloit laisser passer ces occasions présentes, qui justement devoient arrêter le cours de la bonne volonté du Roi; mais, qu'étant passées, il leur promettoit de s'en venir en cour et se faisoit fort d'obtenir ce qu'ils désiroient, pourvu que, pour donner sujet au Roi de l'accorder, s'il restoit quelque chose à exécuter de ce qui avoit été promis de leur part, ils le fissent premièrement.

Cet avis étoit sans péril pour deux raisons :

La première, que l'exécution qui étoit préalablement désirée de la part des Rochelois tireroit de longue des années entières.

La seconde, que le grand âge du Connétable donnoit lieu de prévoir plutôt sa fin que celle de cette affaire, dont l'exécution ne se pouvoit faire en peu de temps.

En tout cas, il n'étoit question que de laisser perdre aux mutins de la Rochelle cette occasion de témoigner leur mauvaise volonté, étant certain que, quand par après ils continueroient leurs desseins, ils ne pourroient entreprendre de les exécuter qu'avec leur ruine totale; mais qu'on ne pouvoit, en façon quelconque, faire intervenir M. de Savoie, parce qu'étant prince étranger, cela lui donneroit liaison et autorité avec un corps formé dans le royaume; ce qui, en certain temps et certaines occasions, lui pourroit donner lieu d'entrer en divers desseins, vu principalement les prétentions qu'il avoit eues sur la France et la condition de son esprit, qui, à quelque prix que ce fût, vouloit s'agrandir aux dépens de ses voisins, et même des deux principaux, bien qu'ils fussent plus puissants que lui[1].

Les députés généraux de la Religion prétendue réformée dirent qu'ils ne pouvoient recevoir ni approuver d'eux-mêmes ce que le Roi leur faisoit l'honneur de leur offrir, si le duc de Rohan et la Rochelle ne l'agréoient[2].

Ils dépêchèrent vers eux[3]; le duc ne voulut rien agréer qu'il n'eût fait auparavant une assemblée de colloques des prétendues églises du haut et du bas Languedoc et n'eût pas eu leur avis.

Et ceux de la Rochelle demeurèrent en doute de ce qu'ils devoient faire, à cause qu'ils n'avoient pas le contentement qu'ils se promettoient du rasement de leur fort[4].

1. Ici prend fin l'emprunt à l' « Avis du Cardinal ».
2. Le *Mercure françois*, t. XI, p. 873, prête cette réponse aux députés de Rohan et Soubise et des « quatre villes déclarées de leur parti ».
3. Un délai de vingt jours avait été accordé pour la conclusion de la paix. Sur le voyage de Madiane qui, muni le 25 juillet d'un passeport royal, vint soumettre à Castres les conditions de paix, voyez Ch. de Bouffard-Madiane, *Mémoires*, p. 91-94.
4. Les trois alinéas qui précèdent sont empruntés au *Mercure françois*, t. XI, p. 873, qui ajoute le détail suivant : « Tous ceux de ce parti parlent hautement; on ne voit que les livrets qu'ils font courir à leur avantage. » Voyez la lettre de Herbault à Béthune, 3 août : « Nous n'avons point encore de nouvelles que ceux de la Rochelle aient accepté ou refusé les

En ces entrefaites, le bruit étoit incertain de la paix ou de la continuation de la guerre, et, comme on espère d'ordinaire ce que l'on désire le plus, l'opinion la plus commune étant de la paix, le duc de Montmorency[1], qui devoit commander l'armée navale du Roi, demeura à Fontainebleau et ne se hâta pas d'aller en sa charge.

L'armée du Roi, composée de trente grands vaisseaux françois et hollandois, s'étant avancée jusques aux côtes de Poitou, où vingt-six vaisseaux olonnais la devoient joindre, Soubise envoya prier l'amiral des Hollandois, nommé Haultain, de n'entreprendre point sur lui ni sur ses vaisseaux jusques à ce que le traité de paix fût entièrement fait ou failli, et qu'il feroit le même envers lui.

Mantin, vice-amiral françois, qui n'aimoit pas voir tant d'intelligence entre Haultain et Soubise, l'en dissuada tant qu'il put, mais en vain. Ils firent ledit accord et se donnèrent des otages.

Mais, ceux qui manquent de foi à Dieu et à leur prince ne la pouvant garder à des particuliers, ni à

conditions qui leur ont été portées par leurs députés; d'un peuple tel que celui de cette communauté, il faut tenir toutes choses douteuses » (Bibl. nat., ms. Français 3702, fol. 106 v°).

1. Henry II, duc de Montmorency et Damville, pair et amiral de France, gouverneur et lieutenant général pour le Roi en Languedoc, premier gentilhomme de sa chambre (Arch. nat., Y 165, fol. 249). Il avait ouvert le 12 mars les états de Languedoc à Béziers et séjourna à la cour de la fin de mai au début d'août. Son départ est mentionné dans une lettre de Potier d'Ocquerre à Espesses (Bibl. nat., ms. Français 3684, fol. 87, 6 août 1625). Voyez sur ses démêlés avec les Hollandais, Simon du Cros, *Histoire de la vie de Henry, dernier duc de Montmorency*, 1643, p. 79-83.

eux-mêmes, ni à leur propre bien, Soubise prit de sa promesse occasion de faire à Haultain une insigne perfidie : il se mit à la voile peu de jours après, qui fut le 16ᵉ juillet, avec trente-neuf vaisseaux, tant petits que grands, et, arrivant à l'amiral hollandois[1], le fit aborder par deux pataches jointes ensemble, qui, étant pleines d'artifices de feu, consumèrent et brûlèrent ledit vaisseau en moins d'un[2] quart d'heure. Haultain, avec soixante des siens, se sauva à l'Équilon[3]. Il en voulut faire autant à Mantin, qui s'en garantit. Soubise voulant se retirer après cet effet, Mantin le suivit avec toute sa flotte quatre heures durant; mais le vent contraire le fit retourner par le pertuis d'Antioche, où il joignit les vingt-deux vaisseaux olonnois, et se retira à la rade d'Olonne, et Soubise à Saint-Martin-de-Ré et à Chef-de-Bois[4].

Haultain, restant blessé au vif de l'affront qu'il avoit reçu, se résout de faire payer à Soubise la peine de son infidélité[5].

1. Inexactitude des *Mémoires* qui suivent le récit du *Mercure*. Ce n'est pas le vaisseau de Haultain, mais celui de son vice-amiral, Dorp, que firent sauter les brûlots de Soubise (Guillaudeau, *Diaire*, p. 291, et Ch. de la Roncière, *op. cit.*, t. IV, p. 469).

2. Ici commence le 19ᵉ cahier du manuscrit A. Charpentier a transcrit, comme à l'ordinaire, le sommaire sur la feuille de garde : « Suite du pourparler de paix avec les Rochelois inutile. Le duc de Montmorency gagne la bataille navale, Ré et Oléron. Exploits de l'armée du Connétable et du duc de Savoie dans le Génois. Siège de Verrue. Siège de Bréda. »

3. La rade d'Aiguillon, à l'embouchure de la Sèvre niortaise.

4. La pointe de Chef-de-Bois ou Chef-de-Baye limite au nord l'avant-port de la Rochelle.

5. Voyez le jugement porté par Herbault, dans une lettre à Béthune, le 25 juillet 1625 : « Nous espérons tout avantage de

Nonobstant toutes ces choses, on ne discontinuoit point le pourparler de la paix[1]; on fait des allées et des venues de part et d'autre sur ce sujet. Il importe au service du Roi qu'on croie qu'elle soit faite, encore qu'elle ne le soit pas, à cause que cette opinion facilite, en Angleterre, l'octroi des vaisseaux qu'on leur demande[2], espérant qu'ils contenteront le Roi et ne désobligeront point le parti huguenot, duquel il fut dit, en plein conseil d'Angleterre, qu'ils devoient faire plus de compte que de l'Irlande, tant pour se faire rechercher d'Espagne que pour affoiblir le Roi en cas de guerre contre eux.

On est contraint d'user de merveilleux artifices pour cela; les Rochelois demeurent fermes à vouloir que le fort fût présentement rasé, sans cela ils disent tout haut qu'ils veulent faire la guerre[3]. On leur envoya

cet incident si la guerre continue, car lesdits Hollandois, qui sembloient marcher trop froidement à l'égard de ceux de la Rochelle, animés de cette surprise, ou, comme l'on peut dire, trahison, procéderont à présent avec plus de vigueur et de courage contre les Rochelois et ne les épargneront plus comme frères de leur religion » (Bibl. nat., ms. Français 3702, fol. 95).

1. Cependant, les « armes du Roi devoient continuer leurs progrès, sans aucune intermission ni relâche » (Bibl. nat., ms. Dupuy 502, fol. 143 v°, 26 juillet 1625).

2. Le 24 août 1625, le secrétaire d'État Conway annonça au Parlement, siégeant à Oxford, que le roi de France avait conclu la paix avec les huguenots (*The Annals of ... King Charles the First*. London, 1681, p. 109).

3. Voyez Guillaudeau, *Diaire*, p. 294, qui rapporte une décision des Rochelais du 8 août, selon laquelle « il falloit plutôt faire la guerre que prendre la paix telle qu'on nous la vouloit donner », et une lettre de l'envoyé lorrain Bréval, 23 août : « Les Rochelois font les mauvais et semblent plutôt se porter

Pescharnaud[1] et Noaillan[2] pour les adoucir et persuader au contraire. Ils demeurèrent longtemps à traiter avec eux. Sur le retardement de leur retour, on fait à la cour divers jugements[3] et tous au désavantage du service du Roi[4].

à rupture qu'à la paix. Ils demandent que le Roi retire son armée, et déjà ceux du fort et eux se sont tiré quelques canonnades. »

1. Sur le voyage de Pescharnaud, « gentilhomme périgourdin », à Castres et la Rochelle, et porteur de dépêches à Rohan et Soubise « de la part de S. A. R. de Savoie pour les inviter à prendre part avec elle dans la guerre de Gênes », voyez Bouffard-Madiane, *Mémoires*, p. 100.

2. Pierre Noaillan, avocat de Montauban (1629), représentait cette ville durant les pourparlers de 1625; sur sa mission à la Rochelle et son retour à la cour le 4 septembre 1625, voyez une lettre d'Herbault à Bullion, 5 septembre (Arch. nat., KK 1362, fol. 201 v°). Consul de Montauban (1629), il prononça une harangue à l'occasion de la réception du Cardinal, le 20 août (H. Le Bret, *Histoire de Montauban*, t. II, p. 318).

3. Sur les influences rivales qui s'exerçaient pour et contre la paix avec les huguenots, voyez la lettre adressée par le Cardinal, de Limours, à Marie de Médicis, le 16 août : « Je supplie V. M. de dire au Roi, l'avertissant qu'il lui plaise garder un secret impénétrable, que, depuis que je suis ici, j'ai découvert comme il y a des gens qui veulent abondamment de la guerre contre les huguenots, sans regarder si le temps y est commode ou non; il y en a une cabale d'autres qui veulent embarquer le Roi à la guerre contre Espagne et à la paix avec lesdits huguenots, sans considérer si c'est le bien du Roi, oui ou non, et ai de grands arguments de croire, pour des raisons que je ne puis écrire, mais que je dirai au Roi et à V. M. de bouche, que l'homme qui avertit de chez l'ambassadeur d'Espagne peut être soufflé par telles gens » (Catalogue de la collection d'autograhes A. Morrison).

4. Le Cardinal était alors éloigné de la cour par la maladie. Voyez la lettre qu'il écrivait, le 27 juillet, de Courances, à la

Le Cardinal[1], qui craint encore qu'enfin S. M. se dégoûte de donner la paix à ses sujets, par leur trop opiniâtre continuation en leur désobéissance[2], pour éluder la curiosité des ennemis de la paix[3], conseille d'envoyer secrètement Bellujon au-devant d'eux, pour

Reine mère : « J'ai un extrême déplaisir que mon incommodité m'empêche d'être auprès d'elles [de Vos Majestés] pour leur rendre le service que je leur dois plus encore par obligation que par naissance. V. M. n'ignore pas la connoissance que j'ai de celles qu'il lui a plu acquérir sur moi, et je confesse que, depuis qu'il a plu au Roi me mettre en son conseil, la façon avec laquelle il daigne se confier en moi me rend redevable en son endroit de plus de mille vies si je les avois. J'ai un indicible contentement de croire qu'il connoît toute la passion que j'ai à son service, que je conserverai jusqu'au tombeau. Si je n'ai toute la santé que je désirerois pour servir V. M., j'en porte le premier la peine, principalement par le désir que j'en ai. V. M. sait que deux ans en deux ans je suis toujours traînant deux ou trois mois. Je crois que j'en aurai bien pour autant cette fois... » (Bibl. nat., Nouvelles acquisitions françaises 5131, fol. 75).

1. Les trois alinéas qui suivent sont empruntés à un mémoire émanant du Cardinal et remis le 30 août 1625 par Bellujon au maréchal de Schönberg, qui devait le soumettre au Roi. La minute de ce document est conservée aux Affaires étrangères (France 780, fol. 52) et a été reproduite par Avenel, t. II, p. 117.

2. Le mémoire cité porte l'annotation marginale suivante de la main de Richelieu : « On estime cet expédient nécessaire, afin que S. M. ne soit pas dégoûtée de donner la paix à ses sujets par la continuation de leur désobéissance. »

3. Du premier alinéa du mémoire, seul ce membre de phrase a été conservé : « Ce qui semble à M. le cardinal de Richelieu de faire, après en avoir conféré avec Bellujon, c'est qu'au cas que Pescharnaud et Noaillan reviennent aujourd'hui et qu'ils ne rapportent le contentement qu'on se promet de leur voyage, que, néanmoins, on publie le contraire et que, pour éluder la

les aller rencontrer où il pourra[1] ; s'ils rapportent de bonnes nouvelles, revenir avec eux, ou sinon les faire arrêter[2] en autre lieu qu'en la cour, et, quant à lui, écrire à tous[3] qu'il a lieu d'espérer tout contentement pour le Roi, et cependant continuer diligemment son voyage vers la Rochelle pour y faire le dernier effort, assurer les Rochelois[4], de la part du Connétable, que véritablement le Roi veut raser le fort, et, pour les délivrer de l'appréhension qu'ils avoient qu'il n'y fût pas satisfait, leur proposer que la Reine mère et les ministres, par le commandement du Roi, promettroient solennellement de procurer par effet auprès de S. M. le rasement du fort dans quelque temps[5].

Que, pour faciliter d'autant plus son dessein d'amener ce peuple effarouché à la confiance et à l'obéissance, donnant quelque satisfaction[6] à Loudrières[7],

curiosité des ennemis de la paix, on dise qu'ils ont devancé la venue des députés et que, assurément, ils reviennent avec le contentement du Roi. »

1. France 780 : « pour aller les rencontrer à Étampes jusques à Orléans ».
2. France 780 : « ou sinon il le fera évanouir et arrêter ».
3. France 780 : « ledit sr de Bellujon écrira à la cour ».
4. France 780 : « qui consiste à assurer les Rochelois du rasement de ce fort dans le temps que le Roi l'a limité ».
5. France 780 : « dans ledit temps ». — D'après Guillaudeau, *Diaire*, p. 293, Goyer et Couvrelles, députés venant de la cour, annoncèrent à la Rochelle « que le Roi nous donnoit la paix, mais que, pour la démolition du fort, il promettoit, sur sa parole, de le faire démolir dedans six mois ou qu'il donneroit billet de le démolir dedans un an ».
6. France 780 : « quelque raisonnable satisfaction ».
7. René de Talansac, sieur de Loudrières, sénéchal de la justice à la Rochelle depuis 1607. Il mourut le 3 mai 1628 (Guil-

au comte de Laval[1] et autres tribuns et boutefeux, il eut pouvoir de leur assurer la distribution de quarante mille livres.

Enfin, il prit pour ceux de la Rochelle de bonnes lettres du Connétable, dont il avoit des blancs, excitatives à leur devoir, et pour Soubise aussi des blancs, pour les remplir, sur les difficultés que lesdits Pescharnaud et Noaillan pourroient rapporter[2].

laudeau, *Diaire*, p. 367). Sur son association avec La Ravandière, explorateur du Maranhao au Brésil, voyez Ch. Bourel de la Roncière, *op. cit.*, t. IV, p. 361.

1. Frédéric de la Trémoïlle, comte de Benon et de Laval (mort en février 1642 à Venise), avait quitté la cour le 12 avril 1625 pour passer aux Rochelais « soudainement et sans dire mot à Madame sa mère et à Monsieur son frère »; son départ aurait été provoqué par le « refus qu'on lui avait fait de quelque charge militaire dans la Champagne avec M. le duc d'Angoulême » (Correspondance de l'ambassadeur hollandais Botzelaer : Bibl. nat., ms. Français 17940, fol. 249; voyez aussi le *Journal inédit d'Arnauld d'Andilly*, année 1625, p. 16). Commentant cette défection, Herbault écrivait à Bullion le 15 avril : « Vous connoissez le personnage; le parti n'en sera pas beaucoup fortifié, car M. de la Trémoïlle, son frère, demeure en son devoir » (Arch. nat., KK 1371, fol. 363 v°). Arrivé le 17 avril à la Rochelle, le comte de Laval déclara que « Bellujon, qu'on nous avoit envoyé, étoit un méchant homme et qu'il nous tromperoit s'il pouvoit ». Durant le combat naval du 16 juillet, il était aux côtés de Soubise, à bord de la *Vierge* (Guillaudeau, *Diaire*, p. 292).

2. France 780 : « Il prendra de bonnes lettres à M. le Connétable, dont il a des blancs, excitatives à leur devoir, et à M. de Soubise aussi, en des blancs pour les remplir sur les difficultés que les s^{rs} de Pescharnaud et Noaillan pourront rapporter. » Le mémoire concluait : « Tout ceci étant communiqué et agréé par le Roi, M. le maréchal de Schönberg y ajoutera ou changera par l'ordre de S. M. ce qu'elle aura agréable de lui dire et de commander au s^r de Bellujon. » Le départ de Bel-

Durant ces allées et venues[1], le duc de Montmorency va à sa charge, les vaisseaux d'Angleterre arrivent, on les fait équiper de matelots et soldats françois, ils joignent la flotte du Roi.

Dès qu'ils l'ont jointe, ledit duc va, le 14ᵉ septembre, chercher l'armée ennemie qui est à la Fosse-de-Loix; il la canonne, elle se retire à l'accul de ladite Fosse, où, la marée se retirant peu à peu, ils échouèrent leurs vaisseaux[2].

A la faveur de son armée, les sieurs de Saint-Luc, de la Rochefoucauld, Toiras et autres descendent en l'île de Ré et s'en rendent maîtres, quelque résistance que leur puissent faire les troupes de Soubise, qui,

lujon est annoncé au Cardinal dans une lettre de Schönberg du 31 août, dont nous n'avons que l'analyse (Aff. étr., France 780, fol. 327 v°).

1. Le bruit courut à Fontainebleau, le 12 septembre, que la paix allait être conclue. Voyez la dépêche de Bréval au duc de Lorraine : « L'on tient la paix des huguenots toute résolue. Leurs députés sont retournés à la Rochelle et le Roi fait entendre ses intentions à M. l'Amiral sur ce sujet. L'on veut tenir encore la chose secrète; c'est pourquoi je ne saurai dire encore à V. A. les particularités des conditions » (Bibl. nat., fol. 307), et la lettre d'Herbault à Béthune du même jour : « Milletière et Madiane qui sont à M. de Rohan sont les députés qui sont retournés à la Rochelle; ils nous promettent d'en rapporter contentement au Roi et que, dans le 18ᵉ ou 20ᵉ, M. de Soubise et les Rochelois auront fait leurs soumissions; ledit Soubise y est tout porté, le corps de la ville de la Rochelle encore plus, mais cette factieuse populace ne se peut ramener par raison, et le pis est que, par sa multitude, elle emporte le plus souvent les autres » (Bibl. nat., ms. Français 3702, fol. 130 v°).

2. Sur le combat du Pertuis-Breton, voyez Ch. de la Roncière, *op. cit.*, t. IV, p. 469 et suiv.

durant le combat, se tenoit avec cinq ou six chevaux derrière les bataillons pour voir quelle en seroit l'issue.

Dès qu'il vit quelque apparence qu'elle ne seroit pas bonne pour lui et que la victoire commençoit à incliner du côté du Roi, il se retira, laissant pour gage son épée et son chapeau, qui lui tombèrent en fuyant[1], et se retira dans une chaloupe en Oléron. Ses vaisseaux étant échoués en la Fosse-de-Loix, la plupart de l'armée du Roi croyoient qu'ils étoient amortis et qu'il n'y avoit point de marée, pour grande qu'elle fût, qui les pût remettre à flot. Sur cette pensée, ils prirent résolution d'aller à Chef-de-Bois pour l'affamer, empêchant la communication de la Rochelle avec lui.

Mais ils furent étonnés que dès le lendemain matin[2] Soubise, voyant le vent bon, s'en servit et vint avec tous ses vaisseaux droit à eux. L'amiral du Roi ne perd point temps et fit si bien qu'il reprit le vent sur les rebelles.

Le combat fut âpre; les ennemis eurent du pire et se voulurent retirer; la nuit qui survint favorisa leur dessein; néanmoins, ils furent si vivement poursuivis que le lendemain, au point du jour, on prit huit[3] de leurs vaisseaux.

---

1. Nouvel emprunt au *Mercure françois*, t. XI, p. 215. Ce récit est confirmé par le témoignage de Madiane : « M. de Soubise, voyant la déroute, conduit par Treslebois, eut peine de gagner une chaloupe cachée sous une cale qui le porta à Oléron » (*Mémoires*, p. 105).

2. Le 16 septembre.

3. Neuf bâtiments, d'après Ch. de la Roncière, *op. cit.*, p. 474.

La marée se retirant, la *Vierge* et *Saint-Michel* touchèrent et ne purent gagner Oléron, où une partie du reste de leurs vaisseaux s'étoit retirée.

On prit ledit *Saint-Michel;* la *Vierge* se défendit et se brûla avec quatre vaisseaux[1] du Roi qui étoient attachés à elle.

Haultain se signala en cette journée[2] et combattit courageusement contre sa première intention, pour avoir revanche de l'injure du vaisseau que Soubise lui avoit méchamment brûlé, au préjudice de l'accord fait entre eux.

Ensuite, le fort de Saint-Martin de Ré se rendit à composition[3]. De là, le duc de Montmorency fit voile en Brouage pour chasser les rebelles de l'île d'Oléron et du fort qu'ils y faisoient. Soubise s'enfuit avec deux

1. Le *Harlem*, le *Saint-Louis*, l'*Olonnois* et le *Saint-François* (Arcère, *Histoire de la Rochelle*, t. II, p. 216). Voyez la lettre de Bréval au duc de Lorraine, Fontainebleau, 26 septembre 1625 : « Le Roi n'a perdu en tout ce combat que M. le comte de Vauvert, frère de M. de Ventadour, qui est mort très courageusement, ayant accroché un grand vaisseau nommé *la Vierge* et sauté le premier dedans; mais, comme il pensait s'en rendre maître, le capitaine mit le feu aux poudres et le fit sauter avec le reste de ses gens; étant déjà blessé d'une mousquetade à la cuisse, ledit capitaine se jeta en mer et a été repêché et pris prisonnier et court fortune d'être pendu si le Roi ne change d'avis » (Bibl. nat., Nouvelles acquisitions françaises 3145, fol. 326 v°).

2. Voyez la lettre de Rubens à Valavez, 18 octobre 1625 : « Les Hollandois l'attribuent [la défaite de Soubise] tout entière à leur amiral, M. Haultain » (*Correspondance*, t. III, p. 394).

3. Première rédaction du manuscrit B : « Le 8ᵉ septembre, le fort de Saint-Martin de Ré. La garnison de six cent cinquante hommes étoit commandée par Saint-Just » (Ch. de la Roncière, *op. cit.*, t. IV, p. 476).

ou trois vaisseaux en Angleterre; Mantin l'y suit, assisté de quelques vaisseaux que Haultain commandoit[1].

Cette grande diversion des armes du Roi contre ses sujets rebelles affoiblit bien celle qu'il faisoit en Italie des armes d'Espagne[2] pour faciliter le recouvrement de la Valteline, dont ils s'étoient emparés.

L'armée du Connétable et de M. de Savoie, composée de vingt-six mille hommes[3], fut, dès le mois de mars, en campagne aux environs d'Asti; ils en partirent le 9°. Le Connétable menoit l'avant-garde et le duc de Savoie le corps de l'armée[4].

Ils allèrent attaquer Acqui[5], qu'ils prirent, Novi[6] et plusieurs autres petites places[7] qui ne durèrent point devant eux. Gavi[8] leur fit quelque résistance et ne se rendit que le dernier avril.

1. Soubise se réfugia dans le havre de Falmouth. Voyez plus loin.

2. *Var.* : aux armes d'Espagne (manuscrit A). La première rédaction du manuscrit portait : « contre le roi d'Espagne ».

3. Le contingent français comprenait huit mille hommes de pied et mille chevaux (Bibl. nat., ms. Dupuy 93, fol. 11 v°). Les renseignements qui suivent sont empruntés au *Mercure françois*, t. XI, p. 469 et suiv.

4. Le tiers des forces était placé sous les ordres du Connétable, qui aurait préféré que les opérations fussent immédiatement engagées contre Savone (Ch. Dufayard, *le Connétable de Lesdiguières*, p. 545).

5. Acqui, ville de la Haute-Italie, à trente-deux kilomètres au sud d'Alexandrie, sur la rive droite de la Bormida.

6. Novi, ville de la province d'Alexandrie, sur le versant septentrional de l'Apennin ligure. Elle fut occupée par le marquis d'Huxelles et Créquy. M. de la Grange y tint garnison jusqu'à la reprise de la place par les Génois.

7. Ovada, Rossiglione et Campo.

8. Gavi, ville de la province d'Alexandrie, à dix kilomètres

Cependant, le duc de Savoie prit ses troupes, tira du côté de la rivière du Ponant pour préparer le chemin au siège de Savone. Tout cède à ses armes, et, entre plusieurs places, prend Pièvre[1] et Étage[2], où il fit quantité de prisonniers et de grande qualité ; il prit trente drapeaux qu'il envoya à S. M. et lui furent présentés le 24ᵉ mai[3].

Les Génois prirent Oneille[4] sur lui ; mais il les en chassa bientôt après.

au sud-est de Novi. Sur la résistance du château de Gavi, solidement fortifié par les Génois, voyez une lettre de Bullion à Herbault, 21 avril 1625 (Aff. étr., Turin 5, fol. 170). La ville, occupée par le capitaine Meazza, avait été prise dès le 18 avril ; le château capitula le 26.

1. Pieve di Teco, ville de la province et à vingt et un kilomètres de Porto-Maurizio (Ligurie), sur l'Arroscia, tributaire du golfe de Gênes. Pièvre fut pris le 11 mai par le prince de Piémont : « De quatre mille hommes commandés par Girolamo Doria, il y en a plus de mille tués sur la place, lui prisonnier avec cinq ou six cents autres, et la ville de Pièvre s'est rendue ensuite. » Lettre de l'envoyé de Lorraine, Bréval (Bibl. nat., Nouvelles acquisitions françaises 3145, fol. 251, 24 mai).

2. Ottaggio ou Voltaggio, grosse bourgade au pied de l'Apennin, sur le Lemno, entre Gavi et Pontedecimo. Charles-Emmanuel y mit en déroute, le 8 avril, les troupes de Tommaso Caracciolo et fit prisonnier ce dernier.

3. Première rédaction du manuscrit A : « et deux bâtons de Mᵉˢ de camp ». Charpentier avait ajouté en interligne, au-dessus de l'abréviation, « maréchaux », puis « maîtres ». Finalement, le tout a été rayé. Voyez, sur la remise de ces trophées au Roi par le comte de Caluno, fils du comte de Verrue, Guichenon, *Histoire généalogique de la royale maison de Savoie*, t. I, p. 834.

4. Oneglia, à quatre kilomètres à l'est de Porto-Maurizio, sur le golfe de Gênes, acquise en 1566 par Emmanuel-Philibert de Savoie, était passée aux Espagnols en 1614 et à Gênes en 1623.

Les armes du Roi ne passèrent pas jusques à Gênes, faute de l'armée de mer qui leur devoit servir pour avoir des vivres, laquelle fut divertie et employée contre Soubise[1]. Ce retardement donna loisir à la république d'assembler quarante galères et faire une armée de dix mille hommes de pied, cinq mille chevaux et quatorze canons[2].

Avec cette armée, elle vint droit à Acqui, où, les Valaisans que le duc de Savoie y avoit mis en garnison ne voulant point combattre, le gouverneur fut contraint de se rendre[3]. Cette nouvelle fit retourner le Connétable qui s'acheminoit vers Savone pour l'as-

1. Sur l'inactivité des onze galions de la flotte de l'amiral Charles de Guise, en présence des forces supérieures, voyez La Roncière, *op. cit.*, t. IV, p. 461. Guise écrivait en juin à Bullion : « Toutes mes diligences auprès du Roi sont inutiles ; il me dénie seulement ce qu'il m'avoit promis auparavant ; néanmoins, je m'en vais à Villefranche ; mais si, de votre côté, vous ne pourvoyez à mon armement, je serai contraint de ramener mon équipage. Si vous en avez besoin, ne me laissez pas sentir la nécessité, car, passé ce mois, je n'ai plus de fonds et faut payer mes gens par avance » (Aff. étr., Suisse 18, fol. 322).

2. Gênes reçut, en juin 1625, un renfort de cinq mille Napolitains, transporté sur les galères du marquis de Santa-Cruz ; ces troupes avaient été levées aux frais de la république génoise. En même temps, le contingent des troupes des Pays-Bas et d'Allemagne, commandé par Gonsalve de Cordoue, se joignit à l'armée du duc de Feria (Claude Malingre, *Histoire générale des guerres de Piémont, Savoie, Montferrat* (1630), t. II, p. 637).

3. La place était commandée par Balthasard Ambuel, bourgmestre de Sion (1623) et colonel au service du duc de Savoie. Sur l'ordre donné par Charles-Emmanuel d'emprisonner Ambuel, voyez Ed. Rott, *Histoire de la représentation diplomatique de la France auprès des cantons suisses*, t. III, p. 914.

siéger. Bien que son armée fût inégale, il tourna tête droit à l'armée ennemie et la vouloit combattre; mais il la trouva logée si avantageusement qu'il se retira à Cannes[1] en Piémont.

Le duc de Feria[2], en même temps, s'en alla à Nice-de-la-Paille[3]; de là, il passa par Gavi, qui ne se voulut pas rendre à lui, mais se rendit peu après à l'armée de Gênes[4], puis il prit sa brisée vers Asti et se vint loger à une canonnade de la ville à la fin de juillet[5].

Le Connétable, qui y étoit demeuré malade il y avoit trois semaines, en sortit[6], et le sieur de Créquy

1. Canelli, circondario d'Asti, province d'Alexandrie.
2. Don Gomez Suarez de Figueroa, duc de Feria, gouverneur général de l'état de Milan et capitaine général en Italie de 1618 à 1627. Son infanterie était commandée par Gerbellon et sa cavalerie par Pimentel et Piccolomini (Bibl. nat., ms. Dupuy 93, fol. 39). Ses forces, évaluées à 20,000 fantassins et 4,000 chevaux, avaient été concentrées dans la région d'Alexandrie.
3. Nizza della Paglia, aujourd'hui Nizza Monferratto, circondario d'Acqui et province d'Alexandrie.
4. Le siège avait duré du 13 au 24 juillet 1625; la garnison, à qui les Génois avaient accordé libre passage, débarqua dans la nuit du 2 août aux Salins d'Hyères. Gouvernon, qui commandait la place, fut inculpé de trahison et mourut en prison (Bibl. nat., ms. Dupuy 93, fol. 41 et suiv.). Voyez également, dans les *Histoires tragiques de nostre temps* (Rouen, 1641, p. 783 et suiv.), le chapitre intitulé : « Des sieurs Gouvernon et Grangères, gouverneurs pour le Roy en la ville de Gavi, au pays de Lycurgie. » En vertu d'un arrêt du parlement d'Aix du 14 novembre 1625, le cadavre de Gouvernon fut brûlé à Toulon et Grangères condamné au pilori et à la roue.
5. A la Croce Bianca.
6. Il se retira à Moncalieri, puis à Chaumont, et écrivait le

y entra en sa place, avec quatre mille hommes des troupes du Roi, le 3ᵉ août[1].

Il y avoit déjà six jours que l'armée ennemie étoit campée à l'entour de la ville et se retranchoit lorsque le sieur de Créquy y arriva.

Dès le lendemain, 4ᵉ août, il sortit de la ville du côté des ennemis et leur fit quitter un pont[2] qu'ils gardoient sur une petite rivière nommée la Verse, qui passe près des murailles de ladite ville; le duc de Feria, désespérant de la prendre, leva le siège. Pour mettre son armée en curée, il alla assiéger Verrue[3], le long du Pô, assise sur un roc. Le château n'est qu'une maison ancienne composée d'une tour et d'un corps de logis sans fossés ni boulevard, et la ville et le faubourg qui en est détaché ne font ensemble que quarante ou cinquante feux. On délibéra si on pouvoit défendre le faubourg; enfin le courage françois résolut qu'il ne falloit pas laisser prendre l'avantage d'une seule maison à l'armée espagnole.

Pour la facilité du secours, nos gens firent un pont

27 août au Roi : « Il ne faut plus faire état des forces de V. M. en Italie; elles sont perdues; il n'y a plus que 3,000 hommes qui ne sauroient durer quinze jours; le retardement extrême des montres, la faim, les maladies les accablent; les Espagnols, qui sont forts et qui se le rendent tous les jours, les travaillent sans relâche » (Aff. étr., Turin 6, fol. 186).

1. Sur l'entrée de Créquy dans Asti, avec 3,000 hommes de pied et 300 chevaux, le dimanche 3 août, voyez sa lettre du 4 août à Herbault : Aff. étr., Turin 6, fol. 92.

2. Créquy était accompagné du prince Thomas; il dispersa la cavalerie allemande du colonel Lullo Capriata (*Historia*, Genève, 1644, p. 774).

3. Verrue, à trente-huit kilomètres au nord de Turin, sur la rive droite du Pô.

sur le Pô entre Crescentin[1] et Verrue et logèrent leurs troupes partie deçà et partie delà le Pô.

Le siège, qui commença vers la mi-août, dura jusques au 17e novembre[2], auquel le Connétable, étant allé de Turin à l'armée[3], où étoit arrivé un nouveau renfort de six régiments[4] que Vignoles[5] commandoit, il considéra et remarqua d'un lieu haut les forts des ennemis, et, les faisant attaquer courageusement, les emporta tous en moins d'un quart d'heure; ce qui leur donna un tel effroi qu'ils firent mettre toute l'armée en bataille pour regagner ce qu'ils avoient perdu; mais ils furent si bien reçus et sou-

1. Crescentino, ville de la province de Novare (Piémont), à trente-deux kilomètres sud-ouest de Verceil, sur la rive gauche du Pô. Sur la construction de ce pont de bateaux, voyez Capriata, *op. cit.*, p. 780, et lettre de Créquy au Roi, 15 août 1625 : Aff. étr., Turin 6, fol. 131. La garnison fut renforcée par le régiment lorrain du marquis de Saint-Reran (Guichenon, *op. cit.*, t. I, p. 838).
2. Le siège avait duré trois mois et dix jours.
3. Il arriva à Crescentin le 17 novembre.
4. Les documents contemporains mentionnent l'arrivée de sept régiments : Longueval, La Noue, Nubecourt, Origny, Tavannes, Verdun et Navailles. Le 5 novembre, Bullion signalait la présence de cinq de ces régiments à Ivrée, avec Vignoles, tandis que deux autres venaient de Savoie (Aff. étr., Turin 6, fol. 397).
5. Bertrand de Vignoles était parti pour le Piémont le 20 septembre 1625. Les troupes placées sous ses ordres suivirent deux itinéraires : « Les uns, qui étoient en Champagne, Picardie et Bourgogne, doivent aller en Bresse et s'embarquer sur le lac de Genève, route que mon oncle le duc de Savoie m'a proposée comme la plus courte de plusieurs journées; les autres iront passer à Suse par la voie accoutumée. La cavalerie suivra aussi cet ancien chemin. » Louis XIII à Lesdiguières : Arch. nat., KK 1362, fol. 220, 23 septembre 1625.

tenus par les troupes du Roi qu'ils ne purent reprendre qu'un de leurs forts qui étoit par trop commandé[1].

La nuit même les Espagnols se retirèrent et laissèrent dans leur camp les morts, les blessés et une partie du bagage[2].

Cette déroute releva l'honneur des armes du Roi, qui étoient décriées en Italie pour avoir en un long temps fait si peu de chose qu'en quatre jours les ennemis regagnèrent sur eux ce qu'en trois mois ils leur avoient pris. Cette action fut si glorieuse[3] qu'elle effaça tout le blâme qu'on leur pouvoit donner. On peut dire, avec vérité et sans vanterie, qu'elle est due à la seule prudence et à la fermeté du courage du Cardinal[4], car le Roi étant embarqué dans les affaires d'Italie, mais quant et quant diverti par la rébellion des huguenots, il ne pouvoit pas facilement maintenir ses armées en l'état auquel elles devoient être[5]. Cependant, on voyoit qu'il se formoit une nuée

1. D'après Capriata, *op. cit.*, p. 803, cette contre-attaque fut exécutée par les Allemands de Sultz.
2. Feria s'était retiré auparavant à Pontestura (Capriata, *op. cit.*, p. 786).
3. Voyez la lettre de Créquy au Roi, « du camp de Verrue », 19 novembre 1625 : « Voilà le siège de Verrue levé et les armées de V. M. sont maintenant aussi glorieuses en Italie que celles d'Espagne s'y trouvent pleines de confusion » (Aff. étr., Turin 6, fol. 445).
4. Sur le rôle joué par le Cardinal dans l'envoi des renforts, voyez Ch. Vialart, *Histoire du ministère... du cardinal de Richelieu*, p. 138. Le 27 juillet 1625, il écrivait de Courances à la Reine mère : « Il est besoin de faire semblant de faire un grand préparatif pour la guerre d'Italie, afin de disposer mieux les choses à la paix » (Bibl. nat., Nouvelles acquisitions françaises 5131, fol. 75).
5. Le chiffre des contingents que devait fournir le Roi avait

d'hommes en Allemagne pour passer au Milanois et faire cette armée de trente mille combattants pour le service d'Espagne, qui, depuis, fut celle qui descendit en Piémont et assiégea Verrue.

Le Cardinal crut qu'à cette occasion il falloit, pour l'honneur des armes du Roi, faire un grand effort.

Il représentoit sans cesse que ce n'étoit rien de bien commencer et d'avoir de bons desseins si on ne préparoit les moyens proportionnés à cette fin; que la guerre qui ne se fait d'un courage délibéré et avec toutes les forces et l'industrie qui se peut n'a jamais un heureux succès; que le défaut[1] d'une résolution courageuse fait qu'on obtient toujours moins qu'on ne s'est proposé et, partant, qu'il faut que les préparatifs soient toujours plus grands que ce qui semble qui doit suffire pour ce que l'on entreprend[2];

Que rien n'emporte les Espagnols qu'une fermeté continue; que c'est par là qu'ils ont eu avantage sur nous jusqu'aujourd'hui et, partant, qu'il faut faire de nouvelles levées[3] de gens de guerre pour rafraîchir l'armée du Roi.

Il avoit beau dire, on n'y prenoit point de résolu-

été fixé par le traité de Suse, signé le 18 octobre 1624 par le connétable et le duc de Savoie. Voyez la lettre de Bullion au Cardinal, du 19 février 1625 (Aff. étr., Turin 5, fol. 92).

1. Première rédaction du manuscrit A : « manque ».
2. *Var. :* ce que l'on prétend (ms. Français 17542).
3. « L'on n'a pu affoiblir les armes de S. M. et l'on a été obligé d'avoir recours à de nouvelles levées, lesquelles on nous dit devoir être si diligemment faites qu'elles seront prêtes à passer, si elles ne sont passées, dans la fin du mois prochain. » Herbault à Créquy, 1er septembre 1625 (Arch. nat., KK 1362, fol. 141 v°).

tion, soit manque de prévoyance, manque d'affection au service du Roi ou manque d'argent[1].

Enfin, il fit telle instance qu'on tira de l'armée de Champagne[2] six mille hommes et mille chevaux, qui furent envoyés promptement en Italie sous la conduite du sieur de Vignoles, maréchal de camp[3], et quant et quant fut commandé de faire de nouvelles levées[4] en diligence du même nombre d'hommes, pour remplacer les troupes qu'on avoit ôtées de ladite armée, lesquelles on jugeoit bien devoir être assez à temps pour s'opposer à ce qu'on voudroit entreprendre sur cette frontière.

1. Voyez le mémoire adressé de Limours, le 13 août 1625, par le Cardinal au secrétaire d'État Potier d'Ocquerre, au sujet des mesures de défense à prendre en Picardie contre une attaque éventuelle des Espagnols : « Quelque intention qu'ils aient, si on avoit fait tout ce qui avoit été prévu et que S. M. a ordonné, on se moqueroit de toutes les alarmes que l'Espagne nous veut donner. Mais en vain prévoit-on les maux qui doivent arriver et les remèdes pour non seulement s'en garantir, mais même de l'appréhension qu'ils peuvent donner, si on ne les exécute en temps et lieu » (Aff. étr., Grisons 4, fol. 335 v°).

2. L'opposition de Louis de Marillac, prévenu de cette décision par son frère Michel, et de M. d'Angoulême empêcha finalement tout prélèvement sur l'armée de Champagne, et Bassompierre nous apprend (*Mémoires*, éd. de la Société de l'Histoire de France, t. III, p. 207) qu'il refusa de prendre le commandement des renforts, composés uniquement de troupes récemment levées.

3. Bertrand de Vignoles, né vers 1565, maréchal de camp en 1621, lieutenant général au gouvernement de Champagne et gouverneur de Sainte-Menehould (8 août 1626), mort à Péronne le 5 octobre 1636.

4. « On lève par toute la France, soit pour Italie, soit pour Picardie ». Chanvallon à Voillot, Paris, 6 septembre 1625 (Bibl. nat., Nouvelles acquisitions françaises 3145, fol. 300).

Cette levée vint si à propos qu'aussitôt qu'elle arriva au siège de Verrue le Connétable s'en servit[1] si heureusement qu'il en fit l'effet que nous avons dit ci-dessus, faisant succomber les Espagnols sous le poids des armes du Roi, démentant leur maxime qu'il n'appartient qu'à eux d'assiéger et prendre les places, puisqu'une méchante bicoque comme Verrue leur a fait tête[2].

Par ce moyen, le Roi fut garanti de l'opprobre qu'eût apporté à sa réputation la foiblesse de nos armes en Italie, causée par la diversion de la rébellion de l'hérésie en France.

Si ce soulèvement de nos hérétiques empêcha que le Roi ne s'appliquât avec tant d'affection aux affaires d'Italie[3] qu'il eût désiré, et pour son honneur et pour

1. Les régiments de Vignoles ne furent pas engagés sous Verrue (Bassompierre, *Mémoires*, t. III, p. 207). L'opération fut exécutée par « trois ou quatre mille hommes, vieux soldats, qui avoient toujours été avec M. de Créquy devant ledit Verrue ». Lettre de Chanvallon, 29 novembre 1625 (Bibl. nat., Nouvelles acquisitions françaises 3145, fol. 394). Ardier explique que « l'on avoit jugé à propos de laisser lesdites troupes nouvelles dans les quartiers, craignant que, si l'on les faisoit venir à l'armée parmi les malades, et camper deux ou trois nuits, qui lors étoient froides et longues, ce travail n'eût beaucoup diminué leur nombre » (Bibl. nat., ms. Français 4058, fol. 64 v°).

2. Comparez *Testament politique*, éd. 1689, 2ᵉ partie, p. 60 : « Les moindres bicoques se trouvent imprenables par la fermeté du courage de ceux qui les défendent », et Ch. Vialart, *op. cit.*, p. 138 : « [Les Espagnols] consommèrent devant cette bicoque une armée de quarante mille hommes, leurs chefs y perdirent l'honneur, leurs armes n'en furent pas peu discréditées. »

3. Voyez la lettre d'Herbault à Bullion du 21 novembre 1625 : « Si vous vous représentez la constitution des affaires présentes de cet État, les troubles où nous sommes avec les rebelles de la

le secours de ses alliés, il ne fut pas moins dommageable à la défense de Bréda, laquelle néanmoins le Roi n'abandonna pas entièrement, mais bien n'eut-il pas moyen d'y faire tout ce qu'il eût fait sans cela.

Le Roi avoit résolu avec le roi d'Angleterre d'y envoyer Mansfeld avec ses troupes; l'infanterie devoit être angloise et la cavalerie françoise. Il y en eût envoyé davantage s'il n'en eût eu de besoin contre ses propres sujets.

Il y avoit diversité d'opinions sur le moyen qu'il falloit tenir pour l'y faire passer. Le comte Maurice sollicitoit fort le Roi de l'y envoyer par terre et proposoit quatre divers chemins qu'il devoit tenir[1] :

Le premier marchant dans la Flandre tout du long de la côte jusques à Dunkerque, se rendant

religion prétendue réformée, les armées que le Roi entretient dans le royaume par mer et par terre, celle de la Valteline, le secours de deniers donné à M. de Savoie et à plusieurs princes et États d'Allemagne, vous conclurez vous-même que, quand le Roi propose d'entretenir dix-sept régiments de pied dans son armée d'Italie, quatre autres qu'elle a résolu de faire lever, 28,000 chevaux et un attirail d'artillerie, elle entreprend, si j'ose dire, au delà de ses forces, et que l'on ne doit prétendre aucune augmentation de François, moins encore de Suisses » (Arch. nat., KK 1362, fol. 377 v°).

1. Les propositions adressées par le comte Maurice à Louis XIII ne sont connues que par les extraits qu'en donnent les *Mémoires*. Elles remontent vraisemblablement à la fin de l'année 1624 et furent peut-être apportées au Roi par le commissaire Doublet, qui avait été annoncé au Cardinal par le prince d'Orange le 20 décembre (Aff. étr., France 246, fol. 17 v°), et dont l'arrivée est mentionnée le 5 janvier par Potier d'Ocquerre : « Le sieur Doublet est arrivé ce soir chargé de très amples instructions » (Bibl. nat., ms. Français 3682, fol. 68). Le manuscrit A, dans sa rédaction primitive, devait

maître, en passant, de deux forts qui y ont été faits, assez incapables de résister à une si puissante armée, et toutefois si bien situés qu'étant entre les mains de Mansfeld ils se pourroient aisément garder et donneroient moyen d'avoir par mer autant de vivres et commodités qu'on voudroit, par le bénéfice du canal appelé le Scheurken ou la Tente.

Le second faisant marcher son armée plus haut dans la Flandre, entre les rivières de Leye[1] et de l'Escaut, ou bien vers les villes d'Ypres et Bruges, où il y a plusieurs places ouvertes et fort riches, lesquelles, sans aucun doute, eussent bien pressé Spinola de leur donner une vigoureuse assistance.

Le troisième attaquant les pays d'Artois et Hainaut, lesquels consistant[2] en une puissante noblesse et bonnes villes, les Espagnols eussent assurément fait tout devoir pour ne les point abandonner et les assister promptement, de crainte d'une plus grande conséquence et du soulèvement général de ce pays-là, glorieux et non accoutumé d'être laissé en proie aux ennemis.

suivre de très près le mémoire du prince d'Orange, mais des corrections importantes ont été effectuées par Sancy lors de la revision du travail; nous signalerons les plus importantes de ces variantes.

1. La Lys ou Leye, rivière de France et de Belgique, affluent de l'Escaut.

2. Première rédaction du manuscrit A : « Lesquels, ayant fait toujours si grande gloire dé leurs privilèges et consistant en une puissante noblesse et bonnes villes, n'eussent jamais pensé à une telle invasion et feroient tout devoir pour n'être point abandonnés, ains assistés promptement de crainte d'une plus grande conséquence et combustion. »

Le quatrième allant droit vers le Cambrésis et poussant jusques à Bruxelles, là où et aux environs il demeureroit campé, faisant contribuer Brandtschatter, brûler et piller tout le pays sans distinction, ce qu'il faudroit faire aussi tenant les autres trois chemins ci-dessus spécifiés; et si, nonobstant cela, l'ennemi ne vouloit point encore déloger de devant Bréda, qu'il faudroit alors marcher plus avant vers les villes de Lumen[1], Thienen[2], Hasselt[3] et les pays circonvoisins qu'on trouveroit abondants en fourrages[4], vivres et autres commodités pour nourrir longtemps l'armée, joint que les deux armées se pourroient aider d'armes et de conseil, selon les besoins qu'ils en pourroient avoir.

Le premier chemin de Dunkerque lui sembloit le plus sûr et profitable, pour ce qu'il étoit le plus court, qu'il n'y falloit pas grand attirail de chariots, de chevaux et autres choses nécessaires pour le train d'une grande armée; que cette entreprise se pouvoit faire, sans crainte de résistance, en tout temps et en toutes les marées basses, à la faveur du fort que S. M. avoit fait faire sur la frontière près de Gravelines; qu'on se pouvoit aisément emparer des villes de Dunkerque, Bourbourg et autres places voisines, lesquelles prises tout le pays d'alentour, qui est fort riche, seroit mis

1. Localité du Limbourg belge, au nord-ouest de Hasselt.
2. Thienen ou Tirlemont, ville du Brabant méridional.
3. Dans le Limbourg belge.
4. Première rédaction du manuscrit A : « Lesquels seroient trouvés abondants en fourrages, vivres et autres sortes de commodités pour nourrir un bon espace de temps ladite armée, là où aussi ses deux armées se pourroient aider d'armes et conseil aux besoins. »

en contribution; et enfin que, par le moyen de la prise des deux forts qui sont sur le canal, l'armée pourroit être rafraîchie de vivres et d'autres commodités, sans les tirer de la France par terre, et donner aux Espagnols prétexte de faire plainte de nous[1].

Le second chemin lui sembloit aussi facile à entreprendre et sans beaucoup de danger; mais il craignoit qu'il fût de peu d'effet, tant pour ce que Spinola n'auroit pas d'appréhension que[2] les grandes villes bien munies, comme elles étoient, pussent être prises si tôt qu'il n'eût loisir de prendre Bréda auparavant, que pour ce qu'il redouteroit peu notre armée, sachant qu'il étoit bien difficile qu'en ces lieux-là elle pût recevoir aucun secours d'Angleterre ni des Provinces-Unies et qu'il avoit moyen d'y envoyer les troupes du baron d'Anholt[3] et les nouvelles levées faites en

1. Première rédaction du manuscrit A : « Le premier chemin de Dunkerque lui sembloit le plus sûr et profitable, premièrement parce qu'il est le plus proche, qu'il n'y faut pas grand attirail de chariots, de chevaux et d'autres choses nécessaires pour le train d'une si grande armée. Que l'invasion se pouvoit faire sans résistance en tout temps et à toutes les marées basses sous la faveur du port que S. M. a fait faire sur les limites près de Gravelines ; secondement que les villes de Dunkerque, Bourbourg et autres places voisines pouvoient être prises aisément, par la prise desquelles tout le pays circonvoisin, fort riche, sera mis en contribution ; joint aussi que l'armée dudit comte de Mansfeld, par la prise des deux forts sur le canal, pourra être rafraîchie et nourrie de vivres et d'autres commodités sans aucun reproche que les malveillants voudroient faire à la France et à l'Angleterre. »

2. Le manuscrit B porte fautivement : « d'appréhension et que ».

3. Jean-Jacques de Brouchorst, baron d'Anholt, rejoignit, à la tête de renforts, l'armée commandée par Spinola, en avril

Artois et en Hainaut, sans diminuer ses troupes devant Bréda, où il seroit encore assuré de ne pouvoir être attaqué que de l'armée des États[1].

Le troisième chemin, par l'Artois et le Hainaut, lui sembloit avoir quelque difficulté, pour ce que la plupart de ces villes-là sont bien fortifiées, tout le plat pays y porteroit ses commodités, et s'y retireroit.

La noblesse y est en grand nombre et courageuse et tout le peuple adroit aux armes, qui, avec les bandes d'ordonnance qui étoient déjà sur pied, s'opposeroient si puissamment à notre armée dès son entrée dans le pays que difficilement s'y pourroit-elle avancer si elle n'étoit assistée d'un bon nombre de cavalerie françoise pour combattre celle de l'ennemi; et[2] quand bien elle trouveroit point de résis-

---

1625 (*Mémoires de Frédéric-Henri de Nassau*, p. 30). Voyez aussi, sur les opérations d'Anholt devant Wesel, Villermont, *Ernest de Mansfeld*, t. II, p. 307.

1. Première rédaction du manuscrit A : « Le second chemin d'entrer plus avant dans la Flandre, entre les rivières de l'Escaut et de la Leye, ou vers Ypres et Bruges, lui sembloit pouvoir être aussi exécuté facilement et avec peu de danger, selon toutes apparences; mais, craignant qu'il ne fût pas de grand effet, d'autant que ces grandes villes étoient bien pourvues, ladite invasion ne seroit pas tant appréhendée, étant bien difficile de secourir d'Angleterre ou des Provinces-Unies ladite armée; joint aussi que par cette voie le marquis de Spinola seroit hors de toute appréhension d'être molesté ou attaqué en son siège, sinon que par l'armée desdites Provinces-Unies, se pouvant imaginer qu'il auroit assez de temps de s'aller opposer après la prise de Bréda, laquelle il croyoit être en grande nécessité, pouvant en outre faire avancer les troupes du baron d'Anholt et les nouvelles levées en Artois et Hainaut, sans aucunement diminuer ses forces devant Bréda. »

2. Ici commence le dix-huitième cahier du manuscrit A. Sancy a écrit sur la feuille de garde, d'une large écriture :

tance à son passage, cette diversion ne seroit pas assez puissante de faire lever le siège devant Bréda[1], que Spinola croyoit être si pressé qu'il ne pouvoit résister longtemps, et que cependant l'Artois et le Hainaut ne recevroient pas de dommage si considérable qu'il ne réparât en peu de jours, y allant avec toute son armée incontinent après la prise de la place. Néanmoins, que cela n'empêcheroit pas les clameurs du pays, qui presseroit d'être secouru avec protestation contre le gouvernement étranger des Espagnols, auxquels le siège de Bréda auroit été plus considérable que leur protection; ce qui feroit peine aux Espagnols, outre la crainte qu'ils pourroient avoir que S. M., en cas de quelque bon succès, voulût ouvertement seconder ledit sieur de Mansfeld[2].

« cahier 18e », et au-dessous Charpentier un court sommaire : « Suite du siège de Bréda. Armée de Mansfeld et du roi de Danemark. »

1. La première rédaction du manuscrit A, jusqu'à « avec protestation », était ainsi conçue : « Attendu qu'il croira pouvoir réparer ledit dommage après avoir pris cette place, et, pouvant alors faire marcher toute son armée à l'encontre dudit Mansfeld, toutefois ceci n'empêcheroit point que la noblesse et les habitants du pays, grand et petit, ne demandassent prompte assistance au marquis de Spinola... » Sancy avait commencé à corriger la phrase qui précède : « Pour ce que Spinola croiroit avoir assez de loisir d'aller avec toute son armée pour la prendre et après l'avoir prise... », puis il a rayé cette phrase et ajouté en regard la note suivante : « V. p. 1 mes corrections. » La feuille de corrections à laquelle Sancy fait allusion n'a pas été conservée.

2. Cet alinéa était, dans la première rédaction de A, conçu comme il suit : « Le troisième chemin, il croyoit qu'il pourroit sans doute causer quelque altération ès villes et pays d'Artois et Hainaut qui sont riches et non accoutumés d'être ainsi atta-

Le quatrième chemin lui sembloit être le plus hasardeux, mais aussi, après le premier, le plus expédient, pourvu que ledit Mansfeld pût être renforcé de plus de troupes, et principalement de cavalerie, afin de pouvoir rompre le premier effort et rencontre des ennemis. Car toutes les villes et le plat pays seroient en confusion, se voyant surpris d'un orage si inopiné, et chacun, appréhendant un plus grand et général saccagement, enverroit à foule à Spinola demander assistance, et lui-même seroit réduit à tel point qu'il faudroit qu'il se résolût ou d'être affamé devant Bréda, ou de faire sa retraite entre deux puissantes

qués et délaissés à l'abandon. Mais il est à considérer que la plupart desdites villes sont bien fortifiées à cause des guerres passées; que ceux du plat pays chercheront de sauver leurs biens et personnes de bonne heure; joint que ces deux ou trois provinces sont remplies d'une bonne et courageuse noblesse d'habitants adroits aux armes, lesquels, avec les bandes d'ordonnance déjà sur pied, s'opposeront à ladite armée; que ledit sieur comte de Mansfeld pourra trouver, dès le commencement, des obstacles et du retardement à avancer plus avant dans le pays, si ce n'étoit qu'il fût renforcé de quelque bon nombre de cavalerie pour pouvoir combattre celle de l'ennemi, et, en tout cas, que si bien il ne trouvoit point une telle résistance, qu'on pourroit penser que l'ennemi ne bougera pas pourtant si facilement de devant Bréda, attendu qu'il croira pouvoir réparer ledit dommage après avoir pris cette place, et pouvant alors faire marcher toute son armée à l'encontre dudit Mansfeld; toutefois ceci n'empêcheroit point que la noblesse et les habitants du pays, grand et petit, ne demandassent prompte assistance du marquis de Spinola, avec protestation contre le gouvernement étranger des Espagnols, voyant que le siège de Bréda leur étoit plus considérable que leur protection, outre la crainte qu'ils pouvoient avoir que S. M., ouvertement, en cas de quelque bons succès, voulût seconder ledit comte de Mansfeld. »

armées ennemies, non sans danger de grands accidents, son armée étant fort affoiblie et matée par les incommodités d'un si long siège[1];

Que, pour exécuter cela, il étoit besoin d'user de diligence et de secret et d'une correspondance parfaite avec l'armée hollandoise, afin que toute l'affaire fût conduite d'un même esprit et n'eût qu'un même mouvement, et qu'assurément cet exploit se feroit avec réputation et fruit si les affaires du Roi pouvoient porter qu'il voulût fortifier les troupes de Mansfeld de mille chevaux françois[2], ou au moins envoyer quelque cavalerie et infanterie sur les frontières, loin du lieu par où ledit Mansfeld devroit faire entrer dans le pays, afin de faire diviser les forces de l'ennemi par incertitude et jalousie[3].

1. La version primitive de A était : « Réduit en tels termes qu'il seroit contraint de choisir l'un de ces deux partis ou de venir affamé devant Bréda, ou de chercher sa retraite entre deux puissantes armées, non sans danger de grands accidents, son armée étant si affoiblie et matée par les grands inconvénients endurés audit siège. »
2. *Var.* : les troupes de Mansfeld de François (ms. Français 17542).
3. *Var.* : incertitudes et jalousie (ms. B). Le texte de cet alinéa, dans la rédaction primitive de A, était le suivant : « Et en cas que S. M. voulût choisir ce dernier chemin, il seroit nécessaire que cela fût tenu fort secret, dextrement conduit et promptement exécuté, sans perdre aucun temps, et S. É. disposera en cela toutes ses affaires et pouvoirs, afin que tout soit fait et exécuté d'un bon jugement et correspondance de temps en temps. Il assure S. M. que cet exploit se feroit avec réputation et fruit, si les affaires pouvoient porter qu'elle renforçât les troupes de Mansfeld; si elle ne vouloit employer en cela sa cavalerie ordinaire, au moins qu'il lui plût faire assembler un gros de sa cavalerie et quelqu'uns de ses régiments sur les fron-

Cet avis des Hollandois étoit bon pour leur État, mais préjudiciable au Roi, pour ce qu'il ne pouvoit être exécuté sans rompre avec le roi d'Espagne, puisque cette armée, en partie composée de François, fût partie de France pour entrer en ses États et les ravager[1].

C'est pourquoi le Cardinal proposa à S. M. qu'il étoit expédient de faire passer cette armée dans des

tières, loin de la place où ledit Mansfeld devroit faire son invasion, afin de distraire et diviser les forces de l'ennemi par incertitude et jalousie. »

1. La décision prise par le Roi rencontra une vive résistance auprès de la cour d'Angleterre, d'abord hostile à l'expédition de Bréda. On allégua tout d'abord pour la justifier la faute commise par l'envoyé hollandais en France : « M. de la Ville-aux-Clercs se souviendra, en écrivant en Angleterre, de mander que la résolution que le Roi a prise de ne laisser point passer le Mansfeld en France vient principalement de la faute qu'a faite le commissaire Doublet, envoyé par le prince d'Orange, d'avertir l'ambassadeur de Flandre de tous les lieux par où il pouvoit passer. Ce qui fait que les ennemis l'attendent sur tous ces passages avec tant de préparatifs que, probablement, ils lui donneroient beaucoup d'affaires et le contraindroient même de hasarder un combat qui seroit cause que le retardement rendroit enfin le dessein infructueux, ce qu'il faut éviter, puisqu'il le peut en prenant une autre route » (Mémoire touchant le passage du comte de Mansfeld : Bibl. nat., ms. Brienne 48, fol. 215). Dans une lettre adressée le 21 janvier à M. d'Effiat, le Roi déclarait ne pouvoir s'exposer à « l'incertitude d'un combat dont l'événement désavantageux rejetteroit les vaincus et les vainqueurs en mes États » (Bibl. nat., ms. Baluze 154, fol. 19); répondant, le 8 février, aux plaintes de Buckingham, il ajoutait dans une lettre au même : « Je ne désavoue point le commandement; je l'ai fait et dû faire, car, Mansfeld devant avoir la liberté d'aller par où il seroit plus expédient, je n'ai dû souffrir qu'on le contraignît à passer où indubitablement il auroit à combattre, ce qui ne lui pourroit

vaisseaux en Hollande; ce qui fut exécuté dès le mois de mars. Son infanterie fit sa descente près de Languestrate[1], au-dessus de Gertruydenberg[2], et partie de la cavalerie françoise s'embarqua en cinquante-deux vaisseaux le 7ᵉ mars, et le reste[3] en cinquante-cinq le 13ᵉ, qui furent jetés en divers havres de Hollande et de Zélande[4].

Toute son infanterie consistoit en treize mille Anglois, mille Allemands, et sa cavalerie en deux mille François, deux cents Anglois et trois cents Allemands[5].

En avril, le comte Maurice mourut[6] après avoir

qu'être désavantageux, n'ayant que des troupes nouvelles, sans discipline et sans ordre et sans connoissance les unes des autres » (Ibidem, fol. 52).

1. Langstraat, région de la province du Nord-Brabant, à l'est de Geertruydenberg (Pays-Bas).
2. Geertruydenberg, ville de la province du Nord-Brabant, à quatorze kilomètres nord-est de Bréda, sur la rive méridionale du Biebosch.
3. Ces renseignements sont empruntés au *Mercure françois*, t. XI, p. 806.
4. Sur l'embarquement de ces troupes à Calais, voyez une lettre de Villars, qui avait été chargé de diriger l'opération, au Cardinal, 14 février 1625 (Aff. étr., France 1675, fol 122). Ce contingent de cavalerie était commandé par Christian de Brunswick, évêque d'Halberstadt. Les instructions données à Villars, à la fin de décembre 1624, ont été publiées par Avenel, t. II, p. 58.
5. L'armée de Mansfeld était concentrée au camp de Sprang, entre Geertruydenberg et Bois-le-Duc. Voyez *Mercure françois*, t. XI, p. 808, qui donne les chiffres reproduits par les *Mémoires*.
6. Le comte Maurice mourut à la Haye le 23 avril 1625 (*Mercure françois*, t. XI, p. 418-419). Le Roi dépêcha en Hollande à cette occasion M. de la Forest (Bibl. nat., ms. Français 3683, fol. 144, 7 mai 1625).

tenté une entreprise sur Anvers[1], qui étoit infaillible si on eût eu le courage de la poursuivre comme il falloit. Ce déplaisir lui avança ses jours.

Les États firent héritier de ses charges son frère Henri[2], qui partit le second jour de mai avec leur armée pour aller faire le dernier effort de secourir Bréda, plus pour satisfaire au désir des États que pour espérance qu'il eût d'en venir à bout.

Le lendemain, Mansfeld partit avec la sienne. Le prince d'Orange attaqua un des forts du marquis de Spinola ; mais, en étant repoussé, il retourna dans ses retranchements et manda aux assiégés la mort du comte Maurice, son frère, l'attaque qu'il avoit faite en vain, pensant les secourir, le peu d'espérance qui lui restoit de le pouvoir faire, et partant qu'ils fissent le mieux qu'ils pourroient.

Ils ne voulurent néanmoins penser à capituler[3] qu'ils n'en eussent auparavant un ordre signé de lui, lequel il leur envoya incontinent, leur mandant qu'ils eussent à se rendre sans attendre davantage et qu'ils n'avoient pas seulement à répondre de la place, mais encore de leurs personnes et des soldats qui leur avoient été donnés. Suivant ce commandement, ils capitulèrent et la ville fut rendue le 25ᵉ ensuivant[4].

1. Le 12 octobre 1624.
2. Henri de Nassau, prince d'Orange, né à Delft le 28 février 1584, mort le 14 mars 1647. Il avait épousé la fille de Jean-Albert, comte de Solers, et exerçait la charge de général de la cavalerie. Ses *Mémoires* ont été publiés en 1733 par Beausobre.
3. La place était commandée par le comte Justin de Nassau.
4. La capitulation de Bréda fut signée le 25 mai, et la sortie de la garnison eut lieu le 5 juin. Sur la mésintelligence qui

Mansfeld ayant perdu de maladie la plupart de son infanterie angloise, les François aussi se débandant, étant chacun revenu en France par où il avoit pu, il reprit le chemin du Rhin avec ce qui lui restoit de troupes et cinq mille lansquenets qui lui arrivèrent de renfort, et rentra en la Westphalie[1] pour aller joindre le roi de Danemark, qui, ayant été[2], par le cercle de la Basse-Saxe, dont il est membre à cause de son duché de Holstein, élu capitaine général, avoit fait une grande armée, et étoit lors campée sur le Weser, où

régnait entre Mansfeld et les Hollandais, voyez la lettre de Potier d'Ocquerre à Espesses, du 23 juin 1625 : « Je m'étonne de l'envie et du peu de satisfaction que l'on a donné au comte Mansfeld après l'avoir attiré à un secours imaginaire de Bréda, car l'on jugeoit bien dès lors l'événement; cependant, ce passage nous a fait une très grande dépense et causé à lui la ruine de ses troupes, outre des plaintes continuelles de la part d'Angleterre, de Venise et Savoie, qui l'avoient destiné ailleurs pour agir plus utilement » (Bibl. nat., ms. Français 3684, fol. 23).

1. Voyez la lettre de Mansfeld au Cardinal, 12 octobre 1625 : « Je sais que le bruit que l'on a fait courir de notre foiblesse aura été épandu à la Cour; mais l'expérience qu'on a faite ces jours passés que nous avons commencé à marcher en deçà du Rhin témoignera que nous ne sommes diminués de tant qu'on le croyoit » (Aff. étr., Danemark 1, fol. 51).

2. La première version de A précisait : « dès le mois de mai passé. » Les intentions du Roi seront exposées dans une lettre adressée, le 15 septembre, à l'ambassadeur à Venise, Aligre : « Il importe au bénéfice commun de tous les princes collègues d'empêcher que les princes protestants succombent à la maison d'Autriche. Il n'y a jusques à présent que le roi de Danemark, qui, avec son armée, les a fait subsister, mais il ne pourra leur continuer son assistance pour leur conservation, s'il n'est secouru des forces du comte de Mansfeld pour s'opposer à Tilly » (Arch. nat., KK 1362, fol. 203).

Tilly d'un côté, avec l'armée de la ligue catholique, et Friedland[1] de l'autre, avec ses troupes, s'étoient venus opposer à lui.

Tandis[2] que Bréda se défend et est réduit à l'extrémité de se rendre, le marquis de Cœuvres en la Valteline et ès comtés de Chiavenne et de Bormio, ayant pris tous les forts[3], assiège celui de Rive[4], qui seul restoit en la puissance des ennemis.

Le Pape, voyant[5] que les Espagnols n'avoient pas de forces suffisantes pour résister audit marquis, se résout d'envoyer le cardinal Barberin[6], son neveu, légat en France, pour se plaindre du tort qu'il prétendoit lui avoir été fait en la prise des forts qui avoient été déposés entre ses mains, en demander la restitu-

---

1. Manuscrit B : « Foriland ». Albert-Wenzel-Eusèbe de Wallenstein, duc de Friedland, avait été nommé le 9 juin 1625 général en chef des armées impériales et avait établi son quartier général à Éger.

2. Ici commence le dix-neuvième cahier du manuscrit A, dont voici le sommaire (fol. 169), de la main de Charpentier : « Arrivée de M. le Légat à Paris. Celle de Buckingham. Ses propositions et l'avis du Cardinal sur icelles. Départ de Madame. Négociation de M. le Légat. »

3. La prise de Chiavenna (9 mars) avait été suivie de celle de Codera (1er avril).

4. Riva di Chiavenna était tenue par une garnison espagnole. Devant la résistance opposée par les défenseurs, le marquis de Cœuvres dut renoncer à enlever la place (juin 1625). Voyez E. Rott, *Histoire de la représentation diplomatique de la France auprès des cantons suisses*, 1906, t. III, p. 904.

5. Première version du manuscrit A : « connut ».

6. François Barberini (1597-1679), cardinal, secrétaire d'État (octobre 1623), légat *a latere* en France (avril-septembre 1625) et en Espagne (1626), vice-chancelier de l'Église, évêque d'Ostie et de Velletri.

tion et faire instance particulière que la souveraineté de la Valteline fût ôtée aux Grisons[1].

Le Roi, ayant eu avis de sa résolution[2], commanda au sieur de Béthune d'en empêcher l'exécution, attendu qu'elle n'alloit qu'à la diminution de sa gloire et au dommage de ses alliés[3].

Il travailla en vain. Le légat part de Rome[4], arrive à Paris le 21ᵉ mai, où il est reçu avec toutes les magnificences dues à sa qualité[5], dit à Fontainebleau la messe[6] à la mi-août, où il communia le Roi et les

---

1. Comparez *Mercure françois*, t. XI, p. 184, d'où ce passage est tiré.

2. Elle fut annoncée, en consistoire, par Urbain VIII, le 19 février 1625 (Aff. étr., Rome 36, fol. 102, Béthune à Herbault).

3. L'ambassadeur avait pour mission d' « éluder » la nomination du légat et de demander que les négociations fussent poursuivies directement avec le pape à Rome (Aff. étr., Rome 36, fol. 125, Béthune à Herbault, 24 février 1625).

4. Il s'embarque à Civita-Vecchia le 22 mars (Aff. étr., Rome 36, fol. 188). A son passage à Gênes il fit proposer par le dataire de la légation, G.-B. Pamphilio, une suspension d'armes entre cette ville et le duc de Savoie : Bullion à Herbault, 9 avril 1625 (Aff. étr., Turin 5, fol. 180).

5. Sur l'entrée du légat à Paris, voyez *Mercure françois*, t. XI, p. 625, et *Journal inédit d'Arnauld d'Andilly*, p. 27. Il fut reçu en audience publique par le Roi le 27 mai, « à trois heures du soir » : Herbault à Aligre, 30 mai 1625 (Arch. nat., KK 1361, fol. 315 v°).

6. Ces détails sont empruntés au *Mercure françois*, t. XI, p. 851. Voyez également le P. Dan, *le Trésor des merveilles de la maison royale de Fontainebleau*, p. 305 : « Durant cette messe, les chantres de la chapelle du Roi, avec la musique de sa chambre et des Reines, composant divers chœurs, se firent admirer. » Le légat était logé au château, « en un très beau département », tout proche de ceux du Roi et de la Reine,

Reines; le 19ᵉ, dîne avec S. M.[1], aux dépens de laquelle il fut toujours traité et défrayé, lui et sa suite, avec une dépense convenable à la grandeur de cet État.

A peine le légat étoit-il arrivé que Buckingham, qui avoit été favori du roi Jacques d'Angleterre et, par une fortune peu ordinaire, l'étoit encore du roi son fils[2], vint le 24ᵉ mai en France, son ambassadeur extraordinaire, sous couleur de témoigner la joie du roi son maître sur le sujet de son mariage, mais en effet pour deux autres fins[3].

« à savoir entre l'un des pavillons et le grand escalier de la cour du donjon, département qui ne se donne point qu'à quelque souverain ou à quelque prince du sang ».

1. Une relation du repas est donnée par le manuscrit de la Bibliothèque nationale Brienne 269, fol. 265 : *L'ordre de l'assiette au festin royal fait à Fontainebleau le 19 août 1625* : « On avoit dressé [dans la grande salle du bal], au-devant de la cheminée et sur le haut dais qui est élevé de trois degrés, une longue table avec deux couverts d'un même côté, l'un pour le Roi, l'autre pour M. le Légat. »

2. Emprunt au *Mercure françois*, t. XI, p. 365 ; Buckingham était descendu à l'hôtel du duc de Chevreuse, rue Saint-Nicolas-du-Louvre, « le plus richement meublé qui soit à présent en France ».

3. Avec ce paragraphe commence un long emprunt à la « Relation de ce qui s'est passé avec le duc de Buckingham » (Aff. étr., Angleterre 33, fol. 155-159). Ce dernier document est un exposé, au style direct, fait par le Cardinal, de la part qu'il avait prise aux pourparlers engagés avec l'envoyé du roi Charles ; il porte des corrections de forme faites par Charpentier en vue de son entrée dans les *Mémoires*. Nous possédons en outre un « Avis sur les propositions du duc de Buckingham » (Angleterre 33, fol. 221-222), adressé par le Cardinal au Roi, au cours même de la négociation ; il présente certaines analogies avec la relation, composée ultérieurement et insérée dans les *Mémoires*, et porte en tête de la première page la mention « employé ».

La première pour empêcher la paix entre nous et l'Espagne, dont la venue[1] du légat leur donnoit appréhension ;

La seconde pour avancer le dessein que les Anglois avoient toujours eu, depuis la perte du Palatinat, de faire une ligue offensive[2] avec nous[3].

Il n'oublia rien de ce qui se pouvoit imaginer pour l'effet qu'il désiroit; mais le Roi ne fut pas conseillé de se relâcher ni en l'un ni en l'autre, n'y ayant apparence de faire une ligue offensive et défensive, ni à se lier les mains pour ne pas faire la paix[4].

On lui fit connoître que l'on vouloit bien promouvoir la restitution du Palatinat, mais qu'il n'étoit pas raisonnable de nous y engager jusques à ce point de faire ligue offensive et défensive[5] ;

1. Angleterre 33 : « l'arrivée du légat ».
2. Angleterre 33 : « une ligue offensive et défensive ».
3. L'ordre des deux paragraphes qui précèdent était inverse dans la relation originale.
4. Angleterre 33 : « ne faire pas la paix ». Le long fragment qui va suivre ne figurait pas dans la relation originale ; il n'était représenté que par une phrase unique : « On lui fit connoître que la ligue offensive étoit préjudiciable aux deux couronnes. » Il a été introduit dans le manuscrit A, conformément à une indication marginale, de la main de Charpentier, portée sur la relation : « Il faudra insérer les raisons. »
5. Comparez la lettre de Richelieu à d'Effiat, 20 mai 1625 : « Messieurs les ambassadeurs ne pénètrent pas bien nos desseins, car je ne vois point d'apparence à faire la ligue qu'ils espèrent par l'avis qu'ils donnent. Pour la défensive, on la renouvellera volontiers si l'on veut. Mais vous savez bien ce que je vous ai mandé de l'offensive, ce que je vous confirme encore, nul de nous n'estimant que nous le devons faire. J'ai parlé doucement à Goring sur ce sujet, lui disant qu'on ne prendroit aucune résolution définitive sur ce sujet qu'à votre retour. Mais cependant que je prévoyois beaucoup de difficultés en

Que trois sortes d'intérêts doivent joindre et pousser ceux qui pensoient à rétablir le Palatin ;

Que le premier étoit de ceux qui perdent leurs États, et sont intéressés en cette affaire pour intérêt utile ;

Le second étoit de ceux à qui c'est honte de souffrir l'injure qui est faite au prince dépouillé, qui sont intéressés en son rétablissement par intérêt d'honneur ;

Le troisième étoit un intérêt plus général, qui est de tous ceux qui doivent désirer que les affaires de la chrétienté soient en balance, une puissance n'étant pas si grande qu'elle puisse engloutir les autres, et cet intérêt est d'État et concerne tous les princes.

Que le roi d'Angleterre se devoit porter en cette affaire, pour la considération de ces trois intérêts[1] :

Par celle du premier, puisque c'étoit son frère, qui étoit un autre soi-même, qui étoit dépouillé ;

Par celle du second, puisqu'à proprement parler il

cette affaire qui peut-être ne se trouveroit pas utile pour les uns et pour les autres, pour beaucoup de raisons que je vous dirai au long. L'intérêt qui fait désirer à l'Angleterre cette ligue est l'affaire du Palatinat, sur laquelle il pourra bien être qu'ils obtiendront quelque continuation de payement de Mansfeld, outre les sept mois arrêtés ; si cela arrive, ils auroient tout l'avantage qu'ils peuvent espérer d'une ligue, et nous ne serions point au hasard les uns et les autres de recevoir le mal qui nous en peut arriver par une contre-ligue, que le Pape, l'Espagne et plusieurs autres princes, sous prétexte de religion, feroient ensemble. En ce cas, ils nous feroient passer à Rome et partout pour hérétiques, ce que nous voulons et devons éviter » (Aff. étr., Angleterre 33, fol. 147).

1. Sancy a corrigé dans les trois alinéas qui précèdent les verbes demeurés au présent dans le manuscrit B.

ne touchoit que lui, en tant qu'il étoit le seul proche du Palatin dépouillé qui eût puissance de le remettre;

Par celle du troisième, puisqu'il étoit commun à tous les princes; que la France n'y avoit que ce dernier intérêt d'État, et étoit par conséquent moins obligée à y contribuer que l'Angleterre.

De plus, on lui représenta que ladite ligue seroit préjudiciable aux deux couronnes, parce que de là on donneroit lieu à tous les princes catholiques d'Allemagne de s'unir avec le roi d'Espagne, et faire une ligue catholique, qui, sous prétexte de procurer l'avantage de la religion, n'auroit autre effet que la grandeur d'Espagne à la ruine de la chrétienté;

Que[1] l'on n'espéroit point la paix avec l'Espagne[2], mais qu'il n'étoit pas raisonnable de s'engager à ne la faire pas.

De là il descendit à des propositions plus douces en apparence, disant qu'il ne vouloit plus parler du nom de ligue, mais désiroit qu'il se passât quelque chose entre les deux couronnes qui eût le même effet;

Qu'il sembloit au moins raisonnable de joindre l'affaire du Palatinat avec celles de la Valteline et de Gênes, en sorte que l'on ne terminât point l'une par accord, que par la même voie on n'eût satisfaction pour les autres.

On lui dit franchement que ces propositions ne pouvoient être reçues; que retrancher le nom de ligue et en retenir la substance ne remédioit pas aux

1. Ici reprend l'emprunt à la relation du volume Angleterre 33.
2. Ces trois derniers mots manquent dans Angleterre 33.

inconvénients susdits, vu que les noms ne changent point la nature des choses ;

Qu'au reste, il n'étoit pas raisonnable de joindre les affaires d'Allemagne avec celles d'Italie, puisque les unes étoient quasi finies et que les autres étoient encore à commencer, et que le Roi ne le pouvoit faire, vu qu'ès affaires d'Italie, il avoit Venise et Savoie pour collègues, qui, s'étant unis à lui par intérêt qu'ils y avoient, ne voudroient pas faire le même pour le Palatinat où ils n'en ont point.

Après cela, il proposoit de faire la paix avec les huguenots, pour faire plus fortement la guerre à l'Espagne.

On lui représenta que le Roi désiroit passionnément le repos de son royaume, mais que l'intérêt du roi son maître le devoit empêcher d'en parler, nul prince ne devant assister, même de paroles, les sujets rebelles d'un autre ;

Que si cette maxime générale étoit vraie, moins devroit-on aider les huguenots, pour le genre particulier de leur rébellion, faite en une occasion où ils devoient épandre jusqu'à la dernière goutte de leur sang, puisqu'il s'agissoit non seulement de l'abaissement des étrangers, qui sont particulièrement leurs ennemis, mais en outre de rendre la liberté à nos confédérés, qui sont particulièrement leurs amis communs, professant une même créance[1].

Il reçut fort bien ces raisons et n'insista pas davantage[2]. Mais, pour nous porter à ce qu'il désiroit, plus

1. Angleterre 33 : « qui sont particulièrement de leurs amis comme professant une même créance ».
2. Angleterre 33 : « pas davantage ouvertement ». C'est à

par intérêt que par persuasion, il fit entendre que, la France n'agréant pas ces propositions, le roi son maître seroit contraint de rechercher l'amitié d'Espagne et procurer la restitution du Palatinat par traité; au lieu qu'au contraire si on y condescendoit, il enverroit la flotte qu'il avoit préparée de cent voiles descendre en Espagne, brûler tous les vaisseaux qui seroient dans les ports, se saisir de Cadix, faire descendre une armée de 15,000 Anglois en Flandres, pourvu qu'il plût au Roi y joindre 6,000 chevaux; que cette armée, jointe à celle de Mansfeld, conquerroit l'Artois; qu'il consentoit que le Roi le prît pour lui, etc.

A cela on répondit que c'étoit à eux de considérer si le bien de leurs affaires requéroit qu'ils envoyassent leur flotte en Espagne, et fissent descendre une armée en Flandres; que le Roi leur conseilloit de bien penser, devant que l'entreprendre, si par ce moyen ils pourroient ravoir le Palatinat; que, s'ils pouvoient faire le même effet par traité, il leur conseilloit de prendre cette dernière voie, préférable à toute autre;

Que, pour l'offre qu'ils lui faisoient de la conquête

cette seconde phase des négociations que se rapporte l' « Avis » du Cardinal déjà cité : « Sur ce que M. de Buckingham a fait entendre au Roi que le roi de la Grande-Bretagne, son frère, désireux de remettre le Prince Palatin en Allemagne, a proposé à cette fin un armement de cent voiles, lequel il veut envoyer en Espagne prendre les ports, brûler les vaisseaux, après s'en être premièrement servi à traiter une armée de quinze mille hommes en Flandres pour secourir Bréda, pour de là entrer au Palatinat ou faire autre action convenable à la restitution d'icelui. »

d'Artois, il les pouvoit assurer qu'au mariage qui s'étoit fait, il n'avoit désiré faire autre acquêt que l'alliance et l'amitié du roi son frère; qu'il n'avoit pas pris les armes en Italie et aux Grisons pour y faire aucune conquête, mais seulement pour délivrer ses alliés de l'oppression et leur rendre la liberté; mais que si le roi son frère, après avoir tenté les voies de douceur, ne pouvoit ravoir le Palatinat, S. M., qui affectionnoit ses intérêts comme les siens propres, verroit quelle aide elle lui pourroit donner.

Ce fut sur ce point que S. M., par une ferme et et forte délibération avec son Conseil, eut à prendre une résolution définitive pour ce qui est du bien de la chrétienté. Il y eut diversité d'opinions; les uns furent d'avis qu'il falloit refuser toutes les offres des Anglois, de peur qu'ils n'empêchassent la paix qu'on vouloit faire avec Espagne et n'embarquassent le Roi à la guerre. Ils alléguoient que la dépense de la cavalerie seroit très grande, que le Roi en faisoit déjà beaucoup sans s'engager davantage, et plusieurs autres considérations. En ces pensées, ils passèrent jusques à ce point de croire qu'il valoit mieux que les Anglois s'en allassent mécontents que de leur laisser aucune espérance.

Le Cardinal, désirant la paix autant qu'eux, ne put néanmoins être de leur avis, et n'estimoit pas que la voie qu'ils prenoient fût propre à mener à une telle fin; ains au contraire, le Roi lui commandant de proposer ses raisons, il dit[1] qu'en cette affaire il y

1. Comparez le passage correspondant de la relation Angleterre 33 : « Je confesse que, désirant la paix autant qu'eux, je

avoit trois choses à désirer et une principale à éviter ;

Que les trois qu'on devoit désirer étoient de demeurer en bonne intelligence avec les Anglois, de les embarquer à la guerre avec les Espagnols, et conserver en pleine liberté de faire la paix entre nous et lesdits Espagnols[1] ;

Que la première étoit nécessaire[2], parce qu'en vain aurions-nous contracté alliance entre la France et l'Angleterre, si ces deux couronnes ne demeuroient en état d'en tirer quelque profit mutuel ; que si nous nous séparions mal, on nous accuseroit d'une légèreté bien inconsidérée, de laquelle nous pourrions bien nous ressentir les premiers, en ce qu'il leur étoit aisé d'assister les huguenots, dont le Roi vouloit châtier la rébellion, et qu'il étoit croyable qu'ils le feroient, au moins sous main, lorsque, n'ayant rien à espérer de nous, ils penseroient ne gagner pas peu en nous laissant cette épine au pied.

ne pus néanmoins être de leur avis et n'estimai pas que la voie qu'ils prenoient fût propre à mener à une telle fin. Ainsi, au contraire, le Roi me commandant de proposer mes raisons, je dis... »

1. Comparez la note suivante, qui figurait au bas de l' « Avis sur les propositions de M. le duc de Buckingham » et a été biffée : « Et à mon avis qu'en ce point la vraie prudence et toutes sortes de raisons doivent porter le Roi à faire la paix entre lui et l'Espagne pour ce qui est de l'Italie, et laisser la guerre entre les protestants d'Allemagne et les Anglois joints ensemble avec l'Espagne, ce qui montre bien que par raison d'État il faut demeurer avec les Allemands et Anglois une liaison suffisante à les engager à la guerre sans se déclarer ici même. »

2. Angleterre 33 : « Je représenterai que nous devons désirer la première, parce qu'en vain... »

La seconde, parce que, si nous avions la guerre avec Espagne, celle qu'y auroient les Anglois empêcheroit que nous aurions l'effort de toute leur puissance sur les bras, et les contraindroit de diviser leurs forces déjà occupées en divers lieux.

Si aussi nous faisions la paix avec eux, la même chose nous étoit nécessaire, afin que l'occupation qu'ils auroient ailleurs les obligeât à garder les conditions qu'ils auroient arrêtées avec nous; ce qu'autrement ils ne feroient pas.

La troisième, parce que rien ne devoit nous empêcher de retirer, par une paix honorable et glorieuse, le fruit des armes du Roi qui, jusques alors, avoient été victorieuses en Italie; ce qui faisoit qu'on n'eût pu prendre un temps plus commode de se retirer sur son avantage, vu principalement que la Valteline, qui étoit le sujet du différend, étoit reconquise.

Il ajouta[1] que celle qu'il falloit éviter étoit d'entrer ouvertement en cause pour raison des affaires d'Allemagne, parce que, si on faisoit autrement, il seroit à craindre que cela empêchât qu'on ne pût faire la paix pour l'Italie séparément;

Qu'on romproit tout à fait avec la ligue catholique d'Allemagne, avec laquelle (bien qu'il fût bien difficile de demeurer en bonne intelligence en assistant sous main l'Angleterre contre eux), si est-ce toutefois qu'en ne faisant pas davantage on ne seroit pas hors d'état de réconciliation, ni privé du moyen de se rendre arbitre amiable de leur différend.

1. Angleterre 33 : « j'ajoutai ».

Sur ces considérations, il conclut que S. M. ne devoit faire aucune difficulté de s'engager à la continuation du paiement de Mansfeld pour autant de temps qu'elle avoit déjà promis[1] ;

Qu'elle devoit assurer aussi l'exécution du traité secret fait pour l'entretien de l'armée de Danemarck en Allemagne[2] ;

Qu'elle pouvoit davantage accorder une levée de cavalerie de 2,000 chevaux, et suffisante à l'effet désiré des Anglois, et qu'il n'en pouvoit arriver aucun inconvénient, pourvu que l'embarquement s'en fît à Dieppe et non en Picardie, de peur que la proximité de la frontière ne donnât lieu aux Anglois d'entrer en Artois par la France, et que la levée ni l'entretien de ces troupes ne se fît aux dépens du Roi, ce que les Anglois consentiroient indubitablement, vu qu'il ne

1. Comparez la lettre de Richelieu à Effiat, 30 mai 1625 : « Je vous dis encore avec ma franchise qu'il y a tant de raisons pour ne faire pas la ligue, raisons importantes autant à l'Angleterre comme à la France, que si le Roi la faisoit il témoigneroit n'aimer pas le roi comme il fait. Je vous dis plus qui est que, si le roi d'Angleterre ne veut point employer sa flotte, la continuation du paiement de Mansfeld est inutile, mais le Roi l'affectionne tellement que, s'il se sert de sa flotte, il reconnoît qu'une diversion puissante lui est nécessaire. Et partant je juge comme de moi que le Roi lui accordera une continuation du paiement de Mansfeld pour quelque temps. Voilà à quoi aboutira l'affaire, vous assurant que la ligue ne se fera point et ne se peut faire » (Aff. étr., Angleterre 33, fol. 153).

2. Aux termes d'un traité conclu en avril 1625 avec l'envoyé de l'électeur de Brandebourg, Belin, le roi de France s'engageait à payer aux rois de Suède et de Danemark une somme de un million de livres en deux ans.

seroit pas juste de leur donner ce secours autrement qu'ils nous prêtent leurs vaisseaux, savoir est aux frais de ceux qui les emploient[1].

Il dit que, par ce moyen, nous demeurerions en parfaite intelligence avec les Anglois, nous les embarquerions à la guerre, puisqu'ils ne pouvoient recevoir notre assistance qu'à cette condition, et que nous nous réserverions le pouvoir de faire la paix en Italie, puisque nous ne nous obligerions point envers eux à ne la faire pas, et qu'en effet nous ne faisions rien qui dût empêcher l'Espagne de traiter avec nous pour ce qui est de l'Italie, vu que les affaires le requéroient, et qu'ils ne devoient pas trouver étrange si, lorsque nous étions mal avec eux, nous nous étions engagés à ce que dessus, puisque ce n'étoit qu'un échange du secours que nous avions reçu des vaisseaux anglois contre nos rebelles[2].

Il dit davantage, en rebattant ce qu'il avoit déjà

1. Le paragraphe qui précède et les deux suivants sont inspirés de l' « Avis sur les propositions de M. le duc de Buckingham » : « Quant à la dépense on l'évitera avec raison, n'étant pas juste qu'on leur prête ce secours autrement qu'ils nous prêtent les vaisseaux, savoir est aux frais de ceux qui les emploient. La descente de l'armée angloise ne se pourra faire par la France si on stipule particulièrement que les Anglois embarqueront la cavalerie qu'on leur prête à Dieppe, ce qui se fera insensiblement sous le prétexte que la cavalerie a été levée en Normandie et que le pays a été ruiné par le premier embarquement fait en Picardie. »

2. Au reste, concédant ce secours demandé, comparez l' « Avis » : « Tandis que nous sommes mal avec Espagne, pour ce qui est de l'Italie, s'il arrive qu'on fasse la paix, on leur fera connoître qu'on ne peut manquer d'effectuer ce que l'on a promis qui

touché[1], que si, au commencement de notre alliance, les Anglois ne pouvoient espérer le secours qu'ils désiroient de nous[2], la France ne devoit jamais attendre aucun fruit de ce mariage, et que, si on laissoit ralentir l'ardeur qu'ils avoient à la guerre, dans le commencement du règne de ce roi, où d'ordinaire on se veut signaler, et dans l'occasion du Palatinat, où il alloit de l'intérêt de tout le bien de son beau-frère, jamais on ne pourroit les y échauffer en autre occasion ; étant clair qu'en certains temps on fait beaucoup pour peu de chose, et lorsqu'ils sont passés on n'y peut plus revenir, quoiqu'on veuille y travailler et dépendre beaucoup davantage[3].

n'est que pour un temps; on justifiera davantage qu'on l'a dû faire, parce que ce n'est qu'un échange du secours qu'ils nous ont donné des vaisseaux. »

1. Angleterre 33 : « Je dis davantage en rebattant ce que j'avois déjà touché... »

2. Comparez l' « Avis » : « En quelque façon que ce soit, il faut les contenter, car si, au commencement de notre alliance, les Anglois ne peuvent espérer le secours qu'ils désirent de nous, il faut jamais attendre aucun fruit de ce mariage avantageux pour la France, et si on laisse ralentir l'ardeur qu'ils ont à la guerre dans le commencement du règne de ce roi, où d'ordinaire on se veut signaler, et dans l'occasion du Palatinat, où il va de l'intérêt de tout le bien de son beau-frère, jamais on ne pourra les y échauffer en autre occasion, mais cependant aux conditions les moins onéreuses qu'il se pourra. »

3. Le manuscrit B portait tout d'abord : « quoiqu'on y veuille faire beaucoup davantage ». L' « Avis sur les propositions du duc de Buckingham » avait exprimé la même pensée : « Étant certain qu'il y a des temps où pour peu de chose on fait beaucoup, lesquels étant passés on n'y peut plus revenir, quoiqu'on veuille faire beaucoup davantage » (Aff. étr., Angleterre 33, fol. 222). Le mot « dépendre », qui manque à la fois dans la

Il représenta, de plus, qu'étant incertain si nous aurions la paix avec l'Espagne, puisque le légat ne faisoit nulle ouverture[1] par laquelle on vît qu'elle se pût faire, quoiqu'on lui eût fait témoigner par voie secrète, mais suffisamment autorisée pour qu'il y ajoutât foi, qu'en considération du Pape et du bien de la chrétienté on s'y porteroit, pour après embrasser des desseins très avantageux à la religion catholique.

Et le sieur de Béthune nous ayant donné avis[2] de l'incertitude et du changement qui arrivoit souvent ès résolutions de S. S., par les divers artifices et intimidations des partisans d'Espagne ;

Nul ne pouvant douter encore de l'humeur des Espagnols, dont la principale maxime et prudence consiste à attendre leur temps et ne le perdre pas ; n'ayant autre foi que celle à laquelle la nécessité de leurs affaires les oblige, et n'étant jamais portés à la raison que par contraire[3] ;

L'expérience faisant, de plus, connoître qu'en

relation et le manuscrit A, a été ajouté en cours de révision du manuscrit B. — *Var.* : quoiqu'on y travaille et dépende beaucoup davantage (ms. Français 17542).

1. Angleterre 33 : « Je représentai en plus qu'étant incertain si nous aurions la paix avec Espagne, en ce que le légat ne faisoit nulle ouverture... ». Sancy a corrigé le manuscrit A, remplaçant « en ce » par « puis ».

2. Angleterre 33 : « qu'étant davantage averti par le sieur de Béthune ». La correction a été faite sur le manuscrit A, également par Sancy.

3. En regard de ce paragraphe figure, dans la relation originale, une note marginale de Charpentier : « Témoin le traité de Madrid et de Verceil, sans remonter plus haut dans l'histoire. »

matière de ligue on doit être grandement soigneux d'ôter tout sujet d'appréhension[1] aux collègues les plus foibles[2], d'autant que, quand elle les surprend, ils se portent facilement à y chercher remède par des traités secrets, il n'y avoit personne qui, avec jugement, pût être assez hardi pour donner conseil au Roi de se séparer des Anglois, en sorte que, n'espérant pas de lui ce qu'ils en pourroient désirer pour le Palatinat, ils eussent lieu d'entrer en quelque traité avec l'Espagne, ou au moins ils se déportassent à la vue de tout le monde d'entreprendre contre elle[3]. D'où il arriveroit indubitablement que la paix entre nous et elle[4] seroit impossible, ou au moins plus difficile; que nos ennemis prendroient courage et ne perdroient pas leur temps, et que nos collègues se dégoûteroient et nous seroient peu assurés.

S. M. n'eut pas plutôt entendu cet avis qu'elle n'estimât qu'il le falloit suivre, et qu'en cette conjoncture la vraie prudence et toutes sortes de raisons la devoient porter à faire la paix entre lui et Espagne pour ce qui est de l'Italie, et laisser la guerre d'Allemagne entre la maison d'Autriche, ses partisans et les Anglois.

Partant, elle commanda de rendre cette réponse au duc de Buckingham, que par après elle confirma de sa bouche; le priant de faire en sorte, envers le

1. Angleterre 33 : « toute apparence de crainte ».
2. La relation porte également, en ce point, une note de Charpentier : « On a avis que Venise branle. »
3. Angleterre 33 : « d'entreprendre rien contre eux ».
4. Angleterre 33 : « la paix entre nous et Espagne ».

roi son frère[1], qu'il n'acceptât point le secours qu'il lui offroit, s'il n'étoit résolu de faire quelque grand effort capable de produire l'effet qu'il désiroit pour la restitution du Palatinat, et qu'il lui donnât parole qu'il ne se feroit rien en Allemagne, soit en paix, soit en guerre, sans son consentement[2].

Il arriva aussi un ambassadeur extraordinaire de Hollande[3] pour la même fin; mais le Roi, pour les mêmes raisons d'État, n'y put condescendre.

Buckingham, qui étoit venu sous le prétexte de hâter le partement de la reine d'Angleterre, le sollicita avec tant de soin qu'elle partit de Paris le 2ᵉ jour de juin[4] pour aller s'embarquer à Boulogne, où les vaisseaux du roi d'Angleterre la vinrent recevoir.

1. *Var.* : auprès du roi son frère (ms. Français 17542).
2. Ici prend fin l'emprunt à la relation, dont la conclusion est reproduite sans modification. Comparez la phrase finale de l' « Avis » : « Moyennant tout ce que dessus, sera arrêté qu'en Allemagne il ne se fera rien soit en paix, soit en guerre, sans le consentement du Roi. » Parmi les pamphlets composés en faveur de la ligue, voyez « la Ligue nécessaire contre les perturbateurs du repos de l'Estat ». Ce libelle fut rédigé après le départ de Buckingham, car il y est fait allusion aux échecs subis en Piémont par Lesdiguières.
3. François d'Aerssen, seigneur de Sommelsdyk, fils de Corneille d'Aerssen, naquit à Bruxelles en 1572; après avoir étudié à Louvain et à Leyde, il fit partie de la suite de du Plessis-Mornay (1594-1596); agent des Provinces-Unies auprès du roi de France de 1598 à 1613; chargé d'une mission à Venise en 1620 et en Angleterre en 1624; mort le 27 décembre 1641. Sur sa mission à Paris en novembre 1624, voyez plus loin.
4. Les manuscrits A et B portent par erreur le « onzième jour de juin ». Sur le voyage de la Reine, voyez Louis Batiffol, *la Duchesse de Chevreuse*, p. 59-64.

Le Roi l'accompagna jusques à Compiègne, les Reines jusques à Amiens[1], et Monsieur[2] jusques à Boulogne. Par ordre du Roi, on lui fit des entrées superbes par toutes les villes où elle passa, et elle donna liberté aux prisonniers.

Le Cardinal, qui jugea que cette princesse, qui alloit en un pays étranger et de religion différente à la sienne, avoit besoin de bons et sages conseils pour se savoir conduire parmi les périls dont elle seroit environnée, et qu'il étoit bien besoin que ces salutaires avis lui fussent donnés par une personne le

1. Marie de Médicis se sépara d'Henriette de France le 16 juin 1625 à Amiens; le 17 juin, Buckingham et Holland revinrent à l'improviste dans cette ville, afin de soumettre à la Reine mère les propositions du duc de Savoie, qui demandait la participation de vaisseaux anglais à l'expédition de Gênes... Lettre de Marie de Médicis à Louis XIII, Amiens, 17 juin 1625 (Bibl. nat., ms. Français 3708, fol. 69). Richelieu écrivait, le 19 juin, à la Reine mère : « Le Roi, dépêchant à V. M. pour l'affaire de M. le comte de Schönberg, j'ai cru qu'elle n'aura désagréable que je lui envoie Marsillac sur le même sujet et pour l'assurer que, grâces à Dieu, la santé de S. M. ne fut jamais meilleure qu'elle est maintenant, très aise que V. M. ne passe point outre en son voyage qui n'eût pu qu'augmenter son indisposition, de laquelle il m'a témoigné avoir un tel ressentiment qu'il n'a pu retenir ses larmes, étant venu jusques à ce point de me dire que s'il apprend qu'elle continue il ira incontinent en poste trouver V. M. » (Bibl. nat., Nouvelles acquisitions françaises 5121, fol. 74).

2. Voyez la correspondance échangée au cours du voyage entre Louis XIII et Gaston d'Orléans (Bibl. nat., ms. Baluze 348, fol. 24, 31 mai 1625, et Arch. nat., KK 1355, fol. 93-94). Un conflit de préséance s'éleva à Boulogne entre le duc de Chaulnes et M. d'Aumont pour la réception d'Henriette de France.

respect de laquelle les lui fît graver dans le cœur et les observer religieusement, dressa une instruction[1] ample, pleine de piété et de prudence, qu'il mit entre les mains de la Reine sa mère pour la lui donner, comme le plus précieux et le dernier gage de son amour.

Cette instruction est si pleine d'enseignements qui peuvent utilement servir en semblables occasions, que ce seroit ravir un trésor au public de ne la pas exposer à la vue de tout le monde. C'est pourquoi nous la mettrons à la fin de ce volume[2]. Elle fut donnée et reçue avec larmes.

La reine d'Angleterre l'emporte, s'embarque le 24e juin[3], arrive dès le soir à Douvres, où le roi d'Angleterre la vient trouver le lendemain.

Laissons-les-y pour quelque temps en repos goûter les plaisirs de leur première entrevue, mais en sorte,

1. Cette instruction est formellement attribuée au Père de Bérulle par l'auteur de sa *Vie manuscrite*, t. I, l. V, p. 180, conservée dans les papiers de l'Oratoire (Arch. nat., M 232). Voyez aussi les mentions qui figurent sur les manuscrits de la Bibl. nat., Dupuy 631, fol. 82, Cinq-Cents Colbert 2, fol. 107.

2. L'instruction était primitivement insérée dans le corps du récit; elle occupe les fol. 176 v°-183 du manuscrit A. Une note de Sancy indique qu'elle doit être omise dans la transcription de ce manuscrit; aussi ne figure-t-elle pas dans le manuscrit B. Nous en donnons le texte à l'appendice I du présent volume.

3. Le 22 juin, d'après les documents contemporains. Voyez L. Batiffol, *la Duchesse de Chevreuse*, p. 67, et une lettre d'Herbault à l'ambassadeur à Venise Aligre, du 27 juin 1625 : « La reine d'Angleterre passa dimanche dernier, 22e de ce mois, à Douvres; son passage fut en trois heures et tellement heureux pour sa personne qu'elle n'y reçut aucune incommodité ni indisposition » (Bibl. nat., KK 1361, fol. 385 v°).

toutefois, que nous ayons toujours l'œil tourné vers eux pour les revenir trouver ci-après.

Maintenant retournons au légat et à sa négociation si [importante, qui dès longtemps nous appelle, et], comme un gouffre, entraîne notre discours.

Incontinent après l'arrivée du légat auprès de S. M.[1], avant que d'entrer en négociation avec lui, il lui fut demandé, de la part du Roi, s'il avoit pouvoir valable du roi d'Espagne pour l'accomplissement de ce qui seroit convenu avec lui. Sur quoi il assura qu'il seroit bien avoué de la part d'Espagne de ce qu'il traiteroit avec S. M. D'ailleurs le Pape ayant donné parole semblable au sieur de Béthune, son ambassadeur à Rome, S. M. ne voulut différer de se faire traiter avec ledit légat, pour témoigner la particulière confiance qu'elle prenoit en la parole de S. S. et en la sienne, et pour

---

1. Les *Mémoires* reproduisent jusqu'à la page 118 la « Relation sommaire de ce qui s'est passé en la négociation de M. le cardinal Barberin, légat en France », envoyée aux ambassadeurs le 4 octobre 1625 (Aff. étr., Rome 37, fol. 262-266). Avenel a publié, t. II, p. 142-145, un fragment de cette relation, dont le mémoire intitulé « Négociation du cardinal Barberin » mentionne l'envoi : « L'on dépêcha divers courriers à tous les ambassadeurs et ministres du Roi étant hors du royaume pour leur donner avis de ce qui avoit été traité avec le légat et des causes pour lesquelles le Roi n'avoit entendu à ses propositions. Par toutes les dépêches, l'on se louoit des bonnes et sincères intentions du légat, mais l'on témoignoit que le Roi avoit occasion de se plaindre de ce que le Pape avoit envoyé son neveu en France sans aucun pouvoir que de faire des propositions que S. M. ne pouvoit avec raison juger recevables » (Aff. étr., Rome 37, fol. 341 v°). Ce document, d'abord transcrit sur le manuscrit A sous sa forme originale, a subi d'assez nombreuses modifications; nous signalerons au fur et à mesure les plus importantes.

montrer plus clairement ses bonnes intentions au bien de la paix.

La première proposition dudit légat fut une suspension d'armes. S. M. ne la put ni ne la dut recevoir et accepter[1], parce que cette surséance ne pouvoit produire aucun effet que de donner loisir aux adversaires d'assembler leurs forces et de se former contre celles de S. M. et de ses alliés, joint qu'il étoit nécessaire d'avoir convenu des articles de la paix auparavant que traiter une trêve[2], suivant l'ordre et l'usage accoutumé, et qu'il étoit évident que les conditions n'en seroient pas moins difficiles à établir que celles du principal différend, qui pouvoit être terminé en peu de temps, sur le fondement du traité de Madrid, y ajoutant ce qui seroit jugé convenable pour la religion catholique.

La seconde proposition fut sur le sujet de la satisfaction du Pape pour ce qui s'étoit passé en la Valteline. On lui dit que le Roi n'avoit jamais consenti[3] le dépôt des forts qu'à condition d'un temps limité, dans lequel S. S. devoit faire exécuter le traité de Madrid; que les longues négociations qui s'en sont ensuivies, sans venir à l'effet du rasement desdits forts, les décla-

1. Comparez Rome 37 : « La première proposition dudit légat a été la suspension d'armes faite en tel temps qu'il a été bien reconnu que S. M. n'avoit pu ni dû la recevoir et accepter... » Ce texte a été corrigé par Sancy sur le manuscrit A.

2. Rome 37 : « auparavant que d'arrêter une trêve ».

3. Rome 37 : « Quant à la satisfaction du Pape de ce qui s'étoit passé en la Valteline, qui a été le second point proposé par ledit légat, l'on doit savoir que le Roi n'a jamais consenti... » La correction a été faite également par Sancy sur le manuscrit A.

rations faites au nom de S. M. au Pape par ledit sieur de Béthune, et les divers partis par lui proposés, immédiatement avant la soulévation des Grisons, pour disposer S. S. d'apporter le remède effectif au trouble qui menaçoit l'Italie[1], pouvoient justifier suffisamment devant tout le monde l'action qui s'y étoit faite[2], joint à ce le respect rendu par le marquis de Cœuvres à tout ce qui s'étoit couvert du nom de S. S., bien que les forces du Pape le fussent venues attaquer jusques à Poschiavo[3], lorsqu'il ne pensoit seulement qu'à prendre son passage dans la Valteline, sans toucher aux forts, pour se joindre aux Vénitiens, et n'être pas réduit à nécessité de vivres, les pouvant tirer du Bressan[4].

Néanmoins la révérence de S. M. envers le Saint-Siège étoit si grande, qu'elle offrit audit légat la satisfaction telle, pour ce sujet, qui seroit jugée convenable à la dignité de S. S. et à celle de S. M.[5].

1. La phrase suivante de la Relation a été omise dans les *Mémoires* : « L'entrée et descente des Espagnols et du régiment de Serbellon dans la Valteline auparavant ou du moins en même temps que les Grisons, assistés du marquis de Cœuvres, y entrassent. »

2. La fin de l'alinéa ne figurait pas dans la Relation; elle a été intercalée par Sancy dans le manuscrit A.

3. Le 29 novembre 1624. Voyez E. Rott, *Histoire de la représentation diplomatique de la France auprès des cantons suisses*, t. III, p. 802-803.

4. Le district de Brescia.

5. Ces deux premières propositions du légat furent examinées dans une conférence tenue à Paris le 1er juin, à laquelle participèrent le cardinal de Richelieu, Schönberg et Herbault. Les pourparlers furent ensuite suspendus durant deux semaines en raison du départ du Roi pour Compiègne. Voyez lettre

La troisième fut pour le regard de la sûreté de la religion catholique en la Valteline, comtés de Bormio et Chiavenne, avec laquelle il joignoit ce qui touchoit la souveraineté desdits lieux[1]. On lui répondit que, outre

d'Herbault à Béthune, 2 juin 1625 (Bibl. nat., ms. Français 3702, fol. 65), et surtout la « Négociation du cardinal Barberin, légat en France près du roi Louis XIII pour les affaires de la Valteline, 1625 », due probablement à Ardier (Aff. étr., Rome 37, fol. 271-344).

1. Les négociations reprirent à Fontainebleau, au milieu de juin, en l'absence du Cardinal; finalement les propositions du Roi furent remises au légat le 10 juillet (« Négociation du cardinal Barberin », fol. 306). Devant le silence du légat, Richelieu soumit au Roi une « dépêche qu'on estime devoir faire en diligence à M. de Béthune, sans communiquer à M. le Légat qu'on écrive le contenu en icelle ». « Faut écrire à M. de Béthune l'état précis auquel est la négociation avec M. le Légat, qui ne veut point parler de la restitution de la souveraineté aux Grisons. Que le Roi ne veut en aucune façon se séparer de cet article pour sa réputation, mais que ladite restitution se faisant, l'ancienne alliance du Roi étant conservée, les Espagnols étant exclus des passages qui demeureront tels qu'ils étoient auparavant, les forts étant rasés entre les mains de S. M., elle consentiroit tout ce qui pourra contenter le Pape... M. le Légat ne fait difficulté quelconque à la conservation de l'alliance du Roi comme elle étoit, à exclure les Espagnols du passage; mais il s'arrête absolument sur cette restitution des Grisons, qu'il ne veut pas, et qui plus est il voudroit que les forts fussent remis entre les mains du Pape pour être rasés par lui... Mon intention est que vous lui [au Pape] représentiez que je ne pense pas qu'il ait voulu envoyer un légat pour me demander des conditions contraires à ma réputation, qui est tout ce que mes propres ennemis pourroient souhaiter pour me perdre. Que s'il a douté de la fermeté que j'ai ès choses qui concernent mon honneur, il me fait tort et connoîtra par l'événement qu'on lui a donné une impression bien contraire à ce que je suis. Que je le supplie de me dire ou qu'il ne veut pas la paix, et que le légat n'est venu que pour m'amu-

que les actions passées de S. M. l'avoient fait connoître autant zélée[1] à la gloire de Dieu et à l'accroisment de la religion catholique que prince qui l'eût devancé ou qui fût à présent en la chrétienté, il faisoit encore clairement voir, en l'affaire qui se traitoit, qu'il étoit roi Très Chrétien et premier fils de la sainte Église[2], puisqu'il consentoit à des conditions plus favorables que celles mêmes qui avoient été proposées par les Valtelins ; que, comme en cet intérêt de reli-

ser, pendant que les Espagnols se fortifieroient, ou qu'il me la demande à des conditions raisonnables... Si le Pape ne veut rien faire, vous lui représenterez qu'outre que ses longueurs m'ont porté à pardonner aux huguenots qu'autrement j'eusse mis en état de ne pouvoir plus faire de mal, il me contraint de m'unir avec les Anglois et toute sorte de protestants ; que jusques ici j'ai plus fait que n'a jamais fait Roi pour éviter cette contrainte, mais que maintenant je penserai le faire, non seulement S. S. n'y répugnant pas, mais qui plus est avec sa permission et son autorité, puisque volontairement il m'y contraint ; que je me décharge sur lui de quelque événement qui en puisse arriver, lesquels il faut assez bien considérer pour n'être pas besoin de lui dire... Je vous dirai que ma pensée n'est pas que le légat ne conclût la paix, s'il en avoit le pouvoir. Mais je crois que jusques ici on lui a envoyé des limitations telles qu'elles ne conviennent point avec ce que je puis faire en conservant ma réputation » (Aff. étr., Rome 37, fol. 89, de la main de Charpentier). La dépêche fut envoyée à Béthune le 3 août.

1. Rome 37 et première rédaction du manuscrit A : « Pour le regard de la sûreté de la religion catholique en la Valteline, comtés de Bormio et Chiavenne, avec laquelle on a joint ce qui touchoit la souveraineté desdits lieux, il a été jugé que, outre que les actions passées de S. M. l'avoient fait connoître autant zélée... »

2. Rome 37 et première rédaction du manuscrit A : « En l'affaire qui se traitoit qu'il vouloit paroître roi Très Chrétien et premier fils de la sainte Église ».

gion sa piété le faisoit reluire, il ne pouvoit aussi, en
l'intérêt politique, approuver ni souffrir le déni et refus
absolu[1] que l'on faisoit de rendre la souveraineté de
la Valteline aux Grisons ses alliés, qui en sont les légitimes seigneurs; que le droit divin et humain ordonnoit de faire rendre à un chacun ce qui lui appartient;
que ce refus étoit fondé sur une opinion nouvelle,
contraire aux premières qui avoient été tenues à
à Rome, concertées du commandement du Pape, et
qui ne pouvoit être ouvertement soutenue ni par les
théologiens, ni par les jurisconsultes; que l'intérêt
général des princes étoit de ne favoriser, sous
quelque prétexte que ce fût, la révolte des sujets
contre leur souverain, ni de permettre que des sujets,
pour cause de religion, fussent soustraits de la domination de leur vrai et légitime seigneur; que l'exemple
et la conséquence en étoient périlleux pour les rois
dans les États desquels il avoit plu à Dieu (de qui seul
ils tiennent le sceptre) de permettre, pour certaines
causes secrètes, la diversité de religions, parce que ce
seroit donner argument aux sujets qui sont ou pourroient être imbus d'opinions contraires à la religion de
leur prince de croire qu'ils seroient déchargés envers
eux de la sujétion. Mais quant au particulier de S. M.,
qui agissoit en ce sujet comme prince allié et protecteur des Grisons, qu'il ne pouvoit avec justice, honneur et réputation, consentir qu'ils fussent dépouillés
de leur souveraineté, et étoit obligé, par les mêmes

1. Rome 37 et première rédaction du manuscrit A : « Que
l'on ne pouvoit assez approuver la fermeté et persévérance
qu'il avoit montrée en l'intérêt politique contre le déni et
refus. »

considérations, d'employer les forces de son royaume pour les y maintenir et protéger[1].

Quant à ce qui concernoit l'article de l'alliance et des passages par les Grisons et la Valteline, on lui dit que cet intérêt étoit reconnu si important à la France, qui avoit consommé tant de millions d'or pour les conserver en leur entier, depuis cent ans que l'alliance étoit établie, que le Roi devoit être soigneux et jaloux de n'y laisser apporter aucune[2] altération, et que toutes raisons d'État et de réputation l'obligeoient de maintenir cette couronne en la possession en laquelle elle étoit seule desdits[3] passages, vu que son intention étoit semblable à celle des rois ses prédécesseurs, d'user desdits passages pour le bien de la religion catholique, le secours et assistance des princes d'Ita-

1. Dès le 11 avril 1625, Richelieu écrivait à Brûlart de Léon : « D'une chose vous puis-je assurer que la France ne consentira ni ne fera aucune paix qu'à condition du tout honorable, et que la voie d'une longue suspension ne sera pas celle qui sera choisie pour la meilleure. Le Roi ne voudra aucune condition qui diminue la supériorité des Grisons sur les Valtelins, d'autant que par ce moyen ils pourroient penser que les armes de S. M. ne leur auroient pas été fort utiles, ce qui feroit que d'autres confédérés les appréhenderoient en pareilles occasions » (Bibl. nat., Nouvelles acquisitions françaises 5131, fol. 78). Voyez également le « Mémoire touchant la réponse aux expédients proposés par M. le Légat », de la main de Charpentier (Aff. étr., Grisons 4, fol. 460).
2. Ici commence le vingtième cahier du manuscrit A (fol. 187) : « Suite de la négociation de M. le Légat. Assemblée de Fontainebleau sur icelle. Ambassade extraordinaire du maréchal de Bassompierre en Suisse, et ses ordres. » Ce sommaire est de la main de Charpentier.
3. Rome 37 et première rédaction du manuscrit A : « En la possession en laquelle elle étoit seule desdites alliances et passages... »

lie et surtout du Saint-Siège, en cas que, par une puissance supérieure, ils vinssent à être assaillis et opprimés.

Le légat s'arrêta opiniâtrément à ne pouvoir conseiller à S. S. d'autoriser un traité par lequel[1] les Valtelins fussent remis sous la sujétion des Grisons, disant que, comme chef de l'Église, il ne le pouvoit en conscience, et que ce qui avoit été ci-devant traité l'avoit été entre les deux rois, S. S. permettant seulement ce qui s'arrêtoit entre eux et y fermant les yeux[2], comme elle feroit encore si l'Espagne intervenoit avec le Roi au traité. Et, sur ce qu'on lui répondit que S. S. laissât accorder les Grisons et les Valtelins ensemble, sans y intervenir[3], et que par après elle toléreroit ce qu'ils auroient fait, qui est le propre de l'Église, non seulement aux choses indifférentes, mais mauvaises, il y consentit facilement au nom du Pape, mais demanda qu'afin que ce traité se pût faire librement[4],

1. Rome 37 et première rédaction du manuscrit A : « Mais le Pape ne voulant en aucune façon autoriser un traité par lequel.. » Comparez la *Négociation du cardinal Barberin*, fol. 326-329 v°, qui met dans la bouche du cardinal de Richelieu « qui avoit la parole en toutes ces conférences » les réponses faites au légat.

2. Ces cinq mots ont été ajoutés en interligne par Sancy sur le manuscrit A.

3. Rome 37 et première rédaction du manuscrit A : « Il a été en dernier lieu proposé audit légat que S. S. laisse accorder les Grisons et les Valtelins sans intervenir. »

4. Rome 37 et première rédaction du manuscrit A : « Ledit légat a répondu qu'il y consentoit au nom du Pape; mais, afin que ce traité se pût faire librement, il a demandé tous les forts de la Valteline sans condition aucune. » Cette correction, comme les précédentes et celles qui suivent, a été faite sur le manuscrit A par Sancy.

tous les forts de la Valteline, sans condition aucune, fussent remis entre les mains de S. S., afin que l'on ne pût dire que les Valtelins l'eussent fait par force.

On lui dit premièrement que si, en un tel traité, il pouvoit y avoir présomption de force, ce seroient les seuls Grisons qui se relâcheroient de quelques grâces envers les Valtelins, qui le pourroient alléguer, mais non les Valtelins qui recevroient faveur en ce traité, n'y ayant personne qui ne connût que celui qui reçoit grâce en un traité, et n'y perd rien, ne peut prétendre en être relevé sous prétexte de force;

Secondement, que la restitution des forts ne se devoit faire, attendu que S. S. ne pouvoit donner de sûreté que (au cas qu'on la fît) la souveraineté, qu'il ne vouloit pas accorder aux Grisons, leur demeureroit par le traité qu'ils feroient entre eux;

Que les Espagnols fussent déboutés du passage, et que les forts fussent rasés.

Il ne laissa pas d'en continuer l'instance, assurant que S. S. n'empêcheroit pas que les Valtelins consentissent de demeurer en la sujétion des Grisons, et qu'il n'y avoit pas de doute qu'ils ne s'en contentassent;

Qu'elle raseroit les forts, et qu'il avoit parole des Espagnols que, moyennant la restitution des forts, ils consentiroient à ce que la France demandoit pour les passages; mais qu'il ne l'avoit pas par écrit, parce qu'ils ne vouloient pas se déclarer que les forts ne fussent entre les mains du Pape[1].

1. Rome 37 et première rédaction de A : « Au premier point S. S. répond qu'il n'empêchera pas que les Valtelins consentent

A tout cela, on lui dit qu'en matière de traités il falloit des assurances réelles; que celles-là n'étoient que de paroles bien incertaines; que, s'il ne s'agissoit que de la parole du Pape, le Roi s'y confieroit absolument; mais que les Valtelins le pouvoient faire manquer, bien plus les Espagnols, qui sont sujets à n'exécuter pas ce qu'ils promettent.

Il répliqua que cela n'arriveroit pas, mais que, s'il arrivoit contre la volonté de S. S., elle ne rendroit les forts, ni aux Espagnols, ni aux François, mais les garderoit.

S. M. ne jugea pas que, s'étant, par une ligue, obligé avec ses collègues à faire[1] que les Grisons fussent remis en l'état qu'ils étoient auparavant, elle pût ni dût, après avoir beaucoup dépendu et pris la Valteline, remettre les choses en plus grand hasard qu'elles n'étoient auparavant la prise des armes; vu que, de tout ce qui se proposoit, on ne donnoit aucune sûreté que la parole du Pape, l'exécution de laquelle dépendoit de la volonté des Valtelins et de celle des Espagnols, qui seroient sans doute bien aises de tirer les affaires en longueur, sans exécution, comme ils ont fait au traité de Madrid, et qui feroient jouer tel jeu

de demeurer en la sujétion des Grisons et qu'il n'y a point de doute qu'ils ne s'en contentent. Au deuxième, il répond qu'il a parole des Espagnols que, moyennant la restitution des forts, ils consentent à ce que la France demande pour les passages. A cela on dit qu'il le falloit voir par écrit. On a répondu qu'on ne l'avoit pas et que les Espagnols ne veulent pas se déclarer, que les forts ne soient entre les mains du Pape, mais qu'on en est bien assuré. »

1. Rome 37 et première rédaction de A : « La question est de savoir si le Roi qui, par une ligue, s'est obligé avec ses collègues à faire que les Grisons fussent remis... »

qu'ils voudroient aux Valtelins, qui n'agissent que par leur mouvement.

Si, au cas que les Valtelins et les Espagnols voulussent manquer, le Pape avoit moyen de s'en garantir, il n'y auroit rien à dire; mais, outre que S. S. est mortelle, on ne proposoit autre expédient en tel cas que de conserver les forts, qui étoit un remède égal au mal même, puisque tous les deux privoient les Grisons de leur liberté.

Elle fit représenter au légat que, pour un scrupule imaginaire et sans fondement, ils alloient mettre toute la chrétienté en feu. A quoi il répondit que, s'il ne tenoit qu'à son sang[1] pour éteindre le feu, il le donneroit volontiers, mais qu'il n'avoit point de pouvoir de faire autres propositions[2].

1. Rome 37 et première rédaction du manuscrit A : « A cela, M. le Légat, qui véritablement a fait tout ce qu'il a pu pour la paix, a témoigné plus encore en effet que de paroles que, s'il ne tenoit qu'à son sang... »

2. Première rédaction du manuscrit A : « On fit toutes les ouvertures dont on put s'aviser pour le faire condescendre à quelque chose raisonnable et que S. M. pût accorder sans préjudice de sa réputation et de l'intérêt de ses alliés; mais il n'y eut jamais de moyen de le faire désister de ses premières propositions. Le Cardinal, voyant cette volonté si déterminée, crut qu'il n'y avoit point de remède meilleur pour détromper le légat et tous les peuples que de convoquer une assemblée générale des personnes plus qualifiées de ce royaume, auxquelles S. M. fît voir l'état de cette affaire, les moyens qu'il avoit tenus pour les conduire à une bonne fin, et leur demander leurs avis sur ce sujet. Il en écrivit de Limours au Roi le 3ᵉ septembre la lettre suivante. » Après avoir apporté quelques modifications à ce texte, Sancy a rayé le tout, à partir de « mais il n'y eut... », et a renvoyé le copiste aux feuilles de correction : « Voyez les corrections ».

Le Cardinal[1] l'y voyant toujours arrêté, quelques ouvertures qu'on se pût aviser de lui faire pour le faire condescendre à quelque chose raisonnable que S. M. pût accorder, sans préjudice de sa réputation

1. Première rédaction du manuscrit B : « èsquelles demeurant toujours arrêté... ». Sur l'ordre du Roi, Richelieu avait repris les pourparlers avec le nonce. Voyez sa lettre à Louis XIII du 24 août 1625, écrite de Limours : « J'ai reçu le commandement qu'il vous a plu me faire de travailler à la paix avec dessein de ne rien omettre de toutes les choses qui la pourront avancer et rendre avantageuse à V. M.; pour voir plus promptement avec M. le Nonce à quoi cette affaire pourra aboutir, je m'approcherai dès aujourd'hui de six lieues de Fontainebleau, et lorsqu'on verra plus après les articles desquels on pourra convenir, comme la raison requiert que vous en soyez le souverain juge, il sera du tout nécessaire pour le bien de l'affaire qu'il plaise à V. M. bien considérer ces articles » (Bibl. nat., Nouvelles acquisitions françaises 5131, fol. 76). Les entretiens eurent lieu à la Maison-Rouge et se prolongèrent du 26 au 28 août. Voyez la lettre d'Herbault à Béthune, Fontainebleau, 29 août 1625 : « Il s'est tenu depuis trois jours une conférence à la Maison-Rouge qui est à M. le président Le Jay, où, de la part du Roi, M. le cardinal de Richelieu, M. le maréchal de Schönberg et moi, et, de la part de M. le Légat et du Pape, M. le nonce Spada, MM. Assolini et Pamphilio se sont trouvés. La conférence commença mercredi matin et finit hier soir qui étoit jeudi que chacun est revenu chez soi sans aucune conclusion » (Bibl. nat., ms. Français 3702, fol. 120). Voyez surtout le mémoire adressé le 29 par le Cardinal à Schönberg : « ... Le changement qui est en M. le Nonce ne peut venir d'autre chose à mon avis, sinon qu'il s'imagine que nous voulons absolument la paix et que nous n'avons nulle disposition à la guerre, et qu'il seroit bien aise d'emporter cet avantage aux Espagnols, quoiqu'il pense bien en lui-même qu'ils aient consenti à davantage; il penseroit par là se faire canoniser dans Rome. L'exclusion du passage et alliance comme on la propose maintenant est en termes moins forts que comme on l'a proposée au passé. On accorde plus pour les Valtelins et pour la religion qu'on ne

et de l'intérêt de ses alliés, il écrivit de Limours[1] au Roi, le 3ᵉ septembre, et lui manda qu'il lui conseilloit de se servir, en cette affaire de très grande importance, en laquelle il alloit de la paix de la chrétienté,

fît jamais jusques-là, qu'avec raison on ne peut désirer davantage. L'intérêt du légat et de tous ceux qui sont avec lui est que la paix se fasse, vu que jamais légat n'eut un tel affront que lui si elle ne se fait point, et que les autres ne seront point cardinaux ; qui plus est tous craignent trop que les huguenots françois et la flotte des Anglois entrent en Italie ; enfin ils savent bien qu'encore que les Espagnols aient quelque léger avantage sur M. de Savoie, leurs affaires ne sont point en état de désirer la guerre avec la France, ayant assez de besogne taillée ailleurs. Partant, par raison, il n'y a apparence quelconque que le légat la puisse ni veuille refuser aux conditions proposées. Qui plus est, Venise, qui est celui de nos collègues qui se rendra le plus facile, ne la consentiroit pas autrement. Tout ce que dessus me confirme en la résolution que le Cardinal, Schönberg, MM. de la Ville-aux-Clercs et d'Herbault prirent hier tous, unanimement, de ne se relâcher davantage, comme chose qui eût fait paroître foiblesse et n'eût fait autre effet que donner mauvaise réputation à la France. Le nonce sans doute portera le légat à faire feinte de s'en aller, et on croit qu'au point où sont les affaires, rien n'emportera la paix que de témoigner à ces gens-ci qu'on ne l'appréhende pas, qu'on ne craint point la guerre et que pour rien au monde on ne voudroit la paix avec la moindre condition déshonorable. Il est nécessaire que M. de Schönberg représente au Roi particulièrement tout ce qui s'est passé, et que, devant la Reine sa mère et M. le Chancelier et lui, il plaise à S. M. prendre résolution de ce qu'elle estimera qu'il faille faire, les affaires de tel genre devant être particulièrement jugées par S. M. » (Aff. étr., Grisons 4, fol. 361-362, de la main de Charpentier).

1. Comme l'indique la première rédaction du manuscrit A citée ci-dessus, la lettre du Cardinal au Roi avait été reproduite intégralement dans ce manuscrit ; procédant au travail de révision, Sancy ne conserva que cinq extraits de la lettre désignés respectivement par les signes conventionnels : A-B, C-D, E-F et

de la réputation de la France et de la conservation de ses alliés, d'une précaution dont ses prédécesseurs et le Reine sa mère, en sa minorité, avoient souvent usé en semblables occasions, qui étoit d'assembler un conseil extraordinaire des premiers de son royaume et personnes plus qualifiées qui se trouveroient près de la sienne, leur faire voir l'état de cette affaire, les difficultés qui s'y rencontroient, les moyens qu'il avoit tenus pour la conduire à bonne fin, et leur demander leur avis sur ce sujet, avant qu'en former sa résolution;

Qu'il la supplioit de se ressouvenir qu'il avoit souvent pris la liberté de lui dire, quand, par hasard, il s'étoit trouvé seul auprès d'elle, et qu'il se présentoit des affaires, bien qu'ordinaires, qu'elle eût agréable de ne s'en reposer pas sur l'avis de lui seul, mais de prendre encore celui de ceux qui avoient l'honneur de la servir comme lui en ses affaires; maintenant, qu'il la supplioit, au nom de tous ceux de son Conseil, qu'en une rencontre si importante à toute la chrétienté, il prît l'avis des principaux de son royaume qui étoient auprès d'elle;

Commandât à tous les princes, ducs, pairs, officiers de la couronne, aux premiers présidents et procureurs généraux des cours de Parlement, des Aides et Chambre des comptes, et Prévôt des marchands de

G-H (fol. 190-191); il semble que ces suppressions n'aient eu pour but que d'alléger la rédaction des *Mémoires*. En outre, le style indirect fut adopté pour les fragments qui subsistaient. La lettre du 3 septembre a été publiée par Avenel, t. II, p. 119 à 124, d'après la minute des Affaires étrangères, France 246, fol. 11-15.

Paris, de se trouver, à tel jour, au lieu que S. M. ordonneroit; mandât aussi à l'assemblée du clergé d'y envoyer quatre prélats pour entendre ce qu'il lui plairoit leur déclarer touchant le traité de paix proposé par M. le Légat, et, sur ce, donner leurs bons avis;

Que S. M. tireroit pour son service de notables avantages de cette assemblée;

Qu'elle justifieroit le Conseil de S. M., faisant reconnoître la vérité des choses, et feroit qu'on rejetteroit le blâme des malheurs que la guerre apporte sur ceux seulement qui en seront cause, et préviendroit les calomnies que les ennemis de la couronne, par leurs artifices ordinaires, pourroient publier, qu'il ne tiendroit qu'à S. M. et son Conseil que la chrétienté ne fût remise en paix et ne jouît d'un parfait repos;

Qu'elle apporteroit à S. M. un grand repos de conscience d'avoir fait mûrement examiner, par le jugement de diverses personnes capables que S. M. appelleroit, si les considérations qui arrêtent S. M. en ce traité de paix touchent tellement sa réputation et celle de son État, qu'elles doivent empêcher l'effet d'un si grand bien, pour lequel procurer il donneroit volontiers son sang et n'y plaindroit pas sa vie; mais que faire mal une paix, c'étoit préparer une nouvelle guerre, et quelquefois pire que celle que l'on vouloit finir;

Que tous les sujets de S. M., ayant eu l'honneur d'y avoir donné leurs avis en la personne des principaux qui seroient appelés en ce conseil, et étant par eux rendus capables de ses saintes intentions et généreuses résolutions, seroient d'autant plus affectionnés et obligés d'y contribuer et leur bien et leur vie, s'il en étoit besoin, pour le service de S. M.; et les principales compagnies du royaume, connoissant ses justes raisons, se porteroient plus volontiers, les uns à la servir de leurs personnes, les autres à favoriser les moyens extraordinaires dont elle auroit besoin en telle occasion, en laquelle, par ce moyen, on auroit lieu de porter MM. du clergé à subvenir en cette guerre à ses nécessités; au moins en recevroit-on ce profit, que, s'ils ne donnoient de l'argent, ils condamneroient les prétentions et le procédé de ceux qui conseillent M. le Légat, et conseilleroient à S. M., en tel cas, de donner la paix à son royaume : ce qui remédieroit fortement aux mauvais bruits que quelques personnes assez connues épandent tous les jours, que S. M. et son Conseil protègent ouvertement les hérétiques[1].

On gagneroit temps avec M. le Légat, auquel on feroit comprendre que S. M. ne pourroit rendre une dernière réponse sur ces propositions, qu'après avoir tenu cette assemblée, qu'elle différoit jusques à lundi, ou tel autre jour qu'il plairoit à S. M.;

Que toutes ces choses feroient penser audit sieur le Légat à ne partir pas sans conclure la paix; que l'intérêt du Saint-Siège et le sien, auquel les Italiens sont

---

1. Comparez la *Négociation du cardinal Barberin*, fol. 336 : « Les Espagnols répandent des libelles pour persuader aux simples que les ministres du Roi abandonnent les intérêts de la vraie religion et l'amitié des princes catholiques pour se lier et s'unir entièrement avec les hérétiques... Ce qui se faisoit avec grande prudence pour assurer la paix du royaume étoit décrié par eux comme un crime contre la religion. »

fort sensibles, le devoient faire croire; étant certain que l'autorité du Pape et de la religion ne pouvoient que beaucoup pâtir pour la continuation des guerres qu'il pourroit apaiser, et qu'au particulier dudit sieur Légat, c'étoit le plus perdu homme du monde s'il s'en retournoit comme il étoit venu.

En tout cas qu'il avoit trouvé deux ou trois façons nouvelles de coucher les articles contestés, au contentement de S. M., dans les termes, à son avis, que ces messieurs avoient témoigné désirer; et quand ils ne voudroient rien faire, ce qui ne pouvoit être, s'il étoit question d'arrêter davantage M. le Légat, comme en effet il le jugeoit nécessaire pour conclure la paix des huguenots, et attendre que les recrues et nouvelles troupes de S. M. fussent sur pied, devant que les Espagnols perdissent l'espérance de la paix, on pourroit faire venir en jeu le traité de la ligue fait avec Venise et Savoie, qui obligeoit S. M. de ne rien faire sans leur avis; ce qui faisoit que, leurs ambassadeurs[1] ne sachant pas les résolutions de leurs maîtres, elle ne pouvoit leur dénier du temps d'envoyer vers eux pour l'apprendre. Ainsi S. M. auroit fait tout ce qui se pouvoit imaginer au monde pour donner la paix à la chrétienté, et malheur arriveroit à qui troubleroit un si bon dessein.

Après cette lettre écrite, il ajouta encore un billet à S. M., par lequel il la supplia de tenir ce conseil secret, d'autant qu'il venoit d'apprendre, par un homme qui

1. Sur la consultation des ambassadeurs de Venise et de Savoie, Morosini et Scaglia, favorables l'un à la paix et l'autre à la guerre, voyez *Négociation du cardinal Barberin*, fol. 334.

avoit de bonnes habitudes chez le légat, que le fondement de leur obstination venoit de ce qu'ils jugeoient qu'on leur accorderoit tout ce qu'ils voudroient, parce que, à quelque prix que ce fût, on vouloit la paix; que ce qui lui faisoit croire cet avis étoit que celui qui le savoit l'avoit appris par voie très secrète; qu'ils disoient que S. M. n'avoit point d'argent, que les huguenots la pressoient, et que tous ses sujets catholiques étoient mal affectionnés à cette guerre; ce qui le confirmoit de plus en plus en l'assemblée ci-dessus, vu que par là le contraire paroîtroit indubitablement, et surtout qu'il étoit important qu'on ne crût point que S. M. se souciât que le légat s'en allât.

Le Roi, trouvant cet avis très utile à son service, commanda que l'on convoquât cette assemblée au plus tôt.

Le légat, sans vouloir attendre, partit dès le lendemain[1] de la nouvelle que le Roi reçut de la victoire que son armée navale avoit remportée sur Soubise et les hérétiques; mais il promit de séjourner en Avignon

1. Le légat quitta Fontainebleau le 24 septembre après avoir été reçu en audience privée par le Roi. « Ce partement si brusque fut trouvé un peu extraordinaire à la cour » (*Négociation du cardinal Barberin*, fol. 331). Louis XIII avait lui-même annoncé au légat la convocation de l'assemblée dans « les deux dernières audiences » (22 et 24 septembre) qu'il lui avait accordées (Aff. étr., Rome 57, fol. 232). Le marquis de Saint-Chamond, qui le rejoignit à Sens, écrivait le 27 à Herbault : « Je n'ai reconnu autre cause de son prompt départ de Fontainebleau que la créance qu'il a eue que le Roi assembloit le lendemain les princes, pairs et officiers de sa couronne pour faire condamner par eux son procédé au traité de paix, et a cru qu'il étoit plus avantageux pour lui d'en être loin que près en cette occasion » (Aff. étr., Rome 37, fol. 223).

jusques à ce qu'il eût su la dernière volonté de S. M., qui, en partant, lui bailla une lettre[1] pour S. S., en laquelle elle lui mandoit que ce qui avoit empêché que la paix, selon son désir, n'avoit pu être conclue, c'étoit que S. S. ne lui avoit pas proposé les conditions auxquelles S. M. la pût consentir, n'y ayant personne qui ne jugeât bien qu'elle ne pouvoit ni devoit en façon quelconque permettre que les Grisons, ses anciens alliés, fussent dépouillés de ce qui leur appartenoit; qu'elle étoit et seroit toujours d'autant plus ferme

1. Le manuscrit A, dans sa forme primitive, reproduisait textuellement la lettre de Louis XIII du 30 septembre 1625, remise au légat par le marquis de Saint-Chamond. Mais Sancy, lors de la revision du manuscrit, a supprimé d'un trait de plume la première partie de la lettre et l'a remplacée par une simple transition qui devait figurer sur une des feuilles de correction, comme l'indique au bas du fol. 192 v° la mention suivante : « V[oir] corrections ». Voici le passage supprimé, tel qu'il existait dans le manuscrit A : « Très Saint-Père, il nous est impossible de ne témoigner pas à V. S. que nous avons vu de très bon œil notre cousin le cardinal Barbarin, et reconnu en lui beaucoup de conduite, de piété, de zèle et en général toutes les bonnes qualités qu'on y sauroit désirer. Vous saurez de lui, je m'assure, comme toutes les occupations que nous avons au dehors de notre royaume ne nous ont pas empêchés de faire pour l'extirpation de l'hérésie tout ce qu'on eût pu attendre d'un autre en pleine paix. En cela, nous avons suivi votre inclination et vos désirs; nous poursuivrons toujours le dessein que nous avons de procurer l'avantage de l'Église en toute occasion, si nous n'en sommes empêchés par ceux mêmes que nous savons qui désirent nous y aider. Nous nous sommes conformés en ce qui nous a été possible au désir que notre cousin le légat nous a témoigné que vous aviez de la paix en la chrétienté; si elle n'a réussi, nous ne doutons point que vous ne reconnoissiez que ce qui l'a empêchée est que V. S., nous y conviant, ne nous a pas proposé des conditions... »

en cette résolution qu'elle n'empêchoit point de vouloir procurer toutes les sûretés qu'on sauroit raisonnablement souhaiter pour la religion[1], que S. S. ne voudroit pas lui conseiller d'en user autrement, et elle se pouvoit assurer qu'elle ne feroit jamais rien qui ne fût digne du bonheur qu'elle avoit d'être successeur de plusieurs rois qui ont servi et secouru le Saint-Siège lorsqu'il étoit opprimé par d'autres; qu'elle prioit Dieu de n'avoir jamais occasion de faire connoître, par effet, à toute la chrétienté que leur zèle n'avoit point passé le sien; mais, quoi qu'il arrivât, elle auroit toujours la volonté de lui faire paroître qu'il n'y a personne au monde qui l'égalât au respect et en la vraie affection qu'elle lui portoit.

En cette assemblée[2], après que le Roi eut remis au Chancelier à faire entendre le sujet pour lequel il les avoit fait appeler, et que ledit Chancelier y eut satisfait[3], le Cardinal parla[4] à la recommandation de la

1. La lettre originale précisait : « en la Valteline » (Arch. nat., KK 1362, fol. 198).
2. Elle eut lieu le 29 septembre au château de Fontainebleau dans le cabinet de l'Ovale.
3. C'était Étienne d'Aligre. Il « représenta sommairement l'affaire depuis son origine, ce qui s'étoit traité avec M. le Légat, les difficultés échues en la négociation, savoir sur l'article du passage duquel on refusoit d'assurer la possession à la France seule, comme elle en avoit toujours joui, et sur la souveraineté des Grisons qu'on vouloit abolir, à quoi S. M. ne pouvoit se résoudre pour l'intérêt de cet État, de sa réputation et de ses alliés, et qu'elle désiroit que chacun de ceux qui étoient présents en dît librement son opinion » (*Négociation du cardinal Barberin*, fol. 338 v°). Après Aligre, prirent la parole Schönberg, le premier président au Parlement, de Verdun, les cardinaux de Sourdis et de la Valette.
4. L'analyse du discours est empruntée au *Mercure françois*,

paix, mais qu'il falloit qu'elle se fît honorablement[1] pour S. M. et utilement pour son royaume; que la négociation du légat avoit témoigné un tout contraire dessein, n'ayant été rien proposé par lui qu'à l'avantage d'Espagne, se réglant toujours sur les événements de la guerre d'Italie; que, lorsque les succès nous étoient favorables, ils nous demandoient la paix, mais néanmoins à des conditions honteuses; s'il nous fût arrivé quelque disgrâce, ils nous eussent méprisés d'effets et de paroles; qu'on pouvoit alléguer trois choses pour nous dissuader la guerre : la dissipation d'une partie de nos troupes en Italie, de nos finances, et la rébellion de nos hérétiques.

Qu'à ces trois raisons il y avoit une réponse générale : que la réputation de l'État est préférable à toutes choses; que, sans elle, tous les hommes et tout l'or du monde ne nous serviroient de rien, et nos vies et nos biens seroient exposés en proie à l'étranger; que le Roi faisoit des recrues qui rendroient son armée très redoutable; que les surintendants assuroient qu'il y avoit fonds suffisant pour quatre montres entières sans toucher au courant, et quand il en faudroit venir à quelques moyens extraordinaires, les compagnies et les bons sujets du Roi ne voudroient rien épargner en une si juste occasion.

t. XI, p. 855. Comparez le « Discours de Monseigneur sur la paix lors de la venue de M. le Légat », publié par M. G. Hanotaux (*Maximes d'État et fragments politiques*, p. 87), et le résumé des paroles du Cardinal donné dans la *Négociation du cardinal Barberin*, fol. 340 v°.

1. Première rédaction du manuscrit A : « favorablement », comme dans la version du *Mercure françois*. La correction a été faite par Sancy.

Quant aux huguenots, que la signalée victoire que le Roi avoit obtenue sur eux les avoient mis si bas qu'ils ne sauroient s'en relever;

Et que les grandes offres que feroit le clergé suffiroient pour les subjuguer entièrement, sans toucher aux finances du Roi, qui seroient réservées pour la guerre étrangère, à laquelle le Cardinal conclut.

Le légat ayant reçu cette dernière résolution, en donna avis à S. S., qui ensuite écrivit au Roi, l'exhortant à la paix, remettant le surplus en créance sur son nonce, qui, en vertu d'icelle, déclara que S. S. vouloit envoyer six mille hommes en la Valteline[1].

Le Roi, pour réponse, assura le Saint-Père qu'il n'avoit jamais eu autre intention que de procurer de tout son possible la paix en la chrétienté[2];

1. Le bref d'Urbain VIII, daté du 14 janvier 1626, fut remis au Roi le 28 février : Ardier, *Mémoires sur l'affaire des Grisons et la Valteline* (Bibl. nat., ms. Français 4058, fol. 97 v°). L'objet de l'expédition, dont les dépenses devaient être supportées par le roi d'Espagne, était la reprise sur les Grisons des forts de la Valteline. Torquato Conti, qui avait reçu le commandement des troupes du Saint Siège, se rendit à Ferrare le 22 février. Voyez E. Rott, *Histoire de la représentation diplomatique de la France auprès des cantons suisses*, t. III, 1re partie, p. 968 et suiv.

2. La lettre de Louis XIII porte la date du 10 mars 1626. Nous en donnons le texte d'après le registre des Archives nationales KK 1363, fol. 161 v° : « Nous avons reçu par les mains de notre cousin, le cardinal Spada, nonce de V. S. près nous, le bref qu'il lui a plu nous écrire du 14° janvier, par lequel V. S. continue de nous exhorter à la paix publique, ledit cardinal nous ayant toutefois fait entendre la résolution qu'elle a prise sur les concurrences présentes de la Valteline, sur quoi nous dirons à V. S. que notre conduite et nos actions

Que S. S. savoit bien que le vrai moyen de l'établir et de la maintenir étoit d'empêcher que le fort n'opprimât le foible, qui étoit la seule raison pour laquelle il avoit entrepris de défendre ses alliés, en quoi l'Italie n'avoit pas peu d'intérêt;

Que S. M. se promettoit que, comme S. S. le convioit à la paix, elle ne feroit aucune action qui l'en dût détourner, l'assurant qu'honorant particulièrement sa personne comme elle faisoit, elle seroit extrêmement fâchée qu'elle le contraignit à prendre une

ont toujours fait connoître, et nous l'avons plusieurs fois déclaré, que nous n'avions autre intention que de procurer et assurer autant qu'il nous a été possible la paix de la chrétienté, et comme V. S. sait que le vrai moyen de l'établir et de la maintenir est d'empêcher que le foible soit opprimé par le plus fort, aussi est-ce la seule raison qui nous a mû d'entreprendre la juste défense de nos alliés, en quoi nous estimons que tous les princes, et principalement ceux d'Italie, ont un notable intérêt. Nous nous promettons aussi que V. S., nous conviant à la paix, ne fera aucune action qui nous en puisse par nécessité détourner, l'assurant que, comme nous honorons particulièrement sa personne, nous aurions un extrême déplaisir si nous étions contraints à prendre une résolution contraire aux intentions que nous avons eues jusques à présent, et nous remettant du surplus à ce que le sieur de Béthune lui dira de notre part, nous prierons Dieu, Très Saint-Père, qu'il veuille veiller V. S. » Ardier, dans le manuscrit cité, rapporte la réponse de Louis XIII au nonce : « A cette déclaration S. M. répondit qu'elle eût plutôt attendu de la prudence de S. S. une sage entremise pour éteindre et pacifier les troubles entre les princes qu'une résolution qui les pût brouiller davantage, que S. M. ne laisseroit pas de conserver tout le respect qu'elle pourroit à la dignité du Saint-Siège, mais que, les gens du Pape étant joints avec les Espagnols, ses soldats ne pourroient pas les distinguer et les traiteroient désormais comme gens de solde et de faction espagnole. »

résolution contraire à celle qu'elle avoit toujours eue jusques à présent; que le sieur de Béthune lui en diroit davantage.

Cependant, pour ce que le Roi se voyoit être peu assuré des Suisses en cette occasion, attendu que le duc de Féria avoit, depuis peu, levé aux cantons catholiques trois régiments qui font sept mille hommes[1], dont il se servoit en son armée d'Italie contre le Roi, afin de voir quel secours il pouvoit attendre d'eux en l'affaire de la Valteline, les choses ne venant pas à être terminées si promptement, et pour les exciter à s'employer de tout leur pouvoir en une occasion si importante, S. M. se résolut d'envoyer en Suisse le maréchal de Bassompierre en qualité de son ambassadeur extraordinaire[2].

Il lui donna charge[3] de représenter ce qui s'étoit passé en la négociation de M. le Légat, et comme le Roi n'avoit rien oublié de tout ce qu'il avoit jugé convenable à sa cordiale affection vers la république helvétienne, et à sa dignité royale qui doit procurer le bien

1. Notamment les deux régiments de Beroldingen et de Flechenstein (E. Rott., *op. cit.*, p. 868). La demande en avait été présentée aux députés catholiques réunis à Lucerne (31 janvier 1625) par l'ambassadeur d'Espagne, Ogliani.

2. L'ambassadeur ordinaire était Robert Miron, qui représenta le roi de France auprès des cantons suisses du 16 novembre 1617 au 19 juin 1627.

3. Les *Mémoires* reproduisent de longs extraits de l'« Instruction baillée à M. le maréchal de Bassompierre, allant ambassadeur extraordinaire en Suisse, du 28 octobre 1625 » (Aff. étr., Suisse 19, fol. 247-257). Ce document ne porte toutefois aucune trace d'utilisation par Sancy ou ses collaborateurs. Les instructions données à Bassompierre ont été minutieusement analysées par M. E. Rott., *op. cit.*, p. 922-924.

et le repos de ses alliés, pour induire S. S., avec tout le respect qu'elle lui vouloit rendre, à moyenner, comme père commun, le rétablissement de toutes choses en la Valteline, comme elles étoient par le passé, et la paix en Italie;

Qu'il en avoit fait de grandes instances, mais que tout cela ne s'étant pas terminé à la fin qu'il eût désiré, S. M., voyant que les choses prenoient le chemin de tirer en longueur, l'avoit dépêché vers eux pour les disposer, ou d'entrer en ligue avec elle, la république de Venise et M. le duc de Savoie[1], pour procurer la restitution entière de la Valteline et desdits comtés aux Grisons, ou, sans entrer en ligue, de continuer leurs instances particulières au Pape et au roi d'Espagne de remettre les Grisons en ce qui leur appartient, ou de faire un accord par lequel la France, Venise et eux contribueroient à la garde des forts tenus à présent par S. M. en la Valteline et aux Grisons, pour la conservation desdits pays;

Qu'ils devoient considérer qu'il y avoit grande différence[2] des intentions de cette couronne à celles d'Espagne en leur endroit;

Que la France n'avoit travaillé qu'à leur repos et conservation, à l'affermissement d'une bonne union[3] et

1. Il s'agissait d'obtenir l'adhésion des cantons aux stipulations du 7 février 1623, connues sous le nom de ligue d'Avignon.
2. Manuscrit A : « qu'il y a ». La plupart des corrections de temps n'ont été faites, pour les huit alinéas qui suivent, que sur le manuscrit B.
3. Ici commence le vingt et unième cahier du manuscrit A, ainsi résumé par Charpentier : « Suite des ordres du maréchal de Bassompierre allant en Suisse. Espagne recherche la paix. »

correspondance entre les uns et les autres; au contraire, les Espagnols travailloient incessamment à les diviser et désunir par les jalousies qu'ils jetoient entre les catholiques et les protestants, en dessein, lorsqu'ils les auroient affoiblis, de les assaillir et les assujétir les uns après les autres, sous divers prétextes de religion ou de prétentions anciennes de la maison d'Autriche sur leurs États, de laquelle ils disoient que lesdits cantons s'étoient soustraits, et que de ce dessein lesdits cantons en devoient avoir d'autant plus de défiance, qu'outre les avantages qu'avoient les Espagnols de les environner et enfermer par les États de Milan, de Bourgogne et d'Allemagne, il étoit évident que leur ambition n'avoit point de bornes, et qu'ils aspiroient à l'invasion entière de l'Italie, de l'Allemagne et de tout leur pays;

Que le Roi n'avoit entrepris cette affaire de la Valteline que pour l'intérêt qu'ils avoient de ne pas permettre le démembrement que l'on vouloit commencer de l'État des Grisons;

Que la bonne ou mauvaise issue de cette affaire leur pouvoit causer du trouble ou du repos pour l'avenir;

Qu'ils déclarassent à S. M. quels remèdes ils estimoient plus convenables pour terminer les maux présents, tous lui étant indifférents, pourvu qu'ils fussent bons et utiles pour eux et pour leurs alliés[1];

1. Les *Mémoires* omettent la fin de la phrase, qui précise l'attitude à suivre par Bassompierre : « Essayant avec adresse dans l'examen des expédients qui se pourroient y prendre de les faire tomber d'eux-mêmes à l'un des sus-exprimés, qui sont les seuls dont ils peuvent retirer avantage » (Aff. étr., Suisse 19, fol. 251).

Que la proposition d'entrer en ligue avec S. M., Venise et Savoie, n'étoit point hors de raison, pour ce qu'ils ne sauroient jamais s'engager en une affaire avec plus d'honneur, de sûreté et de justice que celle-là[1].

Et outre cela, que cette union produiroit incontinent la paix et le rétablissement des Grisons en leur pays, tel qu'il se pouvoit désirer, vu que, lorsque les Espagnols verroient que tout le corps seroit joint en cette ligue, et que l'on offriroit de pourvoir suffisamment à la sûreté de la religion catholique, ils seroient contraints d'acquiescer et consentir à un accord raisonnable[2], parce que, outre qu'ils ne pourroient pas s'opposer à telles puissances, le prétexte de religion dont ils s'étoient servis jusques à présent leur seroit ôté, et cette résolution ne seroit pas improuvée par le Pape, qui désiroit la paix; au contraire l'on devoit juger qu'il l'auroit bien agréable, afin d'avoir plus de force sur les Espagnols pour les induire à lui faire instance de cette restitution de la Valteline aux Grisons, à quoi depuis quelque temps ils avoient résisté[3].

1. La phrase suivante du texte primitif a été supprimée lors de la revision du manuscrit : « Étant certain que cette union produira incontinent la paix. Mais outre qu'ils ne pourroient jamais s'engager en une affaire avec plus de justice que celle qui se présente avec les princes confédérés, ledit sieur maréchal leur fera connoître... »

2. L'instruction porte : « accommodement ».

3. Première rédaction du manuscrit A : « Que celle qui leur est faite de demander au Pape la restitution de ladite Valteline en faveur des Grisons est sans péril et ne peut être rejetée, si lesdits Suisses ne se veulent abandonner à eux-mêmes, joint que déjà les cantons catholiques sont d'eux-mêmes entrés en cette instance. » Ce paragraphe a été également supprimé lors de la révision du manuscrit.

Que le second expédient[1], qui étoit de continuer leurs instances pour la restitution de la Valteline aux Grisons, étoit sans péril, et ne pouvoit être rejeté si lesdits Suisses ne se vouloient abandonner eux-mêmes sur ce sujet; que les cantons catholiques étoient entrés d'eux-mêmes en cette instance[2], ayant, en l'assemblée qu'ils avoient tenue à Lucerne le mois de septembre dernier[3], déclaré que le seul remède pour terminer les différends de la Valteline étoit de la rendre aux Grisons, leurs légitimes maîtres, avec suffisantes assurances pour la religion catholique, et ensuite avoient écrit au Pape, à S. M. et au roi d'Espagne, pour les exhorter à la paix, ainsi qu'il se voyoit plus particulièrement par l'*abscheid* de l'assemblée, et par les lettres desdits cantons[4];

Que la troisième proposition qu'on leur mettoit en avant, touchant la garde des forts de la Valteline et conservation du pays des Grisons[5], étoit aussi du tout

1. Le manuscrit A portait tout d'abord, comme l'instruction : « Pour le second expédient qui aboutit à faire que les Suisses demandent la restitution de la Valteline »; la correction a été faite sur ce manuscrit par Sancy.
2. Le manuscrit A, dans sa forme primitive, était ainsi conçu : Il est à propos que ledit sieur maréchal sache que les cantons, etc... ». Les neuf premiers mots ont été biffés lors de la révision du texte.
3. Sur la diète de Lucerne (10-12 septembre), voyez E. Rott, *op. cit.*, p. 906 et suiv. Le recès adopté par l'assemblée des cantons catholiques fut d'ailleurs modifié peu après dans un sens favorable aux demandes du Saint-Siège.
4. Comparez le texte de l'instruction : « Ainsi qu'il se verra plus particulièrement par l'*abscheid* de l'assemblée et par les copies des lettres desdits cantons qui seront baillés audit sieur maréchal ».
5. Dans l'instruction originale, le même paragraphe com-

nécessaire si les affaires ne se terminoient promptement[1], étant certain qu'autrement les Suisses et les Grisons se trouveroient enfin incommodés des grandes armées qui passeroient et séjourneroient sur leurs États; au lieu que, la garde des forts ayant été bien établie, le différend de la Valteline ne les empêcheroit pas de vivre comme s'ils étoient en bonne paix, et, de plus, ils se rendroient maîtres des lieux que l'on vouloit usurper et des passages dont les Espagnols ne se pouvoient servir que pour se rendre maîtres de l'Italie et de l'Allemagne, ce qui, par suite infaillible, rejailliroit enfin à eux;

Que s'ils ne vouloient entendre à contribuer à la dépense[2], mais à fournir seulement d'hommes, pour tenir, avec les François, garnison ès dits forts, à la solde de S. M. et de Venise, il seroit au moins de besoin qu'ils entrassent en accord avec eux pour la sûreté et conservation d'iceux envers et contre tous, et pour la manutention des Grisons en leurs États et pays, jusques à ce que le principal différend entre lesdits Grisons et Valtelins fût terminé, et que les choses fussent rétablies entre eux dans un bon ordre, pour leur repos commun, et que S. M. auroit à plaisir que

---

mence ainsi : « Le troisième expédient qui consiste à faire convenir les cantons avec S. M. et la république de Venise pour la garde des forts de la Valteline et la conservation du pays des Grisons, etc... »

1. Instruction originale : « par une bonne et prompte paix ».
2. L'instruction contenait une appréciation défavorable à l'égard des Suisses, que les *Mémoires* n'ont pas reproduite : « Comme ce sont gens qui ont accoutumé de se faire servir aux dépens d'autrui, il y a grande apparence qu'ils n'y voudront pas entendre. »

les cantons protestants, conjointement avec les catholiques, intervinssent à cet accord par un mutuel désir et consentement.

Ledit maréchal, ayant reçu ce commandement de S. M., s'y achemina au mois de novembre de ladite année[1].

Peu après le partement de M. le Légat, les Espagnols, que leurs affaires pressoient de faire la paix en Italie, et qui avoient espéré que, sans qu'ils fissent mine de s'en mêler, elle se feroit avec plus grande réputation par l'entremise du légat, qui ne parloit qu'au nom de S. S., sans qu'ils y intervinssent aucunement, se voyant trompés en leurs espérances, cherchèrent d'autres moyens pour renouer le traité de la paix.

Pour cet effet, ils écrivirent à Rome et sollicitèrent qu'on leur envoyât le légat en Espagne, et donnèrent charge au marquis de Mirabel, leur ambassadeur en France, de voir si dextrement il pourroit, avec la réputation de son maître, en entrer en propos avec les ministres de l'État[2].

1. Cette phrase a été intercalée dans le manuscrit A par Sancy, à la suite de l'instruction de Bassompierre. Bassompierre quitta Paris le 18 novembre et fit son entrée à Soleure, siège de l'ambassade, le 12 décembre. Voyez E. Rott, *op. cit.*, t. III, p. 1001.

2. Les *Mémoires* reproduisent à partir du paragraphe suivant le récit de la négociation rédigé par Schönberg : « Propos tenus entre M. le maréchal de Schönberg et le marquis de Mirabel. » Ce document, conservé aux Affaires étrangères, Espagne 14, fol. 285, porte des corrections de la main de Sancy, qui a modifié le style direct de la relation (voyez, sur l'ouverture de ces pourparlers, Vittorio Siri, *Memorie recondite*, t. VII, p. 29, et Bassompierre, *Mémoires*, t. III, p. 210). L'ini-

Il vit le maréchal de Schönberg[1], et commença son discours par le déplaisir qu'il avoit de ce que le légat étoit parti de la cour sans rien faire, et qu'il sembloit qu'il en voulût rejeter la cause sur l'Espagne, qu'il avoit charge de son maître de déclarer ici que les difficultés ne procédoient point de lui, et le prioit de dire à S. M. et à son Conseil que le roi d'Espagne lui avoit donné charge de dire qu'il désiroit la paix, et ne s'ar-

tiative en aurait été prise par Mirabel, qui pressentit Bassompierre à Fontainebleau, le 27 septembre; finalement, avec l'assentiment du Cardinal, une première conférence eut lieu entre l'ambassadeur d'Espagne et Schönberg, dans la demeure de ce dernier, à Saint-Germain, le 27 octobre. Ardier a également utilisé la relation de Schönberg dans ses *Mémoires sur l'affaire des Grisons et Valteline* (Bibl. nat., ms. Français 4058, fol. 101), d'où l'analogie que présentent son récit et le texte des *Mémoires*, sans qu'il y ait filiation entre les deux documents. Voyez l'étude consacrée par M. Delavaud à l'œuvre d'Ardier, *Rapports et notices*, fasc. V, p. 213.

1. Henri de Schönberg avait reçu, en juin 1625, la charge de maréchal de France, rendue vacante par la mort de Roquelaure. Selon l'ambassadeur vénitien Morosini (dépêche du 22 juin, *Calendar of state papers, Venice*, t. XIX), ce choix avait paru comme un gage donné par le Roi aux partisans de la guerre contre les huguenots et semblait devoir préparer la disgrâce du Cardinal et le rappel à la cour du prince de Condé. Voyez la lettre adressée d'Amiens par Marie de Médicis à Louis XIII, le 18 juin 1625 : « Je suis très aise du choix que vous avez fait du comte de Schönberg pour remplir la charge de maréchal de France que tenoit mon cousin le maréchal de Roquelaure. Cette marque d'honneur que vous lui donnez lui redoublera le courage pour continuer à vous servir dignement comme il a fait jusques ici » (Bibl. nat., ms. Français 3708, fol. 70). Une lettre de Richelieu au cardinal de la Valette de septembre 1624 (ms. Nouvelles acquisitions françaises 5131, fol. 59) faisait déjà allusion à la rentrée en grâce de Schönberg.

rêtoit point à cette vanité qui parleroit le premier ; qu'il traiteroit ici par ledit marquis de Mirabel, ou bien enverroit, pour cet effet, quelque autre vers le Roi, et le prioit qu'il lui voulût faire prompte réponse, d'autant que les affaires pressoient.

Après cela, il voulut rentrer dans la négociation de M. le Légat et dans le traité du commandeur de Sillery, disant qu'il falloit avoir égard à contenter le Pape. Puis après il parla des passages, et insista qu'il en fût fait quelque petite mention, en telle forme que le Roi ne fût pas blessé en sa réputation. Et cela en termes si honnêtes qu'il étoit aisé à juger qu'il s'en départiroit, moyennant que S. M. ne demandât en iceux que les mêmes choses qu'elle avoit eues au passé. Il ne fit point d'autre difficulté audit maréchal, reconnoissant même qu'il ne seroit juste que les Grisons perdissent leur souveraineté sur les Valtelins[1].

Le maréchal lui répondit que l'état des affaires ne permettoit pas de faire un nouveau traité ; que, si la négociation duroit plus d'un mois, les choses seroient engagées entre les deux couronnes ; qu'il en falloit demeurer au premier article du traité de Madrid, et que, pour parvenir à un accommodement, il étoit nécessaire que les deux rois ne prétendissent tirer aucun avantage sur l'honneur, les États et les alliés l'un à l'autre ; que de rentrer dans les difficultés de M. le Légat et celles du traité de Rome, ce ne seroit

1. Comparez le texte de la relation de Schönberg : « En termes si honnêtes qu'à mon avis il s'en départira, moyennant que S. M. ne demande en iceux que les mêmes choses qu'elle a eues au passé, et ne m'a point fait d'autre difficulté, reconnoissant même qu'il ne seroit pas juste que les Grisons perdissent leur souveraineté sur les Valtelins. »

jamais fait, et qu'il falloit voir quelles difficultés se pourroient rencontrer entre les deux couronnes pour cet accommodement; et puis, si les parties convenoient ensemble, qu'elles trouveroient bien aisément après les moyens de contenter le Pape.

Ils demeurèrent d'accord que leur entretien devoit être fort secret.

S. M., ayant su ce discours, commanda qu'on dît, de sa part, au marquis de Mirabel[1] :

Qu'il avoit eu fort agréable la proposition qui avoit été faite par ledit marquis, avec la candeur et franchise dont il avoit usé, qui faisoit connoître l'affection du roi d'Espagne envers S. M., laquelle de sa part contribueroit ce que l'on pouvoit justement désirer d'elle pour le maintien de cette bonne intelligence;

Que le vrai moyen de faire la paix étoit que les deux rois ne voulussent pas en icelle tirer l'avantage l'un sur l'autre, parce que, désirant tous deux conserver leur honneur plus que leur vie, ils hasarderoient de la perdre plutôt que de laisser entamer leur réputation;

Que le roi d'Espagne ne pouvoit rien prétendre dans les Grisons et sur les Valtelins qui ne fût préjudiciable à l'honneur du Roi, puisque ce seroit une nouveauté et un accroissement à l'Espagne sur les alliés de Sa Majesté;

Que le seul moyen donc de faire la paix seroit que ledit roi, de bonne foi, se départît de la prétention

---

1. La source de ce passage est la « Réponse qui sera faite au nom du Roi au marquis de Mirabel » (Aff. étr., Espagne 14, fol. 286). En vue de guider le copiste, les lettres C et D, portées sur ce document, indiquent le commencement et la fin du passage à transcrire.

des passages, qui sont toute la cause de ce différend.

Et pour le regard du Pape, Sa Majesté procureroit avec effet tous les avantages que Sa Sainteté pourroit raisonnablement désirer pour la religion catholique, et les deux rois, en l'exécution de ce traité, observeroient tout ce que des enfants très affectionnés au Saint-Père doivent et peuvent faire pour sa satisfaction.

En même temps Fargis[1], ambassadeur du Roi en Espagne, mandoit de deçà qu'il voyoit bien que les Espagnols désiroient bien passionnément la paix, pressés par l'état présent de leurs affaires en Italie et en Allemagne[2], et que le comte d'Olivarès lui avoit deux ou trois fois tenu des discours par lesquels il montroit qu'il la désiroit absolument.

Sur ces avis, le Roi lui fit réponse, le 29ᵉ octobre[3], qu'il prît bien garde à conserver tellement la dignité de S. M., qu'il ne fît rien dont ceux qui raffinent le point d'honneur pussent tirer avantage ;

1. Charles d'Angennes, seigneur du Fargis, conseiller d'État, maréchal de camp des armées du Roi. Il occupa l'ambassade de Madrid de 1620 à 1629. En juillet 1625, il sollicita la succession de M. de Béthune à Rome (Aff. étr., Espagne 14, fol. 212); mais Marie de Médicis, « affectionnée à tout ce qui vous convient », dit Herbault à Fargis, jugea la demande prématurée (Arch. nat., KK 1362, fol. 155, 26 août 1625).

2. Comparez la lettre du Roi à du Fargis du 29 octobre : « Sollicités et pressés, comme j'estime, par l'état présent de leurs affaires en Italie et en Allemagne » (Aff. étr., Espagne 14, fol. 283).

3. Louis XIII donna ses instructions à l'ambassadeur du Fargis par deux lettres datées du 25 et du 29 octobre et adressées par le même courrier, qui ont été l'une et l'autre reproduites en partie dans les *Mémoires*. La lettre du 29 a été la première utilisée.

Qu'il y a tant de différence entre ce que les Espagnols disent et ce qu'ils font, voire même en ce qu'ils disent un jour et ce qu'ils disent l'autre, qu'on ne sauroit faire un jugement certain des intentions et desseins de telles gens.

Il sauroit donc que, si la paix se pouvoit faire à conditions honorables et sûres, en sorte que la chrétienté n'y trouve rien à redire, et que ce qui seroit arrêté fût réel et effectif[1], S. M. ne s'en éloigneroit pas, ains au contraire y entendroit volontiers, n'ayant point entrepris cette guerre par aversion qu'il eût à l'Espagne, mais par la nécessité qu'il avoit de conserver ses alliés;

Que les conditions que le Roi demandoit n'aboutissoient qu'à deux principales : l'une à l'exclusion des passages, l'autre à la conservation de la souveraineté des Grisons;

Que le légat n'a jamais fait difficulté invincible que pour la souveraineté, croyant bien que sur les passages l'Espagne s'accommoderoit à ce que la France désire raisonnablement, et de la souveraineté encore il ne faisoit difficulté que sur ce que c'étoit le Pape seul qui faisoit le traité, sans qu'aucune des deux couronnes y intervînt; et il lui sembloit honteux que le Saint-Père soumît, par un acte qui provînt purement de lui, les catholiques à la domination des hérétiques, d'où il se voit manifestement que, si l'Espagne intervenoit[2] avec la France en un traité, S. S. n'auroit

---

1. Comparez la lettre du 25 octobre : « et que ce qui sera arrêté soit réellement exécuté ».

2. Lettre du 25 octobre : « Mais afin que vous jugiez mieux de tout, je vous envoie un mémoire succinct des principaux

peine quelconque d'adjuger ladite souveraineté à qui elle appartient;

Que la question donc consisteroit à ce que les deux rois y intervinssent ensemble; que, puisque le comte d'Olivarès n'en fait pas difficulté, mais seulement de savoir qui commencera à témoigner désirer que son compagnon intervienne, ledit Fargis, s'il est assuré que la paix s'en ensuive, pourroit dire au comte d'Olivarès :

Que le légat étant venu en France, et ayant presque tout ajusté, fors ce qui est de la souveraineté, faute de l'intervention d'Espagne[1], le Roi sera bien aise de savoir si ce sont eux qui font cette difficulté;

Qu'ils pourront répondre que ce n'est point eux, et sur cette demande et réponse il faudra convenir et intervenir pour lever cet empêchement.

Et d'autant que le comte d'Olivarès pourroit[2], sur l'ouverture de cette intervention, répondre, selon les termes qui ont été tenus vers le Pape, que le roi d'Espagne est prêt d'entrer en traité, pourvu que les forts soient remis, avant toutes choses, ès mains de S. S., que S. M. entend que cette difficulté soit vidée avant que faire la proposition qu'elle lui[3] a ordonné, et que

points qui ont été agités en la négociation dudit légat, par où vous verrez que si l'Espagne intervenoit... »

1. Lettre du 25 octobre : « Fors ce qui est de la souveraineté des Grisons, à laquelle il dit ne pouvoir toucher sans l'intervention d'Espagne... »

2. Les trois paragraphes suivants reproduisent un fragment de la lettre du Roi du 29 octobre (Aff. étr., Espagne 14, fol. 283). En regard du passage à transcrire, Sancy a tracé les lettres G-H à la marge.

3. A du Fargis.

si ledit comte insiste sur cette formalité, qu'il essaye de le rendre capable des raisons pour lesquelles elle n'y peut entendre[1], ajoutant que, s'il désire la paix, il ne doit pas s'arrêter aux choses qui ne regardent pas l'intérêt de son maître; que S. M. conviendra aisément de ce qui s'est passé en la Valteline avec le Pape, lorsque les autres points auront été arrêtés, et qu'elle est résolue de donner à S. S. toute la satisfaction raisonnable qu'elle pourra désirer; mais que si, au préjudice de ces raisons, ledit comte s'affermit à prétendre cette restitution préalable des forts, comme ce sera une preuve évidente qu'il ne désirera pas la paix, ledit Fargis, après qu'il aura fait tout ce qui lui sera possible pour surmonter cette difficulté, s'il n'y peut parvenir, ne passeroit pas outre à la proposition susdite de l'intervention et demeureroit sur la réserve plus qu'auparavant;

Que si on traitoit, il falloit conclure directement la paix sans passer par une surséance d'armes, laquelle si on proposoit il devoit rejeter, faisant connoître qu'elle ne pouvoit avoir lieu qu'après que les choses auroient été ajustées, et que la paix ne seroit pas plus difficile à établir qu'une trêve[2].

Pour fin, S. M. lui recommanda le secret, et de couvrir les conférences qu'il pourroit avoir avec ledit comte du prétexte des saisies des biens des sujets des deux couronnes[3], afin que les ministres des autres

1. Les *Mémoires* n'ont pas reproduit le membre de phrase suivant : « telles qu'elles vous ont été ci-devant mandées et que vous verrez encore par la relation que je vous envoie ».
2. L'ordre des deux derniers paragraphes de la lettre originale a été modifié dans les *Mémoires*.
3. Les saisies des biens des Français établis en Espagne

princes n'y puissent rien pénétrer ni apporter obstacle ; qu'il en pouvoit donner part au nonce, s'il le jugeoit à propos et croyoit que le comte fût pour lui en parler [1].

Quelques jours après que le marquis de Mirabel eut tenu au maréchal de Schönberg le discours que nous avons dit ci-devant, il se rétracta et parla tout d'un autre air et avec beaucoup de froideur[2], ce qui fit que le Roi commanda au Fargis de faire le même, et d'aller plus retenu aux offices qu'il lui avoit commandés par sa lettre susdite.

Ledit comte d'Olivarès dressa une forme d'écrit pour le commencement du traité, dans laquelle il s'efforçoit de faire voir que le Fargis avoit parlé le premier et fait offre de contentement pour le roi d'Es-

avaient commencé le 28 mai, « plus par animosité que par esprit de représaille » (lettre de Fargis à Herbault, Madrid, 2 juin 1625 : Aff. étr., Espagne 14, fol. 172).

1. Comparez la lettre du 29 octobre : « Je vous recommande encore de tenir ces propositions secrètes, de couvrir les conférences que vous pourrez avoir avec ledit comte du prétexte des saisies de biens des sujets des deux couronnes, afin que personne, ni même les ministres de mes confédérés n'y puissent rien pénétrer ni apporter obstacle. Je remets à votre prudence d'en donner part au nonce si vous le jugez à propos et que ledit comte soit pour lui en parler. »

2. Herbault annonça dès le 30 octobre à du Fargis le changement d'attitude du marquis de Mirabel (Arch. nat., KK 1362, fol. 311 v°). Voyez aussi la lettre du Roi à Béthune, 7 novembre 1625 : « Le comte d'Olivarès s'est aucunement rétracté de ce qu'il avoit discouru avec le sieur du Fargis, comme a fait le marquis de Mirabel des ouvertures qu'il avoit faites à aucuns des principaux de mon conseil » (Bibl. nat., ms. Français 3669, fol. 14).

pagne, essayant de faire voir qu'il étoit dû quelque chose à la satisfaction de son maître.

Le Roi la rejeta et manda, le 6ᵉ décembre, audit Fargis qu'il ne vouloit pas souffrir que ledit comte emportât, pour son maître, le dessus au point de la réputation, non plus qu'en l'essence de la chose;

Qu'il ne devoit rien à la satisfaction du roi d'Espagne, qui avoit eu tout le tort et n'en avoit point reçu, et, partant, qu'il montrât dorénavant plus de retenue envers ledit comte, comme ayant occasion de se douloir de l'artifice de son procédé; néanmoins qu'il observât ses mouvements le plus qu'il pourroit, pour en donner avis ponctuellement à Sadite Majesté[1].

1. Les trois paragraphes qui précèdent sont empruntés à une lettre d'Herbault à du Fargis du 6 décembre (Aff. étr., Espagne 14, fol. 287), dont voici le texte : « Pour le regard des affaires dont vous avez traité avec le comte d'Olivarès, je ne puis que peu ajouter à ce que le Roi vous écrit. En effet, nous connoissons que ledit comte désire la paix, et que S. M. ne s'en éloigne pas; mais il prétend non seulement emporter le dessus au point de la réputation, mais aussi en l'essence de la chose, ce qui se reconnoît assez par les termes de son écrit, où il s'efforce de faire voir que vous avez parlé le premier et fait offres de contentement pour le roi d'Espagne; puis il ajoute ces mots de satisfaction publique, qui sont autant injurieux comme est vaine et injuste la prétention que montre ledit comte qu'il soit dû quelque chose à la satisfaction de son maître, moins encore compensation. De manière que vous êtes loué d'avoir absolument rejeté cet écrit, et S. M. trouve bon que vous montriez ensuite plus de retenue envers ledit comte, comme ayant occasion de vous douloir de l'artifice de son procédé. Néanmoins vous observerez ses mouvements le plus que vous pourrez pour en donner avis ponctuellement à S. M. »

Nous[1] ajouterions ici la suite de ces entretiens; mais, parce que la fin de cette négociation[2] ne fut qu'en l'année suivante, nous la remettrons en ce temps-là, joint que la reine de la Grande-Bretagne, que nous avons seulement conduite jusqu'à Douvres[3], nous convie de la retourner trouver, et laisser maintenant ces choses, qui sont de moindre considération qu'elle.

Elle s'étoit imaginé de rencontrer en Angleterre une magnificence au moins égale à celle de la cour de France, vu que les ambassadeurs lui en avoient parlé, en sorte que de leurs paroles elle avoit lieu de croire qu'elle la surmontoit de beaucoup.

Elle s'attendoit aussi d'être reçue du roi avec des témoignages d'une extrême bienveillance, et de voir un prince qui l'aimât autant comme elle avoit d'amour pour lui, et qui ne lui voulût refuser aucune des

1. Ici commence le 22ᵉ cahier du manuscrit A (fol. 206), ainsi résumé par Charpentier : « Arrivée de la Reine en Angleterre. Procédé de Buckingham envers elle. Le sieur de Blainville y va en ambassade extraordinaire. »

2. Herbault écrivait à ce propos le 19 décembre à Béthune : « La négociation de la paix est finie ou du moins si assoupie qu'il ne s'en parle plus ni de deçà ni ailleurs; en Espagne, il s'étoit tenu quelques propos en général sur ce sujet entre M. du Fargis et le comte d'Olivarès; mais il n'en est réussi aucune conclusion. Ce que nous avons reçu est que les Espagnols désirent la paix et qu'ils en ont besoin, mais qu'ils y veulent prendre, s'ils pouvoient, des avantages au préjudice de la réputation du Roi et de l'intérêt de ses alliés. Ainsi nous nous trouvons bien loin de compte » (Bibl. nat., ms. Français 3669, fol. 31).

3. Le 22 juin 1625. Voyez Louis Batiffol, *la Duchesse de Chevreuse*, 1913, p. 68.

grâces que raisonnablement elle lui pouvoit demander. Mais elle fut étonnée que, arrivant à Douvres, elle est logée dans un château mal meublé[1], toute sa cour fort mal reçue, pour un jour d'entrée au royaume dont elle venoit prendre possession[2].

Le lendemain, le roi la vint trouver sur son dîner, assez mal accompagné, n'ayant pas l'ombre seulement de la grandeur avec laquelle le roi de France vit.

Tout ce qui l'étonne le plus, c'est que dès le soir de son arrivée on met les prêtres et les catholiques en prison, comme si on vouloit à sa vue les affliger, au lieu qu'elle espéroit les soulager par sa présence, bien qu'on les relâchât depuis à l'instante prière qu'elle en fit.

Au partir de Douvres, le roi la mit en un carrosse plein de dames angloises, afin d'éloigner les dames françoises qu'elle avoit amenées avec elle[3].

1. Un appartement de neuf chambres y avait été préparé pour elle sur l'ordre de Buckingham, qui possédait le château en sa qualité d'amiral des Cinq ports (dépêche du 27 juin de l'ambassadeur vénitien à Londres, Zuane Pesaro : *Calendar of State Papers, Venice*, t. XIX, p. 87).

2. Les *Mémoires* s'inspirent, pour tout le récit du séjour de Henriette de France en Angleterre, de la narration de Tillières (*Mémoires*, éd. C. Hippeau, chap. vi, p. 88 à 115). Mais l'exposé de Tillières a été considérablement abrégé; aucun document ne permet d'ailleurs de déterminer de manière précise les conditions dans lesquelles a été effectué le travail d'adaptation; il est impossible de le reconstituer à l'aide des corrections peu nombreuses que présente cette partie du manuscrit A.

3. Mme de Saint-Georges, les comtesses de Tillières et de Ciprières, « dames de la chambre du lit », et Mlle de Fouges, « dame d'atour » (Aff. étr., Angleterre 39, fol. 88 v°).

Elle ne put souffrir sans larmes de se voir, jeune princesse, quasi comme étrangère (puisque c'est le jour de son arrivée), toute seule parmi des personnes de langue et de religion différentes, séparée de celles en qui elle avoit créance.

Ses larmes ne purent obtenir qu'on donnât au moins place en son carrosse à sa dame d'honneur[1]; mais les instances des ambassadeurs du roi l'obtinrent[2]. Le refus qu'on lui en avoit fait lui fut moins sensible que de voir que l'autorité desdits ambassadeurs eût eu plus de crédit envers le roi son mari que ses prières.

Tout le voyage jusqu'à Londres alla du même air[3]; y arrivant, elle n'y reçut aucuns honneurs, et ne vit nulle des galanteries qu'on a accoutumé de voir en occasions semblables.

Dans la maison du roi[4], elle trouva pour son lit de parade un de ceux de la reine Élisabeth, qui étoit si

1. Mme de Saint-Georges, marquise de Monglat (même document). En août 1625, Richelieu songea à la remplacer par la marquise de Maignelay (Aff. étr., Angleterre 33, fol. 208).

2. Sur l'intervention de Brienne et d'Effiat, au moment du départ pour Cantorbéry, voyez Brienne, *Mémoires*, t. I, p. 223, et la lettre adressée par lui au Cardinal le 26 juin 1625 : Bibl. nat., ms. Brienne 49, fol. 194 v°.

3. L'entrée de Charles Ier et de Henriette de France à Londres eut lieu le 26 juin 1625; le voyage royal s'était achevé, de Gravesend à Londres, sur la Tamise (Tillières, *Mémoires*, p. 91 et 92).

4. A Somerset House, connue encore sous le nom de Denmark House, parce que la reine Anne de Danemark, femme de Jacques Ier, y avait établi sa résidence. Cet hôtel fut donné à la reine, par acte du 14 février 1626. Voyez S. R. Gardiner, *History of England*, t. V, p. 335, et *The Annals of King James and King Charles the First*. Londres, 1681, in-fol., p. 108.

antique que les plus vieux ne se souvenoient point d'en avoir jamais vu la mode de leur temps.

A peine est-elle arrivée que l'on recommence les cruautés contre les catholiques; on remplit les prisons de leurs personnes, les encans de leurs meubles et le fisc de leurs biens. Dieu, qui vouloit montrer qu'il voyoit de l'œil de sa colère une telle injustice, les frappa d'une peste si furieuse, qu'en une semaine, en la ville de Londres seule, il en mourut plus de sept mille[1].

Pour fuir le mal le roi la mena à la campagne[2], continuant toujours envers elle le même traitement qu'il avoit commencé, ce qui lui causoit un tel déplaisir, qu'une personne bien plus âgée qu'elle n'eût pas eu assez de force pour s'empêcher d'en donner quelque connoissance au dehors. Elle n'en donnoit point d'autre néanmoins, sinon qu'il paroissoit bien qu'elle avoit quelque ennui qui la travailloit au dedans.

Buckingham prit cette occasion pour lui rendre de mauvais offices auprès du roi, et s'échapper encore, contre le respect qu'il lui devoit, en de fâcheuses paroles[3].

1. Les deux alinéas précédents reproduisent presque textuellement un passage de Tillières (*Mémoires*, p. 92).
2. Le départ du roi et de la reine est mentionné dans une lettre de Locke à Carleton, 9 juillet 1625 (*Calendar of State Papers, Domestic Series*, 1625-1626. Londres, 1858, p. 57). La cour se rendit à Windsor, à Woking et Nonsuch et enfin à Oxford, le 24 juillet, pour l'ouverture du Parlement.
3. Première version du manuscrit A : « Buckingham prit cette occasion non seulement de lui rendre de mauvais offices auprès du roi, mais d'échapper encore contre le respect, etc... » Cf. Tillières, *Mémoires*, p. 93.

Il la menaça qu'elle seroit la plus malheureuse princesse de la terre, si elle ne vouloit vivre avec plus de gaîté avec le roi; que ce n'étoit pas lui témoigner qu'elle l'aimât, que d'être triste en sa présence.

Quant à lui, qu'il savoit bien qu'elle lui vouloit mal; mais que cela lui étoit indifférent, pourvu qu'il fût en la bonne grâce de son maître.

Tout le mal qu'il disoit qu'elle lui vouloit n'étoit autre chose sinon qu'elle avoit fait instance que ses dames, au moins celle d'honneur, demeurassent en son carrosse, et ne fussent point chassées pour celles qu'on lui vouloit donner par force, qui étoient la femme, la sœur et la nièce de Buckingham[1].

Nonobstant l'effronterie avec laquelle il avoit parlé à la reine, comme si, par excès de présomption ou de folie, il estimoit les offenses être courtoisies, il ne laissa pas, dès le lendemain, de la venir supplier de recevoir ces trois dames pour ses dames de lit.

La reine répondit très sagement que la feue reine d'Angleterre n'en avoit que deux; qu'elle en avoit amené trois de France, et se contentoit bien de ce nombre.

Cette affaire fut poursuivie avec chaleur; il en fut

1. La duchesse de Buckingham, la comtesse de Denbigh et la marquise d'Hamilton. D'après une lettre de l'évêque de Mende (Aff. étr., Angleterre 33, fol. 204), datée de Richmond, 1er juillet 1625, et adressée au Cardinal : « M. le duc de Buckingham ne s'est pas contenté d'avoir sa mère et sa femme pour dames du lit, et a prié les ambassadeurs de poursuivre près de vous cet honneur pour sa sœur. » Le roi avait autorisé le 31 juillet 1625 l'entrée dans la maison de Henriette de France de la comtesse et de la duchesse de Buckingham (Bibl. nat., ms. Français 3722, fol. 195 v°).

fait instance aux ambassadeurs, qui étoient le duc de Chevreuse et les sieurs de la Ville-aux-Clercs et d'Effiat. Il y avoit raison pour et contre [1]; mais enfin celle du péril de la religion de la reine, si on les admettoit sitôt, l'emporta [2].

La peste de Londres avoit fait remettre le Parlement à Oxford [3]. Il témoignoit une grande animosité contre Buckingham, qui, pensant faire chose qui lui

1. Elles sont exposées dans un mémoire adressé au Roi par le Cardinal le 3 août 1625 : « Pour ce qui est de l'Angleterre, il faut prendre les remèdes aux exécutions qui se font aux choses accordées par le traité de mariage, de l'avis de MM. les ambassadeurs qui, ayant vu le mal, doivent mieux connoître que tous autres les moyens de le réparer. Seulement peut-on dire qu'il est à propos de se montrer ferme à cette occasion, parce que, si on se relâche aux choses promises et stipulées, ils empiéteront de telle sorte qu'enfin la conscience de la reine ne sera pas assurée. Cependant, il est nécessaire d'éviter une rupture avec le duc de Buckingham » (Aff. étr., France 780, fol. 359).

2. Voyez une lettre adressée par le Roi à Effiat à la fin d'août 1625 (Aff. étr., Angleterre 33, fol. 208) : « Par une dépêche que je vous écrivis pour lors, je consentois volontiers aux propositions que vous faisiez de souffrir en la maison de la reine l'introduction de la mère et de la femme de Buckingham, à charge d'en exclure toute autre ; maintenant j'ai changé d'opinion, estimant qu'ils imputeront ce consentement à foiblesse ou à peu de soin d'entretien des conditions du mariage et de zèle pour la religion. » Tillières (p. 94) attribue ce changement de décision à l'intervention de l'évêque de Mende.

3. Le Parlement s'était réuni à Westminster le 18 juin; ajourné le 11 juillet, il fut convoqué à Oxford le 1er août et y siégea jusqu'au 12 août (anc. st.), date de sa dissolution. Samuel R. Gardiner a publié, d'après un manuscrit contemporain, un compte-rendu des séances (*Debates in the House of Commons in 1625*. Camden Society, New Series, t. VI, 1873).

fût agréable, ne se contenta pas de remettre en vigueur les anciennes lois contre les catholiques, mais en fit encore proposer de nouvelles plus rigoureuses[1], et quant et quant offrit de faire chasser les François qui étoient auprès de la reine. Mais Dieu, qui confond les desseins des méchants, fit que le Parlement répondit qu'il falloit garder les promesses que le roi d'Angleterre avoit faites à S. M. Très Chrétienne ; mais que, s'il y avoit en elles quelques choses qui fussent contre le droit et les lois du royaume, il falloit châtier ceux qui les avoient accordées.

Le comte de Carlisle, avec cet esprit de mensonge qui ne le quitte jamais, dit impudemment tout haut, devant toute la compagnie, que S. M. Très Chrétienne et ses ministres lui avoient dit qu'ils n'entendoient pas que les articles concernant les catholiques fussent observés, et qu'ils n'en faisoient mention que pour contenter le Pape[2].

Mais cette fausseté étoit si évidente, et il étoit si

1. Voyez la lettre de Tillières au Roi, 18 août 1625 (Bibl. nat., ms. Dupuy 403, fol. 27). Buckingham annonçait que le Parlement l'obligeait à l' « exécution des anciennes lois contre les catholiques », mais promettait que, l'application « étant entre ses mains, il en useroit fort modérément ».

2. Le P. de Bérulle mentionne également, dans une lettre adressée le 31 août au Cardinal, les « assurances » données au Parlement d'Angleterre par Buckingham et Carlisle « que les promesses faites n'avoient point été requises du Roi Très Chrétien pour avoir effet, mais seulement pour apparence et pour prétexte au Pape de donner la dispense » (Aff. étr., Angleterre 33, fol. 219). D'après l'ambassadeur vénitien Zuane Pesaro, John Williams, lord Keeper s'était prononcé en faveur de l'exécution des engagements pris par le roi (dépêche du 21 août 1625, dans le *Calendar of State Papers*, *Venice*, p. 143).

hors d'apparence qu'un grand prince comme le roi eût pu traiter avec tant d'indignité et si peu de respect de la religion qu'il professe[1], que le Parlement, n'y ayant point d'égard, continua avec le même courage de procéder avec Buckingham, qui fut enfin contraint de le rompre, mais avec dessein de le remettre à peu de temps de là, se réservant[2] à tirer une si rude vengeance de tous ceux qui lui avoient été contraires en ce parlement-ci, que ceux qui seroient élus en l'autre appréhenderoient de recevoir le même traitement.

En ce temps, le comte de Tillières reçut ordre du Roi de traiter avec ledit duc de quelque chose concernant les affaires d'Allemagne, lui dire force paroles honnêtes de sa part, et lui recommander instamment l'affaire des catholiques, qui étoient extraordinairement persécutés, au préjudice des promesses et des serments qu'il avoit faits au contraire en faveur du mariage. Mais, comme s'il eût été mû par ses instances de faire encore pis, il poussa le roi de la Grande-Bretagne, dès le lendemain, à faire une proclamation contre eux plus rigoureuse et plus inhumaine encore que toutes celles qui avoient été auparavant[3].

1. Cette phrase ne se retrouve pas dans les *Mémoires* de Tillières, auxquels ont été empruntés en revanche les deux alinéas qui précèdent (p. 96).
2. Rédaction du manuscrit A : « Se résolvant à tirer si rude vengeance comme il fit de tous ceux qui lui avoient été contraires au parlement passé... » Cf. Tillières, *Mémoires*, p. 96, et Aff. étr., Angleterre 41, fol. 289 v°.
3. Première rédaction du manuscrit A : « plus inhumaine encore que toutes celles qui avoient jamais été ». Cet alinéa est un résumé de Tillières (*Mémoires*, p. 98). Une copie de la proclamation, datée du 14 août 1625, est conservée aux Aff. étr.,

Après cette action, ils menèrent la reine à Titchfield[1], maison du comte de Southampton; vers la mi-août, le roi s'en alla à la Forêt-Neuve, qui en est distante de trois ou quatre lieues.

Buckingham, pour la combler de tristesse, lui dit que le temps de l'affliction pour elle étoit venu, qu'elle ne seroit plus traitée en reine, mais comme elle méritoit. A quoi elle lui répondit fort sagement et modestement[2].

A quelque temps de là, on reçut nouvelle que le sieur de Blainville[3] devoit bientôt être envoyé, de la

Angleterre 33, fol. 217. « Elle renouvelle, écrit Bérulle dans la lettre citée plus haut, toutes les lois pénales qui ont jamais été faites et quelques-uns même disent qu'elle en ajoute de nouvelles. » Elle avait été annoncée au Parlement avant sa dissolution (*The Annals of King Charles the First*, p. 111).

1. Le roi chassait dans la New Forest et résidait à Beaulieu (Holborn), tandis que la reine séjournait à Titchfield, nord-ouest de Gosport (Hampshire), sur la rive opposée du « Southampton water ». La résidence de la reine avait été construite sous le règne de Henry VIII par le chancelier Wriothesley, comte de Southampton, sur les ruines d'une ancienne abbaye; elle appartenait alors à Thomas Wriothesley, quatrième comte de Southampton (1607-1667). C'est dans cette demeure que Charles Ier chercha refuge en 1647 et fut arrêté le 12 novembre par le colonel Hammond (Cassell, *Gazetteer of Great Britain and Ireland*, t. VI, p. 198).

2. Cf. les *Mémoires* de Tillières (p. 99) qui donnent de cet incident un récit détaillé.

3. Blainville avait été l'ami du maréchal d'Ancre et du duc de Luynes. « Esprit fort adroit dans les intrigues de la cour », écrit Bréval au duc de Lorraine le 30 août 1625 (Bibl. nat., Nouvelles acquisitions françaises 3145, fol. 298). Il arriva à Londres le 21 octobre 1625. Voyez l'abbé Houssaye, *l'Ambassade de M. de Blainville. Revue des questions historiques*, t. XXIII, p. 176-204. Herbault mandait le 24 octobre à Béthune

part du Roi, ambassadeur extraordinaire pour se plaindre de tant de contraventions qu'ils faisoient à ce qu'ils avoient promis, et informer S. M. de la vérité des déportements de la reine, dont les Anglois, pour excuser leur barbarie envers elle, se plaignoient.

On jugea à propos de dépêcher le Père de Bérulle en France, pour faire entendre la vérité de toutes choses au Roi et au Cardinal, afin d'avoir plus de lumière pour donner instruction à l'ambassadeur de ce qu'il avoit à faire[1]. Il arriva à temps pour cela.

Le duc de Chevreuse et sa cabale, qui n'étoit pas bien aise qu'il parût qu'il n'avoit pas mis en Angleterre les affaires au point qu'il devoit, et qu'un autre ambassadeur fût envoyé pour corriger les fautes qu'il avoit faites et donner un meilleur établissement à toutes choses, manda en Angleterre qu'on se devoit bien donner garde de rien faire en faveur dudit ambassadeur;

Qu'il n'étoit pas de si grande considération pour sa personne, qu'on dût beaucoup se soucier en France du traitement qu'on lui auroit fait; qu'on l'envoyoit comme un homme habile et le plus rusé qui fût en la cour; qu'il feroit gloire de les avoir trompés s'il obtenoit quelque changement d'eux au procédé qu'ils avoient tenu jusques ici[2].

L'ambassadeur, dès son arrivée, éprouva un effet

que Blainville était envoyé en Angleterre « pour accommoder les petites brouilleries qui étoient dans la maison de la reine et pour se plaindre de quelques édits publiés contre les catholiques » (Bibl. nat., ms. Français 3699, fol. 12).

1. Emprunt aux *Mémoires* de Tillières, p. 101.

2. Il n'est pas trace de cette intervention du duc de Chevreuse dans les *Mémoires* de Tillières.

de cette instruction. On n'envoya au-devant de lui qu'un vicomte ; on ne lui donna point de dais en sa chambre. En sa seconde audience, on ne le fit accompagner que par un baron[1].

Exposant au roi son ambassade, qui consistoit en deux points, savoir et le repos des catholiques et l'établissement de la maison de la reine, le roi lui répondit qu'il ne s'étoit rien fait contre les catholiques que pour le bien de son État ;

Que, pour la maison de sa femme, il en vouloit être le maître et en disposer à son gré ;

Qu'il a accordé à son parent le duc de Chevreuse tout ce qui se peut accorder, et que si d'autres en espèrent davantage ils se trompent.

Le sieur de Blainville lui repart que ce qu'il demande est au nom de son maître, et qu'il parle en qualité de son ambassadeur, et non comme Blainville, et que le duc de Chevreuse n'avoit rien dû ni pu obtenir qu'en cette même qualité[2].

Le roi ajouta alors que S. M. avoit fait un tour d'Espagnol d'avoir surpris Soubise au temps que l'on croyoit la paix être assurée[3].

1. Cf. la copie des *Mémoires* de Tillières, conservée aux Aff. étr., Angleterre 41, fol. 283 et suiv., à laquelle cette phrase est empruntée à peu près textuellement.

2. Tout ce qui précède est inspiré de Tillières, *Mémoires*, p. 105.

3. Ce passage est emprunté à un « mémoire envoyé de M. de Blainville au cardinal de Richelieu, reçu le jour de la Toussaint » (Aff. étr., Angleterre 26, fol. 473). « Le roi de la Grande-Bretagne même s'échappa à mon audience à me dire que le Roi avoit fait un tour d'Espagnol, n'osant prononcer le nom de supercherie, d'avoir surpris M. de Soubise dans le

Cette parole offensa Blainville. Il répondit néanmoins civilement que le Roi son maître ne se servoit point de l'exemple de personne, mais le donnoit à ceux qui vouloient agir généreusement.

Si les paroles du roi furent mauvaises, les effets furent encore pires. Il envoya, dès le jour même, querir le comte de Tillières, et lui commanda de faire prêter le serment à deux Anglois huguenots qu'il vouloit faire recevoir en la maison de la reine[1]. Ledit comte, Blainville et la reine eurent grande peine à esquiver ce coup.

Buckingham étoit encore à Plymouth, où il étoit allé pour donner ordre au partement de l'armée nationale pour Cadix[2], laquelle étoit commandée[3] par le comte

---

temps que l'on disoit la paix être assurée. » Les corrections que présente en ce point le manuscrit A permettent de conclure que toute cette partie des *Mémoires* a été revue successivement par Charpentier et Sancy. Cette phrase se présente en effet sous trois états (fol. 211 v°) : 1.° version du scribe : « Que le Roi avoit fait un tour d'Espagnol d'avoir surpris Soubise autant que l'on croyoit la paix être assurée » ; 2° correction de Charpentier : « Le roi ajouta que le Roi avoit fait un tour d'Espagnol » ; 3° correction de Sancy : « Le roi ajouta alors que S. M. avoit fait un tour d'Espagnol... »

1. Cf. Tillières, Aff. étr., Angleterre 41, fol. 295 : « Si les paroles sont mauvaises, les effets sont pires. Il fait dire au comte de Tillières dès le soir même par un nommé Gourdon qu'il veut qu'il fasse prêter le serment et recevoir serviteurs de la reine sa femme, deux Anglois huguenots. »

2. La flotte quitta Plymouth le 18 octobre. La ville de Londres avait fourni 1,000 hommes à l'expédition. Cf. Rég. Sharpe, *London and the Kingdom*, 1894, t. II, p. 94.

3. Le commandement de la flotte, primitivement réservé à Buckingham, fut confié à Sir Edward Cecil, vicomte de Wimbledon (1572-1638), assisté du comte d'Essex, « vice-admiral »,

de Denbigh[1], son beau-frère, homme de peu de sens et de nulle expérience en la mer[2].

Il revint à quelques jours de là à Salisbury[3] où étoient Leurs Majestés, vit Blainville, le paya de grands compliments, ne voulant venir avec lui à rien de particulier, espérant peut-être aller en France[4] de Hol-

et du comte Denbigh, « rear-admiral ». Ce dernier exerça provisoirement le commandement de la flotte du 24 octobre au 1er novembre, alors que Sir Edward dirigeait en personne les opérations sur terre (voyez *The voyage to Cadiz in 1625, being a journal written by John Glanville*, éd. A. B. Grosart. Camden Society, New Series, 1883, t. XXXII, p. 50). Commentant l'échec de l'expédition, Blainville écrit le 20 décembre au Cardinal : « Cette nouvelle afflige un peu cette cour et les partisans de Buckingham témoignent qu'il faut réparer cette faute, donnant secours à la Rochelle. Pour moi, j'estime qu'ils ne vous feront pas grand mal et qu'il est aussi aisé de les battre en France comme en Espagne » (Aff. étr., Angleterre 33, fol. 314).

1. Première rédaction du manuscrit A : « commandée par le comte d'Einby, beau-frère du duc ». La correction a été faite par Sancy. William Feilding, premier comte de Denbigh, né avant 1582, avait épousé Suzanne Villiers, sœur de Buckingham; il reçut le titre de comte de Denbigh le 14 septembre 1622; il accompagna le prince de Galles et Buckingham en Espagne, servit, au cours de l'expédition de Cadix (1625), comme rear-admiral, et reçut le commandement de la flotte envoyée en avril 1628 devant la Rochelle; blessé lors de l'attaque du régiment de Rupert sur Birmingham le 3 avril 1643, il mourut des suites de ses blessures le 8 avril. Voyez *Dictionary of National Biography*, 1889, t. XVIII.

2. Emprunt aux *Mémoires* de Tillières, p. 101 : « Le général qu'on envoyoit pour la [l'armée navale] commander... étoit sans nulle expérience de la mer et homme de peu de sens. »

3. Salisbury, chef-lieu du comté de Wilts, au confluent du Bourne et du Nadder.

4. Dès le 15 novembre, Bréval mandait au duc de Lorraine

lande, où son maître l'envoyoit en ambassade extraordinaire.

Blainville crut être obligé de donner avis particulier au Roi de tout ce qui se passoit, et lui envoya son secrétaire, le 2ᵉ de novembre, pour l'informer de toutes choses[1].

le bruit d'un voyage de Louis XIII à Amiens : « Je crois que le vrai motif est le retour de Hollande du duc de Buckingham, qui veut voir le Roi en passant, lequel ne désire pas qu'il vienne ici pour beaucoup de raisons générales et particulières, publiques et domestiques, que V. A. jugera bien » (Bibl. nat., Nouvelles acquisitions françaises 3145, fol. 388).

1. Première rédaction du manuscrit A : « Pour savoir sa volonté sur six points. Le premier sur les domestiques de la maison de la reine, que le roi d'Angleterre, contre le traité du mariage, vouloit mettre à sa fantaisie et de sa secte; le deuxième, quelle instance il devoit faire sur le mauvais traitement des catholiques; le troisième, touchant la restitution des vaisseaux que Soubise avoit avec lui, et particulièrement de celui de Saint-Jean; le quatrième sur les vaisseaux anglois qui avoient servi le Roi en son armée, lesquels le roi de la Grande-Bretagne demandoit lui être renvoyés. Ces vaisseaux étoient sept de huit qu'on avoit promis, le capitaine du huitième, n'ayant pas voulu dès le commencement servir le Roi, s'en étant enfui de nuit. De ces vaisseaux, les six étoient marchands et avoient été par permission du roi d'Angleterre nolisés au nom de S. M. pour dix-huit mois, le septième étoit un vaisseau du roi d'Angleterre. Le cinquième, si la reine devoit recevoir les dames de lit huguenotes que Buckingham lui faisoit présenter par le roi. Blainville ajouta son avis qui étoit que, par la douceur, jamais ambassadeur n'avoit avancé ni n'avanceroit rien en Angleterre, vu qu'ils abusoient de la civilité et particulièrement qu'on leur pouvoit mettre le marché en la main, en ce temps auquel ils avoient grand besoin des quatre cent mille écus restant du mariage; que Buckingham étoit en mauvaise intelligence avec le Parlement; qu'ils étoient en guerre ouverte avec les Espagnols, en ligue avec leurs alliés pour

Le Cardinal pour réponse[1] lui donna charge de dire à Buckingham qu'on n'auroit pas sujet d'ajouter foi aux promesses qu'il faisoit en ses entreprises qu'il proposoit, s'il manquoit non seulement aux paroles qu'il avoit données par le passé, mais à des articles d'un contrat de mariage, entre lesquels un des principaux est que tous les domestiques de la reine seront catholiques; que si on vouloit avec violence la contraindre à en recevoir d'autres, elle craindroit qu'on la voulût enfin passer jusques à sa personne et la forcer en sa religion[2].

le recouvrement du Palatinat et en crainte que le Roi prît volonté de faire la paix avec le roi d'Espagne: que le mal étoit qu'ils étoient ponctuellement avertis de France de toutes les affaires par personnes qui, pourvu qu'ils ruinassent son ambassade, ne se soucioient pas du public; et que, si on lui donnoit ordre de témoigner avec courage et paroles hardies le ressentiment que le Roi avoit de leur mauvaise conduite en ce qui le regardoit, assurément (pourvu que cela fût secret) ils en seroient étonnés, pour ce qu'on leur donnoit tous les jours avis de ne se point relâcher et tenir bon et ne rien craindre du côté de la France, vu que la crainte fait tout faire au Conseil de France, où personne n'oseroit donner au Roi un conseil hardi; enfin que Buckingham, quoiqu'il fît le bravache, appréhendoit une rupture. » Tout ce passage a été supprimé par Sancy lors de la révision du manuscrit A.

1. Ici commence un long emprunt à une lettre du Cardinal du 11 novembre 1625, dont la minute, écrite par Charpentier, est conservée aux Aff. étr., Angleterre 33, fol. 274. Cette minute porte en tête un renvoi au 22ᵉ cahier des *Mémoires* : « en la feuille 22 », et présente des corrections de temps et de style faites tant par Charpentier que par Sancy. Malgré ce travail préliminaire, des modifications nouvelles ont été apportées par Sancy sur le manuscrit A.

2. Première rédaction du manuscrit A : « Le Cardinal, par commandement du Roi, lui répondit qu'on ne pouvoit penser

[1625]   DE RICHELIEU.   155

Quant à ce qu'ils prétendoient être aussi bien fondés à se mêler de nos huguenots[1], comme le Roi l'étoit à agir pour les catholiques d'Angleterre, il leur devoit répondre qu'il ne demandoit pour lesdits catholiques que ce qui avoit été promis par le roi d'Angleterre même, et eux demandent pour les huguenots non une chose due comme promise, ni une grâce pour des

en France comme Buckingham, qui faisoit tout en Angleterre, se pouvoit excuser de faire exécuter les choses solennellement promises par un traité de mariage, vu qu'il seroit difficile qu'on pût ajouter foi aux promesses qu'il veut faire dans ses entreprises à l'avenir, s'il manque non seulement aux paroles qu'il a données par le passé, mais à des articles d'un contrat dont il veut bien qu'on lui attribue la gloire et qui sont si authentiques comme sont ceux d'un mariage fait non seulement pour lier deux personnes, mais deux couronnes; qu'il lui devoit témoigner ouvertement que l'inobservation de ce qui avoit été promis ne pouvoit être continué avec la conservation d'une bonne intelligence avec la France et de l'amitié du Roi, ni même de la reine sa maîtresse. Si nonobstant tel langage ils se portoient à l'extrémité de vouloir mettre des officiers protestants dans la maison de la reine, elle seroit très bien fondée à les refuser tout à plat et leur défendre l'entrée de sa maison, leur disant avec modestie, mais force et vigueur, qu'elle ne les pourroit souffrir, parce que, si on usoit de violence pour ce qui étoit stipulé pour ses domestiques en faveur de son mariage, elle craindroit qu'on la voulût continuer et augmenter jusqu'à sa personne en ce qui la concerne pour la liberté de sa religion. En tel cas, elle pourroit encore parler au roi son mari, qui, sans doute, ne se résoudroit jamais à mépriser ses sentiments et la raison tout ensemble. »

1. Ce début d'alinéa se présente sur le manuscrit A sous trois formes successives : première version (conforme à Angleterre 33, fol. 274) : « Que quant à ce qu'il a poursuivi en faveur des catholiques, on se moque en Angleterre quand on fait semblant de le trouver mauvais et de croire qu'ils sont aussi bien fondés à parler des huguenots... » Deuxième ver-

innocents, mais impunité et récompense pour des rebelles, et ce contre les règles de tout État.

En ce qui regardoit la demande des vaisseaux que Soubise avoit pris au Roi et volés à ses sujets, que les Anglois ne se pouvoient exempter d'y répondre favorablement, vu qu'il s'agissoit non de grâce mais de justice, qui en pareil cas ne pourroit être déniée ni par le Pape au Turc, ni par les Anglois au Pape, et qu'en effet la détention de ces vaisseaux ne pouvoit être continuée sans manifeste hostilité, ce qu'il leur devoit dire fortement[1].

Et que S. M. en useroit bien autrement envers le roi son frère; car, puisqu'il désiroit la roberge qu'il lui avoit prêtée, quoiqu'on n'eût jamais cru que ce fût pour un temps si court, le Roi étoit tout près de la lui renvoyer.

Pour les six vaisseaux loués de marchands anglois, le marché étant fait pour autant de temps qu'on s'en voudroit servir, S. M. devoit présupposer que le roi son frère étoit bien aise qu'en faisant gagner ses sujets il se servît de leurs vaisseaux[2].

sion, revue par Sancy : « Quant à ce, lorsqu'il avoit poursuivi quelque faveur aux catholiques, on s'en étoit moqué en la cour et avoit-on fait semblant de le trouver mauvais et de croire qu'ils étoient aussi bien fondés à parler des huguenots. » Troisième version, corrigée par Sancy; c'est celle qui est passée dans le manuscrit B : « Quant à ce qu'ils prétendoient être aussi bien fondés à se mêler de nos huguenots. »

1. Angleterre 33, fol. 274 v° : « fortement et nettement à mon avis ». La correction a été faite sur la minute même.

2. Le passage suivant de la lettre du Cardinal, d'abord reproduit dans le manuscrit A, a été finalement supprimé : « Qu'il falloit bien faire remarquer le procédé du Roi qui s'exempteroit, s'il vouloit, de renvoyer la roberge, même en ce

Le Cardinal ajoute qu'il étoit nécessaire qu'il remerciât le roi de la Grande-Bretagne de ce qu'il n'avoit pas voulu voir Soubise, et qu'ainsi que par art il devoit agir avec humilité en semblables occasions, il falloit qu'à l'opposite il agît par raison avec fermeté aux [1] autres, pour ce qu'en un mot il verroit, par expérience, que l'humeur des Anglois est telle que nous ferions toujours concert de musique avec eux : si nous parlons bas, ils parleront haut; et parce qu'il y a avantage à tenir le dessus, il seroit bon qu'il prît en certaine occasion un ton si haut qu'ils ne puissent le renvier [2].

Que [3] l'extraordinaire insolence et rébellion de la Rochelle faisoit que le Roi, voulant donner la paix à tous les bons huguenots de son royaume, étoit résolu d'humilier et mettre à raison cette ville; partant il

que, quand le sieur d'Effiat revint d'Angleterre, il apporta une lettre du roi de la Grande-Bretagne au Roi, qui portoit en termes exprès qu'il pouvoit retenir les vaisseaux pour autant de temps qu'il étoit porté par le contrat, par lequel il est à noter qu'il est libre à S. M. de s'en servir dix-huit mois si bon lui semble; qu'offrant de renvoyer ce vaisseau, quoiqu'il n'eût de rien servi, il seroit à propos d'en faire de grands remerciements pour prendre en certaines choses un procédé du tout au contraire au leur. »

1. Ici commence le 23ᵉ cahier du manuscrit A, ainsi résumé par Charpentier (fol. 216) : « Dessein de Buckingham de venir en France. Son voyage en Hollande. Les Hollandois retirent leurs vaisseaux de France. Procédé de Buckingham vers la France et la reine d'Angleterre. Envoi du sieur Bautru en Angleterre. »

2. Faire un renvi; terme du jeu de brelan.

3. Cet alinéa est emprunté à une autre minute de Richelieu à Blainville, datée de Noisy, 10 novembre 1625 (Angleterre 33, fol. 276). Le commencement et la fin du passage à transcrire ont été indiqués au copiste à l'aide des lettres n et o.

jugeroit bien qu'il n'étoit pas à propos de rompre avec les Anglois, mais que, pour éviter cet inconvénient, le meilleur moyen étoit de leur témoigner qu'on ne l'appréhendoit pas[1].

Que la froideur avec laquelle ils se portoient aux actions dont l'utilité est commune à toute la chrétienté, et la chaleur avec laquelle ils témoignoient vouloir embrasser celles qui nous sont préjudiciables en faveur des huguenots n'avanceroient ni ne retarderoient le Roi en ses desseins;

Qu'on ne pouvoit croire le roi d'Angleterre si mal conseillé qu'il se voulût porter à une action dont toute la chrétienté lui donneroit du blâme, en un temps où le Roi n'avoit les armes en la main contre les étrangers que pour libérer d'oppression ses alliés[2], et que l'occupation qu'il[3] donne à l'Espagne[4] favorise ses intérêts particuliers en Allemagne, au lieu que ceux de S. M. sont seulement dans le bien commun[5].

1. La lettre du 11 novembre contenait ici un alinéa qui n'a point été reproduit par les *Mémoires* : « Ils font les fins sur le sujet de Mansfeld et pensent, en méprisant le secours que le Roi leur donne, obliger à en faire davantage. Il est de votre dextérité de leur témoigner clairement que, s'ils n'estiment cette assistance ni utile ni nécessaire à leurs affaires, le Roi sera bien aise de le savoir pour, selon leur avis, prendre ses mesures et se décharger à l'avenir des dépenses qu'ayant en partie commencées en Allemagne, pour l'intérêt de la Valteline, il ne peut plus être obligé de les continuer, si ce n'est pour la considération du Palatinat. »

2. Angleterre 33 et première rédaction du manuscrit A : « ceux qui sont de sa créance ».

3. Le roi d'Angleterre.

4. L'expédition de Cadix.

5. Ici suit, dans Angleterre 33, un long passage qui porte

Pour conclusion, que, si Buckingham continuoit le dessein de son voyage de France, il lui dît franchement qu'il avoit reçu des nouvelles de France, par lesquelles il avoit appris une chose dont il n'étoit point en doute, qui étoit que, s'il y vouloit aller comme ami de l'État et affectionné au Roi, après avoir refusé au Roi tous les contentements qui ne lui pouvoient être déniés avec justice, comme sont ceux des articles promis par le traité de mariage, tant en faveur des catholiques que pour la maison de la reine, et la restitution des vais-

---

quelques corrections de Charpentier, mais n'est pas entré finalement dans les *Mémoires :* « On croit que M. de Buckingham pensera à sa conscience si, lui offrant l'amitié de la France et de la reine sa maîtresse, vous lui dites franchement que, s'il les estime inutiles, vous serez bien aise de le savoir, afin que LL. MM. n'ignorent pas l'état qu'elles doivent faire de son affection; en cette action vous direz peu pour laisser beaucoup à penser, en vous réservant toujours lieu d'explication, jusques à ce que la rupture soit ouverte entre l'Angleterre et l'Espagne. Quant à sa sœur et à sa femme, c'est à vous et au sieur de Mende de juger si on les peut mettre en la maison de la reine, sans préjudice, et, en cas qu'il le faille faire, prendre le temps si à propos que cette faveur nous en vaille une autre, et qu'ils ne pensent pas avoir emporté de haute lutte ce qu'ils devront à la seule courtoisie du Roi. Vous devez poursuivre le rétablissement du sieur Luquenard puissamment, puisqu'il ne peut être chassé que pour être catholique ou pour avoir servi la France. Le Roi est résolu de suivre l'avis que vous donnez de témoigner son indignation à ceux qui le desservent en ces occasions; il battra le chien devant le lion, afin que la peur fasse envers les plus élevés le même effet que la punition envers les autres. Au reste, si ces Messieurs [corrigé en « les Anglois »] continuent à mépriser la France, ils contraindront le Roi à s'accommoder avec ceux qu'ils n'aiment pas. M. de Chevreuse a écrit de lui-même à M. de Buckingham sur ce sujet comme il faut; vous verrez ce que produira son entremise. »

seaux du Roi, il pouvoit bien juger qu'il ne pourroit ni ne devroit y être bien reçu.

Que, pour lui montrer que ce n'étoit que la nature des affaires qui oblige les princes à certaines choses, desquelles il ne faut jamais qu'ils se relâchent, et qui en ce cas empêcheroit sa bonne réception, il le pouvoit bien assurer qu'ayant mis ordre aux choses susdites, et ajusté avec lui les affaires d'Allemagne en sorte qu'il n'y eût plus qu'à les signer en France, il y seroit très bien reçu par le Roi, qui l'affectionneroit toujours s'il ne le forçoit à faire le contraire.

De plus, on[1] donna pouvoir audit Blainville de parler et d'agir selon qu'il verroit être de la dignité du Roi, et le Cardinal lui manda que ce seroit à lui d'en user en sorte que le succès en revînt au compte de S. M., s'avançant ou se retenant, selon qu'il verroit que le temps et les occurrences lui en donneroient lieu[2] ;

Qu'on ne jugeoit pas que, si Buckingham étoit sage, il voulût porter les affaires à l'extrémité, vu le peu de créance que l'Allemagne et tous les étrangers avoient de leurs forces, et la connoissance qu'eux-mêmes devoient avoir que, sans la France, ils ne pouvoient rien faire contre l'Espagne, et que, s'ils nous fâchoient, on pourroit facilement s'accommoder avec elle, et entrer en intelligence avec Bavière, jusqu'à un point qu'ils seroient à jamais frustrés du Palatinat[3] ;

1. Première rédaction du manuscrit A : « il fit aussi que le Roi donna... ».
2. Comparez Angleterre 33, fol. 276 : « Ce sera à vous d'user de votre pouvoir en sorte que le succès en revienne au compte de S. M., vous avançant ou retenant selon ce que vous verrez que le temps et les occurrences vous en donneront lieu. Un homme sage est tout averti. »
3. Première rédaction du manuscrit A : « Joint encore les

[1625] DE RICHELIEU. 161

Mais néanmoins que, nonobstant tout cela, il falloit craindre l'aveuglement et la brutalité des Anglois et la passion de Buckingham, qui les pourroit faire passer par-dessus la considération de leur bien, principalement le roi son maître n'ayant point d'yeux que les siens[1], et partant que c'étoit à lui à avoir l'œil ouvert à tout et tenir le Roi bien averti[2].

Blainville[3], ayant reçu cette dépêche, s'en servit

raisons particulières que ledit Blainville avoit déduites en sa lettre. » Cet alinéa était beaucoup plus développé dans la dépêche originale : « La condition de leur pays qui, quoique puissant à se défendre à raison de sa situation, est impuissant au dehors faute d'argent, l'engagement auquel ils sont entrés contre l'Espagne, le besoin qu'ils ont de retirer le Palatinat, le peu de créance que l'Allemagne et tous les étrangers ont de leur force et de leur puissance, la connoissance qu'ils ont que sans la France ils ne peuvent rien faire contre l'Espagne, leur légèreté ordinaire qui, les portant aisément à tenter beaucoup, les ramène aussi facilement d'une extrémité à l'autre, n'ayant souvent autre remède à leurs mauvaises entreprises que de les quitter tout à fait. Si ces Messieurs se joignent avec nous pour entreprendre quelque chose de grand, leurs rodomontades ne seront pas suivies de mauvais effets pour nous; quoique leur passion les aveugle souvent, ils ont assez de jugement pour connoître que, s'ils portoient France à l'extrémité, elle pourroit fort aisément s'accommoder avec l'Espagne et entrer en intelligence avec Bavière, jusques à un point qu'ils seroient pour jamais frustrés du Palatinat. »

1. Ce début de phrase ne figure pas dans la dépêche originale.

2. Comparez Angleterre 33, fol. 275 : « J'estime que, quoi qu'on dise et quelque volonté qu'on ait, les affaires d'Angleterre ne permettent pas de venir à une rupture ouverte avec nous. Ce sera cependant à vous à avoir l'œil ouvert à tout et à tenir le Roi bien averti. »

3. Première rédaction du manuscrit A : « Blainville, ayant reçu cette dépêche, s'en servit avec toute l'adresse qu'on pou-

avec toute l'adresse qu'on pouvoit désirer ; mais, quoi qu'il fît, si ne put-il retenir Buckingham qu'il ne partît sans rien conclure avec lui pour aller en Hollande[1] faire alliance entre les États, le roi de Danemark et le roi son maître, pour le rétablissement du Palatin, sous le prétexte général de la liberté de Germanie[2].

Il y fit le 9ᵉ décembre une alliance avec eux[3] et le roi de Danemark, non pas offensive et défensive comme il eût bien désiré et comme ils en avoient, le 12 juin de la même année, fait une avec les États, qui devoit durer jusqu'à ce que le Palatin fût rétabli et que la maison d'Autriche cessât de rien prétendre sur les Provinces-Unies.

Par cette dernière, les Hollandois s'obligeoient de payer cinquante mille florins par mois au roi de Danemark et les Anglois cent mille pour l'entretènement de son armée, et de faire encore une autre armée navale pour renvoyer en Espagne. Ils avoient arrêté qu'ils prieroient le Roi d'y vouloir entrer ; mais notre ambassadeur s'en démêla, leur remontrant que leur demande leur étoit préjudiciable, pour ce qu'ils pour-

voit désirer. Buckingham néanmoins, sans rien conclure avec lui, s'en va en Hollande pour faire alliance... »

1. « Le duc de Buckingham s'est embarqué le 15 de ce mois pour aller en Hollande, accompagné de vingt navires dont il y en a six au roi et quatorze appartenant à la bourse de Londres. » Lettre de l'évêque de Mende au Cardinal, Hamptoncourt, 21 novembre 1625 (Aff. étr., Angleterre 33, fol. 280).

2. Ici figurait primitivement dans le manuscrit A un « Avis de ce qu'il faut faire sur le voyage de Buckingham ». Nous en donnons le texte à l'appendice IV du présent volume.

3. Voyez le texte du traité de la Haye du 9 décembre 1625 (*Calendar of State Papers, Venice*, t. XIX, p. 257).

roient maintenant se servir de la puissance entière du Roi et que c'étoit la partager de l'obliger à la garde de son propre État[1].

Après qu'il eut achevé sa négociation en Hollande, il désira passer en France; mais ledit ambassadeur du Roi lui témoigna que[2], sur l'inexécution des traités, S. M. ne pouvoit approuver son dessein qu'on ne lui eût premièrement donné contentement sur les articles qu'on lui avoit promis. Cela le fâcha si fort que, pour s'en venger, il fit que les Hollandois rappelèrent l'amiral Haultain, avec les vaisseaux hollandois qu'il commandoit, un desquels étoit avec Mantin à l'entrée du

1. Voyez la dépêche d'Herbault à Béthune du 5 décembre 1625 : « Le duc de Buckingham est encore en Hollande, qui fait son compte de venir trouver le Roi à son retour ; ce sera volontiers pour lui faire quelque proposition sur la nouvelle ligue faite par son maître, à quoi le Roi ne s'engagera point, s'en étant déjà déclaré » (Bibl. nat., ms. Français 3669, fol. 28), et la lettre d'Espesses à Ocquerre, du 1er décembre : « Ce duc paroît ici avec une merveilleuse pompe et fait ostentation de sa faveur avec des vanités très affectées » (ms. Français 3685, fol. 134 v°).

2. Les instructions envoyées à Espesses le 8 novembre (Bibl. nat., ms. Français 3685, fol. 122) lui donnaient pour mission de « divertir et d'empêcher le voyage du duc de Buckingham en cette cour ». Elles furent modifiées par une dépêche datée du 7 décembre. « Vous lui direz, écrivait le Roi à son ambassadeur, que je ne puis croire qu'il voulût venir en France sans dessein de m'apporter satisfaction sur tous les chefs qui lui ont été proposés en Angleterre par le sieur de Blainville et l'évêque de Mende, et, s'il y vient avec volonté de me contenter sur iceux, il y sera très bien venu, mais que, si cela n'est point, je serois fâché que la raison d'État ne me permît pas de l'y bien recevoir comme il désireroit » (Bibl. nat., ms. Français 3686, fol. 27). Mais cette dépêche ne parvint à M. d'Espesses qu'après le départ de Buckingham.

havre de Portsmouth[1], où ils tenoient Soubise assiégé[2].

Ils prirent leur prétexte sur ce que le Roi, disoient-ils, n'avoit plus d'ennemis, puisque S. M. les avoit vaincus, et partant qu'ils n'étoient pas obligés de lui prêter davantage leurs vaisseaux.

Le Roi en ayant avis, tous ceux de son Conseil pensoient qu'il n'y avoit nul remède à ce mal : le Cardinal seul tint bon et dit au Roi que les Anglois et les Hollandois le vouloient, par ce moyen, contraindre de faire la paix avec les huguenots, ce qu'il ne falloit jamais qu'il fît par contrainte, mais avec la gloire et la réputation qui étoient dues à S. M. ;

Qu'il étoit assuré que, menaçant les Hollandois de dénier le secours annuel qu'on leur donne en argent, au cas qu'ils voulussent dénier la continuation de leur flotte au service du Roi, ils seroient contraints de la donner.

---

1. Manuscrits A et B : « Porchemut ». Inexactitude des *Mémoires*. Soubise s'était réfugié dans le havre de Falmouth, port de la côte méridionale du comté de Cornwall, à quarante-trois kilomètres sud-ouest de Bodmin et quatre-vingts kilomètres de Plymouth.

2. Cet alinéa était plus développé dans la première version du manuscrit A. Le texte primitif, modifié ensuite par Sancy, était le suivant : « Il [Buckingham] sollicita particulièrement les États de rappeler l'amiral Haultain avec ses vaisseaux, que nous avons dit ci-devant avoir accompagné Mantin en la poursuite de Soubise, qui, après la défaite de l'armée navale des rebelles, s'en étoit fui en Angleterre, les habitants de la côte de laquelle, à son arrivée, servirent à sa défense. Ledit Soubise avoit avec lui le vaisseau nommé *Saint-Jean*, qu'il avoit pris au Port-Louis, et quelques autres vaisseaux françois qu'il avoit volés. Blainville en demanda la restitution, laquelle on lui refusa et, non content de cela, ils sollicitèrent en Hollande que l'on rappelât Haultain. »

Lui-même[1] prit la commission d'en parler au sieur Aerssen[2], leur ambassadeur, et lui dit que, si MM. les États persistoient en la résolution du refus de leurs vaisseaux, S. M. auroit lieu de croire qu'ils ne voudroient pas contribuer à la prospérité de ses affaires et qu'ils seroient capables des impressions que ceux qui voudroient traverser son service leur pourroient donner; que la ligue qu'ils avoient signée à la Haye n'auroit pas pour but la liberté de l'Empire et l'abaissement d'Espagne, mais bien celui de la religion catholique, de tous les princes qui la professent, et particulièrement le sien[3];

1. La source de ce qui suit est une dépêche adressée le 24 décembre par le Roi à l'ambassadeur d'Espesses et dont copie est conservée à la Bibl. nat., ms. Français 3686, fol. 42.
2. François d'Aerssen, dont la mission a déjà été mentionnée par les *Mémoires*, p. 98, arriva à Paris le 23 novembre; « il est logé et défrayé par présent, écrit Potier d'Ocquerre à Espesses le 25 novembre, à l'hôtel des ambassadeurs extraordinaires et le sera jusques au jour de l'audience » (Bibl. nat., ms. Français 3686, fol. 3 v°). Une dépêche de l'ambassadeur vénitien Morosini, 12 décembre, nous apprend qu'Aerssen avait reçu mission de demander le retour en Hollande des vingt vaisseaux (*Calendar of State Papers, Venice*, t. XIX, p. 245).
3. Comparez le passage correspondant de la dépêche du 24 décembre : « Ce changement m'a obligé de faire connoître au sieur Aerssen, leur ambassadeur extraordinaire, que, si lesdits sieurs les États persistent en la résolution du refus, j'aurai lieu de croire qu'ils ne veulent pas contribuer à la prospérité de mes affaires et qu'ils seroient capables des impressions que ceux qui les voudront traverser leur pourroient donner; que la ligue qu'ils ont depuis peu signée à la Haye n'auroit pour but la liberté de l'Empire ni l'abaissement d'Espagne, mais bien celui de la religion catholique, de tous les princes qui la professent et particulièrement le mien. »

Qu'il ne pouvoit assez s'étonner de ce refus; que ce qui l'en fâchoit le plus[1] étoit que, s'ils y persistoient, ils feroient, par ce moyen, connoître à tout le monde que, bien que la France les ait toujours protégés, ils feroient difficulté de l'assister contre des rebelles, parce qu'ils seroient protestants comme eux, bien qu'ils ne se fussent soulevés que lorsqu'ils auroient vu le Roi puissamment armé pour assister ceux qui professent leur même créance; ce qui feroit que S. M. ne pourroit avec honneur leur continuer son assistance contre un prince catholique, aussi peu entrer directement ou indirectement en la ligue faite à la Haye, ains au contraire seroit contrainte de prendre des pensées opposées[2];

Que le Roi seroit bien fâché[3] d'être réduit, contre sa volonté, à cette extrémité; qu'il savoit bien que MM. les États considéroient son affection et témoigneroient par effet l'avoir en la considération qu'il méritoit et qu'il désiroit; qu'en ce cas, il abandonneroit plutôt tous ses intérêts que les leurs.

Pour conclusion, il lui fit connoître qu'il désiroit particulièrement deux choses de lui :

L'une, qu'il écrivît à MM. les États par un courrier que S. M. dépêcheroit, et qu'il n'omît aucune chose de ce qui pouvoit les porter à le contenter; l'autre, qu'il mandât à l'amiral Haultain qu'il attendît avec patience un nouvel ordre de MM. les États[4].

---

1. Dépêche du 24 décembre : « ce que je trouve le plus mauvais ».

2. La dépêche originale et la première version du manuscrit A portaient : « des pensées contraires »; la correction a été faite sur le manuscrit A afin d'éviter une répétition.

3. Dépêche du 24 décembre : « très marri ».

4. Voici le texte de la dépêche : « Pour conclusion, j'ai fait

Il promit et fit le premier. Il ne voulut pas s'engager au second; mais on y suppléa, car on sut si bien traiter avec Haultain, qu'on lui persuada d'attendre un nouvel ordre, lequel vint peu de temps après, en vertu de la lettre d'Aerssen et de la poursuite qu'en fit l'ambassadeur du Roi en Hollande, selon les ordres qui lui en furent donnés.

Mais le Cardinal, qui savoit qu'il ne faut jamais, en affaire d'importance, prendre assurance en la foi d'autrui, mais en sa propre puissance, et qui prévoyoit bien que, quoi que les Hollandois dissent, ils n'étoient pas contents de voir leurs vaisseaux employés contre leurs frères[1] et ne les laisseroient pas longtemps au service du Roi, donna charge quant et quant à Launay-Rasilly[2] d'amener, en toute diligence, six des plus

---

connoître que je désirois particulièrement deux choses de lui, l'une qu'en écrivant auxdits sieurs les États, il n'omette aucune chose pour les porter à me donner contentement, l'autre qu'il écrive à l'amiral Haultain qu'il attende avec patience un nouvel ordre desdits sieurs les États. » Ici s'arrête l'emprunt des *Mémoires*. Le Roi ajoutait que, si les États pouvaient lui céder les six vaisseaux dont l'achat était négocié à la Haye, il serait disposé à rendre le reste de la flotte, bien que le traité conclu par Bellujon lui en accordât libre disposition pour dix-huit mois. Bautru, dépêché spécialement auprès de l'ambassadeur, devait le renseigner plus amplement à cet égard.

1. L'attitude des Hollandais est commentée par le Cardinal dans une note qu'a publiée M. G. Hanotaux : *Maximes d'État et fragments inédits*, p. 64 : « La retraite des flottes hollandoises... justifie au Roi quels sont les hérétiques pour lui et comme, quelque traité et alliance qu'ils aient, ils ne les gardent pas qu'en temps qu'elles sont à leur profit. »

2. Claude de Rasilly, dit Launay-Rasilly. Né à Tours en décembre 1593, frère d'Isaac de Rasilly; il sert sur mer; il est successivement capitaine de l'un des vaisseaux du Roi, lieute-

grands vaisseaux qu'il pourroit trouver à Saint-Malo, en payant le nolis; ce qui réussit si à propos, que ces vaisseaux arrivèrent à la Rochelle trois jours après que les Hollandois, par un secret ordre qu'ils reçurent de Hollande, s'étoient retirés[1]. Le seul dommage que le Roi en reçut fut que Mantin, demeurant plus foible que Soubise à Portsmouth, fut contraint de le laisser là, et de s'en revenir.

Si Buckingham montra un cœur si envenimé contre nous en Hollande, il ne revint pas en Angleterre avec dessein de nous y faire mieux.

Il avoit donné charge au comte de Carlisle, en partant, de faire tous les mauvais offices qu'il pourroit à la reine et à tous ceux de sa suite, pour préparer la voie à un bannissement général de tous les François, dont on parloit assez ouvertement en la maison du roi. Il ne manqua pas d'en faire naître plusieurs occasions et ne laissa perdre aucune de celles qui se présentèrent.

Blainville faisant grande instance qu'on lui remît entre les mains les vaisseaux de Soubise, l'un desquels il avoit volé au Port-Louis[2], les autres aux sujets

---

nant général au gouvernement de Brouage, commandant des île et fort d'Oléron en 1627, premier chef d'escadre des vaisseaux du Roi en Bretagne et vice-amiral de ses armées navales (1637); ambassadeur en Angleterre; mort au château de Velort le 22 mai 1654 (voyez *Généalogie de la famille de Rasilly*, p. 338). Le même ouvrage mentionne la mission accomplie le 5 novembre par Rasilly à Saint-Malo, où il acheta notamment le *Saint-Louis* et la *Marguerite*.

1. Le 3 février 1626 (Ch. de la Roncière, *Histoire de la marine française*, t. IV, p. 479).

2. Le « *Saint-Jean* qui fut dérobé au Roi à Blavet » (lettre

du Roi, on éluda toujours sa poursuite par diverses excuses hors de toute raison.

Les ports furent fermés[1]; Blainville voulant envoyer son secrétaire en France, ils l'arrêtèrent prisonnier et le maltraitèrent.

Davantage, le roi ayant donné congé à un des principaux officiers de la reine[2], elle ne put jamais le détourner de ce dessein, qu'elle ne se fût mise à genoux pour l'en supplier.

Le comte de Carlisle, peu de jours après, comme si c'eût été avoir gagné un empire que d'avoir ainsi, hors de sujet, fait humilier cette jeune princesse, poussa le roi son maître à faire une nouvelle proclamation d'une cruauté inouïe contre les catholiques[3].

Leur flotte, qui ne fit nul effet en Espagne, retourna, en ce temps-là, maltraitée en Angleterre, rencontra trois ou quatre de nos vaisseaux, dont aucuns venoient d'Espagne. Ils prirent les uns, sous couleur qu'ils n'avoient voulu amener les voiles, et les autres, sous prétexte qu'ils étoient chargés de marchandises appartenantes aux Espagnols.

On les redemanda avec grande instance. On prouva

de Mantin à Blainville, s. d. Bibl. nat., ms. Français 3693, fol. 60). Première rédaction du manuscrit A : « l'un desquels il avoit volé au Port-Louis, les autres à ses sujets ».

1. Première rédaction du manuscrit A : « les ports furent fermés en Angleterre ».

2. Dalmeras, secrétaire de la reine (Aff. étr., Angleterre 33, fol. 151). Cet incident est longuement rapporté par Tillières, *Mémoires*, p. 109.

3. Une copie de l'édit royal du 20 novembre 1625 « pour la suppression de la religion papiste » est conservée aux Arch. nat., M 232.

que le bien appartenoit aux sujets du Roi. L'un d'eux, qui étoit du Havre, fut relâché parce que le gouverneur de la place avoit, par représailles, arrêté quelques Anglois.

Les marchandises des autres furent vendues à vil prix, à la vue de Blainville, et ne fut pas permis aux marchands à qui elles étoient de les retirer à l'encan pour le prix auquel les autres les achetoient[1].

Buckingham arrive là-dessus, fait semblant d'être marri qu'en son absence on ait fait ces choses, met la faute sur Blainville, la présence duquel il dit être nuisible aux affaires; qu'il adouciroit l'esprit du roi tant qu'il pourroit, bien qu'il eût été traité en Hollande un peu rudement de la part de la France.

Au lieu de le faire, il s'en alla aux champs pour laisser plus facilement, en son absence, traiter mal la reine et les catholiques, sans en pouvoir être apparemment accusé.

Bien que toutes ces choses se fissent en suite du dessein qu'ils avoient pris dès le commencement de chasser les François, il n'osa pas néanmoins se porter alors à cette extrémité, et pendant qu'il fut éloigné les affaires demeurèrent au même état qu'elles étoient; mais celles qui concernoient l'ambassadeur alloient toujours en empirant[2].

1. Voyez la dépêche de Blainville du 29 décembre : « La résolution que le Roi a projetée d'arrêter les vaisseaux anglois a mis un peu l'alarme parmi les marchands. Cela a été cause que Buirlemae m'est venu trouver pour me prier de donner ordre que cela ne s'exécutât pas en France et qu'assurément on auroit justice en ces quartiers dans dix ou douze jours au plus tard » (Angleterre 33, fol. 315). Cet incident n'est pas rapporté par Tillières.

2. Comparez Tillières, *Mémoires*, p. 110.

Le Cardinal, averti de toutes ces choses, en prévoit encore de pires à l'avenir si elles n'étoient prévenues par un sage conseil[1].

Il considère que l'ambassadeur du Roi en Hollande a commis une grande faute au refus absolu[2] qu'il a fait, de la part du Roi, au duc de Buckingham de venir en France, ayant pensé que la dépêche qu'il avoit reçue de la cour l'obligeoit de parler ainsi ; au lieu que l'ordre du Conseil avoit été simplement qu'il tînt un langage au duc qui le conviât, en venant en France, d'apporter contentement au Roi ;

Que cette faute avoit produit sur-le-champ le rappel des vaisseaux des Hollandois, et, ayant animé Buckingham contre la France, lui faisoit promettre tout secours aux huguenots de la part du roi son maître ;

Qu'en matière d'État, quoiqu'il n'y ait rien plus facile que de faillir, si est-il plus difficile encore de réparer une faute qu'il n'est aisé de la commettre ; mais que, pour réparer celle-ci, le meilleur moyen étoit

---

1. Ici commence probablement un emprunt à un avis contemporain du Cardinal, qui ne nous est pas parvenu sous sa forme originale.

2. Espesses tente de justifier sa conduite dans une dépêche adressée le 25 décembre au Roi : « Je puis dire que, l'[Buckingham] ayant trouvé d'un côté en humeur de subtiliser sur tout et d'autre de ne perdre nulle occasion, pour légère qu'elle fût, de s'offenser, je me suis trouvé fort empêché, lui voulant faire la signification qui m'étoit très précisément ordonnée de la part de V. M., je courois fortune qu'il ne l'eût pas tenue pour assez formelle, et je me fusse mis à le trop radoucir et dissoudre en belles paroles, inconvénient que je jugeois plus grand et plus contraire à l'intention de V. M. que celui de le piquer, dont néanmoins je me suis gardé au possible jusques à user de beaucoup de patience pour lui laisser évaporer sa colère qu'il épanchoit partout » (Bibl. nat., ms. Français 3686, fol. 30).

d'y employer le crédit particulier[1] que M. et Mme de Chevreuse y avoient.

Ce qui lui donnoit peine étoit qu'il jugeoit bien que la jalousie de Blainville, qui étoit en Angleterre, lui feroit, s'il se pouvoit, mesurer ce conseil par l'événement. Mais enfin, après y avoir longtemps pensé, prévoyant qu'il falloit nécessairement[2] ou chercher quelque voie d'accommodement, ou venir à une rupture ouverte, laquelle, quoique ledit Blainville, passionné, pensât tout le contraire, ne pouvoit être jugée de saison, il passa par-dessus cette considération. Et, pour exécuter son dessein de l'entremise desdits sieur et dame de Chevreuse, usa de cette dextérité : il fit que le Roi, comme lassé de toutes les plaintes qui lui venoient d'Angleterre, fit reproche au duc de Chevreuse que les secrètes intelligences que lui et sa femme y entretenoient étoient préjudiciables à son service et au bien de la religion, et qu'ayant fait le mal il vouloit qu'il y apportât le remède.

Le duc, pour sa justification, consentit que Bautru allât en son nom en Angleterre pour dire de sa part, au roi et à Buckingham, ce que S. M. trouveroit bon.

Il partit avec charge de dire[3] ingénument qu'il étoit

1. Première rédaction du manuscrit A : « pour réparer celle-ci, il proposa d'y employer le crédit particulier ».
2. Première rédaction du manuscrit A : « Cependant, jugeant bien que la jalousie de Blainville qui est en Angleterre feroit, s'il se pouvoit, mesurer ce conseil par l'événement, il différa longtemps. Enfin, prévoyant qu'il falloit ou chercher quelque voie d'accommodement ou venir à une rupture ouverte. » — Ce passage, comme le précédent, porte trace de corrections de Sancy.
3. Les *Mémoires* reproduisent l' « instruction au sieur Bau-

envoyé dudit sieur de Chevreuse, à qui on imputoit en France tout ce qui arrivoit de mal en Angleterre. Ce qui avoit fait qu'y voyant les affaires prêtes d'en venir à l'extrémité, il avoit désiré voir s'il y avoit lieu de remède, pour prendre ses mesures sur cela;

Que sa femme étoit celle qui avoit fait naître le voyage, étant au désespoir de se voir réduite à quitter pour jamais la cour si les choses n'alloient bien[1];

Que, pour son intérêt particulier, elle ne voudroit pas donner conseil qui leur fût contraire; mais que, si les affaires le leur pouvoient permettre, ils l'obligeroient grandement de faire en sorte que toutes choses s'accommodassent, afin qu'elle eût triple contentement : l'un, de n'être point maltraitée de ses proches, de qui elle recevoit mille mauvais offices en cette occasion; l'autre, de n'être point soupçonnée de tout le monde universellement qui la maudissoit; le troisième, de pouvoir voir ce qu'elle affectionnoit;

tru, allant en Angleterre »; cette instruction, qui est certainement l'œuvre du Cardinal, n'est pas signalée par Avenel. La copie du document qui a servi aux secrétaires des *Mémoires* est conservée à la Bibl. nat., ms. Français 15990, p. 143-144; elle est de la main de Le Masle des Roches; en tête figure la mention « employé » écrite par Charpentier. D'après le témoignage de l'ambassadeur vénitien Morosini, Richelieu aurait lui-même établi les instructions de Guillaume Bautru, ne mettant dans la confidence que le nonce, Chevreuse et Morosini (dépêche du 16 décembre), et l'envoi de cet agent en Angleterre aurait rencontré la plus vive opposition de la part du Roi (dépêches du 17 et du 30 décembre). Ces documents ont été publiés par M. Allen B. Hinds, *Calendar of State Papers, Venice*, vol. XIX, 1913, p. 249-263.

1. Sur le retour à la cour de la duchesse de Chevreuse en juillet 1625, voyez L. Batiffol, *la Duchesse de Chevreuse*, p. 75.

Que ledit duc avoit parlé aux ministres[1], de tous lesquels il a appris qu'ils ne pouvoient croire qu'il[2] vînt en France sans apporter tout contentement au Roi; qu'y venant ainsi il seroit bien venu et bien reçu, ce qui paroissoit bien, en ce que, quand il viendroit autrement, le Roi seroit très fâché de ne pouvoir, par considération de sa dignité et par raison d'État, le recevoir comme S. M. le désireroit.

Et sur ce qu'il s'étoit plaint que d'Espesses[3], ambassadeur du Roi en Hollande, lui avoit bien tenu un autre langage, il eut charge de lui dire que l'intention du Roi n'avoit jamais été autre que ce qu'il lui disoit, et que M. de Chevreuse s'en étoit fort bien éclairci; mais que, s'il se met sur les rodomontades, il lui fît connoître vertement qu'il trouveroit qu'on ne les appréhendoit point, et qu'il étoit à craindre que par là ils ne nous portassent à faire la paix avec l'Espagne.

S'il disoit qu'il secourroit la religion, qu'il argumentât avec lui comme de lui-même[4] en cette sorte :

Qu'en premier lieu, ils seroient blâmés de tout le monde en le faisant, nul ne pouvant approuver qu'un prince secourût des rebelles en l'État d'autrui; que, comme l'exemple en est mauvais, la conséquence pourroit n'en être pas bonne;

1. Sancy a corrigé sur l'instruction originale : « de la part du mari, il dira qu'il a parlé aux ministres », remplaçant ces mots par : « que ledit duc a parlé aux ministres ».
2. Buckingham.
3. L'instruction portait : « s'il dit que d'Espesses »; la correction a été faite sur ce texte même par Sancy.
4. Le manuscrit B porte par erreur : « avec lui-même »; il faut suivre la leçon du manuscrit A, conforme à l'instruction originale.

Que, pour le faire, il le faudroit faire fortement ou foiblement; si foiblement, à couvert, ils seroient battus; si fortement, il faudroit qu'ils le fissent par rupture ouverte, action dont ils seroient blâmés de tout le monde, et qui les rendroit irréconciliables pour jamais.

Le duc de Chevreuse lui bailla une lettre pour le duc de Buckingham[1], par laquelle, outre partie des choses

1. Cette lettre, comme l'instruction qu'on vient de lire, a été certainement rédigée par le Cardinal. Les *Mémoires* n'en donnent qu'un court fragment emprunté à la fin de ce document. Nous reproduisons la « dépesche que le sieur Bautru a portée en Angleterre » d'après la copie utilisée par les secrétaires des *Mémoires* (Bibl. nat., ms. Français 15990, p. 147); elle est de la main de Le Masle des Roches, à l'exception du titre écrit par Charpentier : « M. de Ch[evreuse] écrira par Bautru à M. de Buck[ingham] qu'ayant su que M. d'Espesses lui avoit tenu quelque langage qui lui pouvoit déplaire, il a voulu s'enquérir particulièrement du fondement que tel discours pouvoit avoir. Qu'il a su du roi même que d'Espesses n'avoit eu autre charge sinon que de lui témoigner que S. M. se réjouissoit qu'il vînt en France, parce qu'elle savoit bien qu'il n'y viendroit pas sans lui apporter contentement, ce qui lui donneroit lieu de le recevoir d'autant mieux que, outre qu'elle le feroit avec approbation de tout le monde, recevant satisfaction par lui du roi son frère, il est personne qu'il aime et qu'il considère comme étant envoyé du roi son frère. Que, pour lui témoigner la bonne volonté qu'il a pour lui, il auroit plus de déplaisir que personne si, venant sans lui apporter contentement, la considération de la dignité des rois et la raison d'État ne lui permettoit pas de lui donner en apparence tous les témoignages qu'il voudroit lui rendre en effet de sa bienveillance. Que S. M. a donné charge à ses ambassadeurs Blainville et Espesses de lui tenir le même langage, ce dont il a été très aise en son particulier, parce que cela lui fait connoître la bonne volonté du Roi et lui donne lieu d'achever son voyage pour unir de plus en plus ces deux couronnes et penser à mettre en exécution les

susdites qu'il lui mandoit, il ajouta encore qu'il lui conseilloit de venir si son voyage étoit avec dessein et matière pour contenter la France sur le sujet des vaisseaux du Roi, tant marchands qu'autres, qu'ils retenoient, et ce qui concernoit la reine et son mariage. Si aussi il avoit un autre dessein, il ne le lui conseilloit

généreux desseins qu'il a pour la chrétienté. Au reste, je vous puis dire de vous à moi que j'ai voulu particulièrement m'enquérir si d'Espesses a eu charge de vous tenir le langage qu'il a fait; j'ai trouvé véritablement que non et qu'il n'avoit eu autre charge que ce qui est porté ci-dessus. J'ai voulu de plus savoir s'il avoit été mandé en dessein de vous empêcher de venir; j'ai trouvé que non, mais bien en dessein de pénétrer vos pensées et de vous donner lieu d'obtenir du roi, votre maître, facilité au juste contentement désiré du Roi ès choses qui ne sont pas de considération au prix des grands desseins que des hommes de votre esprit et de votre courage doivent avoir. J'ai voulu encore savoir de quelle façon Blainville a écrit de deçà s'être acquitté en Angleterre de la charge portée ci-dessus. J'ai trouvé qu'il a mandé avoir, depuis votre départ, dit au secrétaire Conway que le Roi se réjouissoit de votre venue parce qu'il ne doutoit pas que vous ne lui apportassiez tout contentement, ce qui lui donneroit lieu de vous recevoir comme une personne qu'il aime particulièrement. Et que si vous venez autrement il seroit bien fâché d'être contraint, par raison d'État, de diminuer des apparences. Vous jugerez donc s'il vous plait, si vos affaires (le) requièrent, que vous veniez ou non, vous assurant qu'il n'y a de deçà aucune aversion contre votre personne et que seulement veut-on éviter le blâme qu'on recevroit si, en ne faisant rien pour la France, il sembleroit qu'on fît beaucoup pour l'Angleterre. Après tout cela, si vous me demandez mon conseil, si vous venez avec dessein et matière pour contenter la France sur le sujet des vaisseaux du Roi, tant marchands que autres, que vous retenez, et de ce qui concerne la reine et son mariage, je vous conseille d'y venir; si aussi vous aviez un autre dessein, je ne le voudrois pas faire, prévoyant bien que votre séjour à la cour seroit fort mélancolique. Si vous venez, avertissez-moi, car vous trouverez mon pas[1], prévoyant bien que son séjour à la cour seroit fort mélancolique.

Que, cependant, on se préparoit fortement en France, tant pour la guerre du dedans que du dehors, et qu'à dire vrai il ne voyoit pas qu'on y appréhendât l'événement ni de l'une ni de l'autre, ce qui lui faisoit croire qu'on avoit volontiers deux cordes en son arc.

Bautru arriva avec ces ordres en Angleterre au mois de décembre[2]. Sa négociation eut une heureuse fin[3]; car il emmena avec lui des ambassadeurs extraordinaires, qui furent le comte Holland et Carlton[4] : le premier desquels le roi d'Angleterre croyoit être agréable en France[5], et tenoit le second pour homme entendu à traiter avec les princes étrangers.

logis préparé. Je ne vous mande rien de l'état des affaires publiques, parce que ce n'est point à moi. On se prépare ici fortement tant pour la guerre du dedans que du dehors, et, à vous dire le vrai, je ne vois pas qu'ils appréhendent l'événement ni de l'une ni de l'autre, ce qui me fait croire qu'on a volontiers deux cordes à son arc. »

1. Ici commence le 24ᵉ cahier du manuscrit A (fol. 228), ainsi résumé par Charpentier : « L'évêque de Mende vient d'Angleterre en France. Les Rochelois et huguenots demandent la paix au Roi. Avis du Cardinal sur icelle. »

2. Guillaume Bautru quitta Paris le 24 décembre (Bibl. nat., ms. Français 3686, fol. 49 v°).

3. Il rendit compte au Cardinal de sa mission, le 6 janvier 1626, par une longue lettre qui éclaire et complète le récit des *Mémoires* (Aff. étr., Angleterre 33, fol. 10-13). Ce document est reproduit à l'appendice V du présent volume.

4. Dudley, lord Carlton d'Imbercourt (1573-1631), vice-chambellan du roi Charles Iᵉʳ, devint ensuite vicomte de Dorchester.

5. Sur les séjours précédents de Holland en France, voyez L. Batiffol, *la Duchesse de Chevreuse*, p. 49 et suiv.

Leur voyage pensa être rompu par un fâcheux accident. Un bénédictin et un jésuite anglois, qui servoient d'aumôniers à Blainville, se promenant par la ville furent pris. Blainville les demande, on les lui refuse plusieurs fois; la chose va si avant, qu'il proteste de se retirer de la cour si on ne les lui rend. Ce qu'étant près d'exécuter on les lui renvoie; de quoi il se sent peu obligé; car, bien qu'au fond il soit content, la façon dont ils se sont portés l'offense[1].

Quand il sut la résolution qu'avoit prise le roi d'Angleterre d'envoyer, avec Bautru, des ambassadeurs extraordinaires en France, sans qu'on lui en eût donné aucune communication[2], ne pénétrant pas la cause de leur envoi, et craignant qu'ils informassent le Roi à son désavantage, lui faisant croire de lui et du pro-

1. Comparez les *Mémoires* de Tillières (Aff. étr., Angleterre 41, fol. 301 v°), auxquels cet alinéa est emprunté : « Mais un fâcheux accident pensa sinon le rompre, au moins l'interrompre. Deux religieux anglois, l'un jésuite et l'autre bénédictin, demeuroient chez M. de Blainville et, faisant la charge d'aumôniers, s'en vinrent et certes avec bien peu de discrétion se promener à Londres. Là ils sont pris. Ledit sieur de Blainville les redemande; on les lui refuse une fois, deux fois. Enfin la chose va si avant qu'il proteste de sortir de la cour d'Angleterre, au cas que l'on ne les lui rende; ce qu'étant près d'exécuter, on les lui renvoie; de quoi il se sent peu obligé, car, encore qu'au fond il soit content, les formes lui déplaisent. »

2. Voyez la lettre de Blainville et de l'évêque de Mende au cardinal de Richelieu du 5 janvier 1626 (Aff. étr., Angleterre 33, fol. 13) : « Nous aurions à la vérité bien désiré que Bautru ne nous eût pas tenu sa personne et ses intentions si secrètes, que d'avoir été quatre ou cinq jours à Londres sans nous voir, et arrivant à la cour avec le duc de Buckingham sans avoir fait part de sa commission à l'ambassadeur [Blainville],

cédé de la reine ce qui n'étoit pas véritable, il pria l'évêque de Mende de vouloir, pour la défense de la cause commune, aller en France et les prévenir.

Il prit pour prétexte de son voyage d'aller informer le Roi de la cérémonie du couronnement du roi d'Angleterre, qui devoit être faite en l'année suivante, et en laquelle ledit roi vouloit joindre celle du couronnement de la reine sa femme, laquelle y avoit aversion parce qu'elle se devoit faire par un évêque protestant; mais elle étoit bien aise que la France se chargeât de ce refus, afin qu'elle n'offensât point le roi son mari, lui refusant aucune chose de ce qu'il désiroit d'elle. L'évêque de Mende dit au roi de la Grande-Bretagne que cette action étoit importante, et qu'il étoit besoin qu'il en allât informer le Roi et le Cardinal.

Buckingham fut étonné de ce conseil si soudain, et lui fit néanmoins au départ mille civilités, et le roi d'Angleterre l'honora d'un beau diamant.

avoir tenu des conférences avec tous les ministres. » Le 7 janvier, Blainville annonçait le départ d'Holland et Carlton à M. de la Ville-aux-Clercs : « L'affaire s'est résolue entre les Anglois et M. de Bautru, et ce soir on me l'est venu signifier. Si je l'eusse su plus tôt, vous en eussiez eu plus tôt la nouvelle; mais, puisque je ne suis qu'ambassadeur de nom, vous ne pouvez pas trouver mauvais mon peu de connoissance des affaires présentes » (Bibl. nat., Nouvelles acquisitions françaises 7022, fol. 841 v°). Le 26 janvier, dans une lettre au Roi, il déplore encore la mission de Bautru : « J'aurois à la vérité souhaité qu'il [Holland] fût parti d'Angleterre pour la gloire entière de V. M., comme il eût fait infailliblement, sans qu'il eût paru qu'elle l'eût envoyé demander jusques ici, recherchant l'accommodement avec trop d'ardeur » (Bibl. nat., Nouvelles acquisitions françaises 7022, fol. 366 v°).

Il partit sur la fin de décembre[1], un jour auparavant les ambassadeurs et Bautru[2].

Le roi lui dit, en partant, qu'il fît entendre au Roi et à la Reine sa mère qu'il entendoit pourvoir à toutes les charges de la maison de la reine sa femme; et, quelques remontrances que lui fît ledit évêque que cela étoit contraire à ses promesses, tant verbales que par écrit, il n'en put tirer autre chose.

Tout ce mauvais traitement de la reine, de tous les siens, des catholiques anglois et de l'ambassadeur du Roi, l'offense qui étoit faite à S. M., non seulement en l'inexécution des choses si solennellement promises, mais ès injures actuelles que ses sujets recevoient, et en celles qui étoient faites à la personne de son ambassadeur; tout cela provenoit de la bizarrerie de l'humeur de Buckingham, du désir qu'il avoit de faire perdre à la reine sa religion, pour acquérir la réputation de zélé protestant dans le Parlement, et de la mettre mal avec le roi; de peur que, jeune, belle et sage princesse comme elle étoit, elle ne gagnât son esprit à son désavantage, et pour s'ouvrir le chemin de renvoyer en France tous les serviteurs françois de S. M. et y établir des Anglois en leur place, pour environner la reine de ses créatures.

Il ne considéroit pas que les affaires de son maître en pâtissoient et que le Roi, offensé comme il étoit du mauvais procédé d'Angleterre, ne secourroit pas avec tant de franchise Danemark pour son affaire du Pala-

---

1. Sur le départ de M. de Mende, voyez la lettre de Blainville au Roi du 8 janvier 1626 (Bibl. nat., Nouvelles acquisitions françaises 7022, fol. 352).

2. Comparez Tillières, *Mémoires*, p. 115.

tinat, et pourroit être porté à la paix avec Espagne, pour se délivrer de la nécessité de souffrir tant d'algarades d'un mauvais allié, et prendre volonté d'exterminer le parti huguenot en France; la considération duquel seul leur donnoit hardiesse de mépriser les forces de S. M.

Après la bataille navale en laquelle les Rochelois furent défaits, les rebelles du Languedoc et les habitants de la Rochelle envoyèrent au Roi leurs députés pour le supplier très humblement de leur donner la paix, avouant la faute qu'ils avoient faite de prendre les armes contre S. M., et lui en demandant pardon[1].

Il fut alors diversement agité au Conseil du Roi si S. M., vu la guerre qu'elle avoit en Italie, se devoit

1. Les députés « envoyés pour l'acceptation de la paix générale » avaient été désignés par l'assemblée de Milhau le 1er novembre; ils furent présentés au Roi par Maniald, le 21 novembre, à Saint-Germain-en-Laye (Aff. étr., France 780, fol. 93). Leur arrivée est mentionnée dans une lettre d'Herbault à Bullion du 12 novembre 1625 (Arch. nat., K.K 1362, fol. 376). Les députés des états du Languedoc furent entendus par le Conseil le 19 novembre. « Ensuite, les députés des huguenots du pays se présentèrent; mais, comme ils laissèrent entendre de n'avoir point autre ordre, sinon de demander la paix générale, tant pour la Rochelle comme pour eux, le Roi ne leur voulut point donner d'audience, mais commanda simplement qu'ils missent leurs mémoires entre les mains de M. d'Herbault pour en faire un rapport au Conseil. Je vois peu d'apparence qu'on les puisse désunir, et moins que le Roi puisse ni ne doive laisser là les Rochelois, ayant si belle occasion de se rendre maître de leur ville et de châtier leur désobéissance » (21 novembre 1625. Bréval à M. Voillot : Bibl. nat., Nouvelles acquisitions françaises 3144, fol. 381). En recevant les députés, le Roi déclara qu'il était prêt à accorder la paix au Languedoc et aux autres provinces, mais que « pour la Rochelle c'est une

accommoder avec les Rochelois, à quelques conditions que ce fût, ou avec l'Espagne, pour les réduire après plus aisément par la force à leur devoir. Après qu'un chacun eut dit son avis, le Cardinal, parlant le dernier, dit au Roi[1] :

Que c'étoit chose certaine que, tant que le parti des huguenots subsisteroit en France, le Roi ne seroit point absolu dans son royaume; qu'il ne pourroit[2] établir l'ordre et la règle à quoi sa conscience l'obligeoit et que la nécessité de ses peuples requéroit; aussi peu rabattre l'orgueil des grands, qui, se gouvernant mal, regarderoient toujours la Rochelle comme une citadelle à l'ombre de laquelle ils pourroient témoigner et faire valoir impunément leur mécontentement;

Qu'il étoit certain, en outre, que pendant ce temps on n'oseroit rien entreprendre de glorieux[3], pas même s'opposer aux entreprises étrangères, parce qu'au même temps ce parti ne manqueroit pas, comme il avoit paru par deux expériences, d'Amiens et de

autre chose » (*Harangue des députez généraux de ceux de la religion, présentée par M. de Maniald, présentant au Roy les députez envoyez pour l'acceptation de la paix générale cy-devant accordée par S. M. avec la response du Roy, 1625* : Aff. étr., France 780).

1. Les *Mémoires* reproduisent jusqu'à la page 199 un « Discours tendant à voir si, ayant la guerre avec l'Espagne en Italie, il faut la faire aussi au dedans du royaume »; ce document, daté du 25 novembre 1625, figure dans le volume France 246, fol. 32 à 39; il porte diverses corrections de la main de Richelieu. Ce document a été mentionné par G. Avenel.

2. *Var.* de France 246 et première rédaction du manuscrit A : « qu'il ne sauroit ».

3. *Var.* de France 246 : « de glorieux au dehors ».

la guerre dernière, de vouloir profiter de l'occasion;

Partant, qu'il n'y avoit point à douter que le premier et principal dessein que S. M. devoit avoir ne fût de ruiner ce parti;

Mais qu'il falloit voir si le temps et l'occasion y étoient aussi propres, maintenant que l'on avoit de l'occupation au dehors, comme le sujet qu'ils en avoient donné par leur insigne rebellion en étoit grand et odieux à tout le monde;

Que, pour le bien juger, il falloit voir les raisons qui pouvoient donner lieu de continuer sans délai cette entreprise, et celles aussi qui pouvoient convier à remettre la partie à une autre fois;

Que tous les peuples et communautés, et la plupart des compagnies souveraines de ce royaume, étoient tellement prévenues en l'opinion que l'on devoit faire présentement la guerre aux huguenots[1], et que leur ruine étoit aisée, qu'ils tenoient et publioient pour mauvais catholiques ceux qui parloient seulement contre ce sentiment, étant fomentés en cette pensée par plusieurs grands mécontents[2];

---

1. Comparez la *Harangue des députés généraux de ceux de la religion, présentée par M. de Maniald au Roi le 21 novembre 1625* : « Si la Rochelle demeuroit en l'indignation du Roi, il seroit impossible d'ôter l'appréhension à tous les peuples de France qui font profession de la religion que par la ruine de cette ville ne se commençât la leur générale. Vu principalement qu'on en voit déjà les menaces qu'en ont fait publiquement le clergé et quelques-uns des parlements et des principales personnes de l'État, qui parlent ouvertement d'extirper l'hérésie et de commencer par la Rochelle, dont les imprimés se sont vendus publiquement à Paris » (Aff. étr., France 780, fol. 93).

2. Dans une lettre au Roi, qui fut rendue publique, le prince

Qu'il étoit à craindre que, s'il l'on arrêtoit le cours des armes contre les huguenots, l'on ne commençât à jeter dans le cœur des peuples des impressions capables de produire une ligue, comme autrefois l'on avoit fait sur pareil sujet ;

Que le malheur du siècle vouloit que les zélés, levant les épaules avec un soupir entrecoupé, feroient plus de mal à la réputation des hommes avec les grains de leur chapelet, que les plus puissants monarques du monde, avec les boulets de leurs canons, à la vie de ceux qui y sont exposés ;

Qu'on ne devoit pas, s'il l'on n'y étoit contraint par la nécessité des affaires, mépriser la calomnie que telles gens savoient vomir contre ceux qui, ayant les mêmes fins qu'ils ont, prenoient d'autres voies pour y parvenir que celles qu'ils estiment les meilleures ;

Qu'il étoit à craindre que le clergé, qui vouloit maintenant contribuer à cette entreprise[1], n'y fût pas dis-

de Condé écrivait le 7 octobre : « Je maintiens qu'il nous faut en pleine paix avec les huguenots autant de forces autour d'eux pour être assuré qu'ils ne réveilleront s'ils voient le beau temps, qu'il en faut pour les ruiner entièrement. Dieu fait miracle pour vous ; ruinez ses ennemis, Sire, et il vous exaucera. » Cette intervention lui valut le blâme de Louis XIII (Duc d'Aumale, *Histoire des princes de Condé*, t. III, p. 504).

1. Dès le 12 septembre, le cardinal de Sourdis avait annoncé à Richelieu que le clergé était disposé à fournir une importante contribution pécuniaire en vue de réduire à la soumission la Rochelle, Montauban et Castres (Aff. étr., France 780, fol. 353). Sur les délibérations de l'assemblée du clergé, voyez une lettre de Loménie de Brienne adressée également au Cardinal, le 22 octobre 1625 : « M. de Maillezais, frère du cardinal de Sourdis, pour décrier les affaires du Roi ou réduire les choses à passer par la fantaisie de M. le Cardinal, son frère, a avancé que la paix étoit résolue avec les Rochelois et que vous

posé, ou ne fût pas en pied pour le faire une autre fois ;

Qu'il sembloit que l'occasion ne fût jamais plus belle, en ce que la Rochelle étoit fort incommodée d'elle-même ; que tous les huguenots de France étoient étonnés et du tout abattus, et que ceux qui, du dehors, les pourroient aider, comme les Hollandois, et particulièrement les Anglois, ne le sauroient faire, pour être occupés ailleurs et avoir besoin de nous. Au lieu que, si on attendoit une autre conjoncture où ces deux considérations n'eussent plus de lieu, il y avoit grande apparence qu'ils mettroient à effet la bonne volonté qu'ils avoient de tout temps pour cette ville-là ;

Que la saison de l'hiver faisoit qu'il n'y avoit pas grand lieu de craindre qu'une attaque étrangère des Espagnols pût détourner S. M. présentement d'une telle entreprise[1], et il étoit certain que, si l'on avoit

l'aviez conclue, ajoutant qu'il étoit inutile de donner aucun secours à S. M. » (Aff. étr., France 780, fol. 80). Par lettre datée de Saint-Germain, 3 novembre, et contresignée Le Beauclerc, le Roi invita l'assemblée à hâter sa décision, « résolvant simplement de quelle somme vous entendrez nous secourir, sans en traverser la conclusion par la discussion des moyens de l'effectuer, qui se fera facilement par après » (Bibl. nat., ms. Français 6380, fol. 402). Le 7 novembre, Herbault faisait connaître à Bullion le résultat de cette intervention : « Le clergé à accordé cinq cent mille écus pour faire le siège ou le blocus [de la Rochelle]; il seroit besoin d'un bien plus grand secours pour subvenir aux affaires que la suite de cette entreprise pourra donner » (Arch. nat., KK 1362, fol. 374 v°).

1. Le 21 novembre 1625, Herbault écrivait à Béthune : « Sur le propos de ce blocus de la Rochelle, je vous dirai qu'il est comme résolu. Ceux de cette ville avoient envoyé ici des députés pour demander la paix. Ils n'ont pas encore été ouïs et ne seront point admis aux pieds de S. M., s'ils ne se soumettent à

deux mois de temps pour faire la digue dans le port de la Rochelle, tous les princes du monde ne la sauroient secourir.

Ce temps étoit très propre à l'exécution de diverses entreprises projetées contre le parti, lesquelles seroient toutes perdues si l'on les différoit à une autre fois, comme l'on feroit si l'on faisoit la paix; et, si elles réussissoient, la Rochelle seroit tellement affoiblie qu'elle ne sauroit s'exempter de revenir à son devoir.

Le lèvement du siège de Verrue devoit empêcher que l'on ne se précipitât en cette paix, y ayant grande apparence que ce succès feroit penser les Espagnols à leur conscience et se rendre faciles à la paix. Ce qui faisoit qu'il étoit de la prudence d'attendre ce que produiroit cet accident, comme aussi la surprise de Cadix, laquelle ne pouvoit succéder sans changer la face de leurs affaires [1];

Que les divers avis que ceux qui commandoient les armées qui étoient en Piémont et en la Valteline donnoient au Roi, d'avoir des entreprises avantageuses contre ses ennemis, faisoient que, par raison, il étoit bon d'en attendre le succès devant que de prendre une résolution définitive pour les affaires du dedans;

une entière obéissance et à la démolition de leurs fortifications, chose que l'on ne doit pas espérer de leurs aveuglements, bien que ce fût le seul moyen pour éviter leur ruine » (Bibl. nat., ms. Français 3669, fol. 23).

1. Le membre de phrase : « comme aussi la surprise... », est dans le discours original, de la main de Richelieu. On comptait encore sur le succès de l'expédition, sur la foi de nouvelles d'Espagne, datées du 7 novembre, ainsi qu'en témoigne une dépêche de Morosini du 25 novembre, publiée dans le *Calendar of State Papers, Venice*, t. XIX, p. 230.

Que la passion que le zèle de M. le Légat lui donnoit à faire la paix, outre que ses intérêts l'y portoient, sembloit requérir que l'on se donnât la patience de voir ce que produiroit son arrivée à Rome, s'il y alloit, vu, principalement, qu'elle seroit au même temps de la déroute de Verrue et des avantages que l'on attendoit en Italie, si les desseins réussissoient selon les projets;

Que toutes les raisons susdites nous convioient à poursuivre notre pointe contre nos huguenots, mais que de l'autre part aussi il falloit considérer[1] :

Que la prudence ne permet pas d'entreprendre deux guerres à la fois; que l'on ne sauroit, quand on voudroit, terminer celle d'Italie, et partant qu'il sembloit que la raison voulût que l'on pacifiât les affaires du dedans, puisque l'on recouvreroit, quand on voudroit, l'occasion des huguenots[2], au lieu que, si l'on perdoit celle de résister aux entreprises des étrangers, il ne seroit plus licite d'y revenir une autre fois;

Que l'on devoit d'autant plus se porter à pacifier les affaires du dedans, que l'on avoit même des expédients pour ruiner par la paix le parti huguenot;

Que telle paix feroit faire indubitablement celle d'Espagne, qui, ayant eu des désavantages avec nous, lors même que nous avions une guerre intestine, ne voudroit point nous avoir sur les bras quand nous pourrions employer toutes nos forces contre eux;

1. Cette phrase a été ajoutée par Sancy dans le manuscrit A; le discours portait à cet endroit un titre : « Raisons pour faire la guerre au dedans »; transcrit sur le manuscrit A, il a été biffé d'un trait de plume.
2. France 246 : « l'occasion de perdre les huguenots ».

Que les armes du Roi alloient entrer dans le Milanois, tant du côté de Piémont que de la Valteline ; partant il étoit à craindre que les Espagnols, qui ne sont pas insensibles, n'en voulussent prendre revanche dans nos frontières, qui étoit le seul moyen par lequel ils se pouvoient garantir ;

Que si nous avions la paix au dedans, il n'y avoit rien à craindre quand ils le feroient, et que, apparemment et par raison, ils ne l'entreprendroient pas ; mais, si l'on étoit bien embarqué au siège de la Rochelle, la connoissance qu'ils auroient qu'ils pourroient faire cette entreprise sans qu'il leur en pût arriver inconvénient feroit qu'ils l'entreprendroient, et en tel cas il faudroit quitter prise ;

Qu'on ne pourroit plus faire la paix avec les huguenots qu'en perdant tous les avantages que l'on avoit sur eux maintenant, et qui sans doute avec le temps causeroient la ruine de ce parti ; qu'ils deviendroient plus orgueilleux que jamais, factionnaires d'Espagne par force ; et comme ils se résoudroient alors de servir l'Espagne pour leur intérêt, l'Espagne se résoudroit aussi d'exécuter les pensées qu'ils ont eues plusieurs fois de leur donner de l'argent pour nourrir la guerre dans nos entrailles ;

Au reste, qu'il seroit à craindre que Spinola d'un premier effort emportât quelque place, laquelle on auroit bien de la peine à reconquérir[1], et qui seroit capable de faire perdre tous les progrès que l'on auroit faits en Italie ;

1. Sur la menace d'une attaque espagnole sur Calais en août 1625, voyez le mémoire du Cardinal à Potier d'Ocquerre (Aff. étr., Grisons 4, fol. 335).

Que si l'on joignoit à cette raison cette autre-là, que, par les lettres prises à Piccolomini[1], il apparoissoit que Spinola avoit ordre de faire quelques entreprises sur la France, et que c'étoit le droit du jeu d'une armée harassée et ruinée comme la sienne par le siège de Bréda de se mettre pendant l'hiver en garnison pour agir puissamment au printemps, elle seroit de très grand poids[2];

Que les divers et récents avis que le connétable[3], Bullion[4] et les autres qui étoient auprès de lui don-

1. Octave Piccolomini (1599-1656).
2. Cet alinéa, ainsi que les trois suivants, ne faisait pas partie du discours original; ils apparaissent pour la première fois dans le manuscrit A. On n'a pu en trouver la source.
3. Lesdiguières préconisait la conclusion de la paix avec les protestants dans un mémoire adressé au Roi en octobre : « afin de ne point unir les Espagnols et huguenots, qui seroit une faction la plus dangereuse qui puisse attaquer la dignité du Roi » (*Actes et corresp. du connétable de Lesdiguières*, t. II, p. 421).
4. Claude de Bullion avait été chargé de l'intendance des finances et justice à l'armée de Gênes. Sur les attaques dirigées contre sa gestion, voyez *Mercure françois*, t. XI, p. 522, et les témoignages de confiance que lui adressèrent Herbault et Le Beauclerc (Bibl. nat., ms. Français 3944, fol. 93 et 99, 29 juillet 1625). Il écrivait le 6 novembre à Bellujon : « Ne vous lassez point et faites tout ce que vous pourrez pour procurer la paix publique au dedans... Je vous confesse que je ne suis ni huguenot ni espagnol et que je n'ai pour but que de vivre, s'il plaît à Dieu, dans sa crainte, sous l'obéissance du maître; il m'est toutefois impossible d'approuver les avis de ceux qui, sous couleur de l'extirpation de l'hérésie, veulent déraciner de tous côtés les fleurs de lis et nous veulent faire croire qu'il n'y a moyen de se sauver qu'en reconnoissant l'autorité espagnole, en ruinant nos alliés, et d'une extrémité vont à l'autre, disant qu'il vaut mieux être espagnol qu'huguenot. Il ne faut être ni l'un ni l'autre, mais demeurer dans les

noient de faire la paix avec les huguenots devoient donner à penser et à craindre que, lorsque ce bon homme peu zélé, et catholique, comme tout le monde croit, de légère teinture, verroit la guerre intestine bien allumée, il ne ralentît le cours des armes du Roi en Italie, lesquelles, jusqu'à présent, il n'avoit pas menées trop vite, expressément pour contraindre le Roi à ce à quoi il le convioit maintenant par cet avis[1];

Que la crainte qu'il y avoit d'employer en cette guerre des personnes aussi négligentes à faire leur devoir, comme l'on rapportoit que M. de Praslin[2] étoit

maximes du gouvernement du feu Roi, qui est mort meilleur catholique que tous ces nouveaux catholiques zélés espagnolisés » (Aff. étr., Turin 6, fol. 399).

1. Le manuscrit A contenait des accusations plus précises contre Lesdiguières : « Que les conjectures et présents indices que le procès de Drevet donnoit du peu de fidélité de ce bon homme, avec le sujet qu'on avoit de soupçonner d'ailleurs qu'il eût, en commencement, ralenti l'entreprise de Gênes, lorsqu'il avoit pensé en tirer de l'argent, étoient considérations de très grand poids. » Cet alinéa a été supprimé lors de la révision du manuscrit. Sur les menées de Drevet, qui s'était donné en Espagne comme l'envoyé du connétable, tout en intriguant en faveur des rebelles huguenots, voyez la demande d'explications adressée par Herbault à Bullion, le 21 février 1625 (Arch. nat., KK 1361, fol. 135). Voyez le jugement porté sur Lesdiguières dans les *Maximes d'État*, p. 38.

2. Sur les mesures d'ordre militaire prises devant la Rochelle, voyez la lettre déjà citée d'Herbault à Béthune : « L'on fait venir de l'armée de Champagne les régiments de Piémont, Manicamp et de Beuvron, les compagnies de gendarmes de la Reine et de Monsieur. L'on fait pourvoir à tous ustensiles et munitions de guerre et de vivres pour cette entreprise du côté de la terre ferme et de mer; l'on commet plusieurs officiers capables, et l'on a mandé à M. le maréchal de Thémines pour commander conjointement en cette armée avec M. le maréchal

soigneux, non seulement de ne faire pas de mal à ceux de la Rochelle, mais, en outre, de leur permettre d'en faire aux sujets du Roi et s'avantager au préjudice de sa propre réputation, devoit bien mûrement faire penser à ne s'embarquer pas en un dessein dont il ne revient que préjudice et honte ;

Que les divers discours de M. de Montmorency, qui promettoit tantôt de faire des merveilles, et disoit par après ouvertement, à la première piqûre de mouche, qu'il serviroit mal, joint ses inégalités ordinaires, devoient être bien considérés en cette occasion, quoique les François fissent souvent bien, lors même qu'ils parloient mal[1] ;

Que le peu de sûreté qu'il y a aux grands, parmi lesquels se trouve peu de capitaines pour faire tête à une armée réglée, composée de vieux soldats, commandée par un tel chef, devoit faire penser mûrement à cet inconvénient ;

Qu'il étoit aisé de remédier à l'appréhension que

de Praslin » (21 novembre). L'ordre avait été donné par le Roi à Thémines, le 13 novembre 1625, après l'échec de l'attaque sur le Mas-d'Azil : « Faisant considération sur l'état général de mes affaires et reconnoissant que ceux de la Rochelle m'entretiennent de belles paroles, sans me donner aucun effet de leur fidélité, et que leur désobéissance ne me permet pas de donner la paix à tout mon royaume, comme j'aurois désiré, j'ai résolu, ayant égard qu'en mon armée d'Aunis il offriroit un digne emploi pour deux maréchaux de France, de me servir de vous en cette importante occasion » (Aff. étr., France 1627, fol. 245).

1. Sur les propositions faites par Montmorency en vue d'une attaque contre la Rochelle et le mauvais accueil qu'elles rencontrèrent à la cour, voyez le récit donné par S. du Cros, *op. cit.*, p. 113-114.

l'on avoit que les Anglois et les Hollandois assistassent la Rochelle en une autre occasion, et qu'en faisant la paix on les pouvoit obliger à seconder le Roi une autre fois à ce dessein, étant certain qu'ils désiroient avec grande passion que les troubles du dedans du royaume s'apaisassent maintenant, et que si l'on leur faisoit connoître que le Roi, mettant sous les pieds ses propres intérêts, vouloit donner la paix à son royaume, pour vaquer plus puissamment aux affaires qu'ils ont contre les étrangers, pourvu qu'ils s'obligent d'en prendre revanche, en assistant ouvertement S. M., lorsque, par après, il voudra avoir raison de ses rebelles, indubitablement ils s'y porteroient.

Ou si, au contraire, l'on continuoit la guerre et étoit vrai que Buckingham agît par boutade et non par raison, il étoit à craindre qu'il ne leur fît donner quelque secours sous main, qui rendît cette entreprise de longue haleine et par conséquent de douteux événement, vu qu'outre que les François ne demeurent pas longtemps en même résolution, il pouvoit arriver beaucoup d'accidents qui la feroient changer.

Au reste, quand même la paix seroit faite avec l'Espagne, elle ne sauroit être exécutée de six mois, et que c'étoit chose ordinaire aux Espagnols de ne tenir ce qu'ils promettent, et dont ils conviennent par traité, que lorsqu'ils ne s'en peuvent empêcher et que l'on les peut contraindre.

Ce qui montroit bien que la paix étoit nécessaire au dedans, vu que, si elle n'y étoit pas, on seroit si empêché à y vaquer à la guerre, que l'on n'auroit pas lieu de faire exécuter la paix du dehors; et sans doute les Espagnols n'oublieroient rien de ce qui leur seroit possible pour fomenter nos divisions intestines, pour ce que le traité fait avec eux demeureroit sans effet;

Que les affaires d'Allemagne étoient en tel état que, si le Roi les abandonnoit, la maison d'Autriche se rendroit maîtresse de toute l'Allemagne, et ainsi assiégeroit la France de tous côtés. Or est-il que, si le Roi avoit la guerre en France, il ne pourroit secourir les princes de la Germanie opprimés; ou, au contraire, s'il avoit la paix dans son royaume, sans entreprendre la guerre de son chef, il pouvoit, en assistant les princes[1] d'argent sous main, et les Anglois de quelque cavalerie, aider à rendre la liberté à ses anciens alliés[2], restituer la paix à l'Allemagne et y remettre les choses[3] en une juste balance; que, si l'on n'y pourvoyoit présentement, la maison d'Autriche, dans six ans au plus tard, lorsqu'elle n'auroit plus rien à conquérir en Allemagne, tâcheroit de s'occuper en France à nos dépens[4]; et s'il est vrai que l'on tient une place perdue quand tous les dehors en sont gagnés, il seroit à craindre qu'elle nous feroit bien du mal;

1. France 246 et première rédaction du manuscrit A : « en aidant les princes ». Sancy a substitué à « aidant » « assistant ».

2. Le discours portait primitivement : « aider à rendre la liberté aux princes opprimés »; les deux derniers mots ont été corrigés par le Cardinal (France 246).

3. Ces deux mots ont été ajoutés par le Cardinal dans le discours original (France 246).

4. Comparez France 246 et première rédaction du manuscrit A : « Que si l'on n'y pourvoit maintenant, dans six ans au plus tard, lorsque la maison d'Autriche n'aura plus rien à conquérir en Allemagne, elle tâchera de s'occuper en France à nos dépens. » Le manuscrit B porte « six mois »; mais c'est une erreur évidente du copiste.

Que la calomnie ne dureroit qu'un mois; le bon succès que l'on pourroit avoir au dehors l'étoufferoit incontinent, ceux qui sont capables de raison considérant bien qu'ainsi que, si le Roi rasoit le Fort[1] par la paix, l'on pourroit dire qu'elle seroit honteuse ; aussi, pour la faire honorable, c'étoit assez, pendant que l'on est occupé au dehors, de maintenir les choses au dedans ainsi qu'elles étoient auparavant; de façon que si, passant plus avant, le Roi donnoit la paix après avoir gagné une bataille[2], conservant les îles qui en sont le fruit et les dépouilles, et réduisant les huguenots à des conditions beaucoup pires qu'ils n'avoient jamais été, elle seroit glorieuse et telle qu'elle ne pourroit être improuvée que de ceux qui seroient aveugles par passion ou par un zèle inconsidéré; n'y ayant homme de jugement qui ne connoisse que quiconque entreprend deux grandes guerres à la fois se confie plus à son bonheur et à sa fortune qu'à sa conduite et à sa prudence;

Que jamais le Turc, pour puissant qu'il soit, n'a guerre avec le Persan qu'il ne fasse la paix avec les chrétiens. L'Empereur, ayant maintenant la guerre en Allemagne, n'a rien oublié pour faire la paix avec lui,

1. Annonçant la première demande de paix présentée par les Rochelais, après la bataille navale, Herbault écrivait, le 25 septembre, à l'ambassadeur Aligre : « S'ils demandoient la paix sans condition aucune, j'estime que la bonté du Roi se pourroit étendre jusques à ce point de leur faire grâce; mais, s'ils persistent dans leurs propositions du rasement du Fort-Louis dans certain temps qui leur avoit été promis, et autres grâces qu'on leur avoit fait espérer, je ne crois pas qu'ils soient reçus » (Arch. nat., KK 1462, fol. 207).

2. Le combat naval du Pertuis-Breton.

et a tous les jours des agents à sa Porte pour empêcher qu'elle ne se rompe ;

Que si le Roi étoit contraint de faire la paix pour ces raisons, Dieu, qui pénètre les cœurs, connoissant la sainteté de ses intentions, les feroit connoître au monde et donneroit bon succès à la première entreprise pour faire réussir la seconde ;

Que le secours que Messieurs du clergé donneroient au Roi ne seroit point perdu, S. M. en pouvant conserver le fonds, et acquérir une grande réputation et probité de foi du tout nécessaire dans les affaires publiques, si, au cas que pour le présent il ne faisoit point la guerre au dedans, il disoit à ces Messieurs qu'il ne vouloit pas toucher leur argent maintenant, mais qu'il désireroit qu'ils le conservassent avec leur bonne volonté, pour s'en aider lorsque les mauvais déportements des huguenots lui donneroient lieu de s'en servir à propos ;

Que, pour conclusion, après avoir considéré tout ce que dessus, toutes raisons de prudence sembloient convenir à n'avoir pas deux guerres à la fois ; mais que d'autant que Dieu fait souvent des miracles pour la France, qu'il les falloit particulièrement attendre en ce sujet. Et afin qu'en outre nul ne pût dire qu'on se seroit précipité sur des ombres, il estimoit que le vrai conseil qu'on devoit prendre étoit de tenir les affaires en état que l'on pût avoir la paix au dedans que l'on voudroit, et cependant ne la conclure pas pour les considérations suivantes :

Qu'il étoit à propos d'attendre des nouvelles d'Italie, pour savoir comme les affaires auroient succédé, et quelles espérances auroient ceux qui servoient le Roi ; d'en attendre aussi de diverses entreprises que l'on avoit en Languedoc, lesquelles il falloit hâter le plus qu'il seroit possible; de savoir ce qu'auroit produit la dernière dépêche que l'on avoit envoyée à Blainville, laquelle lui donnoit pouvoir de parler hautement, s'il jugeoit que les Anglois demeurassent en l'obstination de ne donner point de contentement au Roi, et s'ils étoient disposés à secourir la Rochelle comme il avoit déjà mandé; d'attendre des nouvelles de M. de Montmorency, pour voir si les Hollandois étoient résolus de servir le Roi fidèlement contre la Rochelle, ou si, comme disoit M. de Toiras[1], ils ne le feroient pas; de voir aussi ce que diroient sur ce sujet les sieurs Aerssen[2] et Buckingham, avant la venue duquel, s'il avoit à venir, il étoit du tout nécessaire de faire partir les députés qui iroient en Languedoc et à la Rochelle pour éviter les importunités et sollicitations qu'il feroit en leur faveur; et, en outre, de faire auparavant séparer l'assemblée du clergé.

Que si l'on avoit de bonnes nouvelles de toutes parts, l'on pourroit continuer la guerre, entretenant toujours quelque pratique secrète de paix; si aussi l'on en avoit de mauvaises, il faudroit faire la paix en effet.

Et pour ce[3] qu'il seroit fort difficile de tenir les affaires en tel tempérament, que présentement l'on s'exemptât de conclure paix ou guerre avec les hugue-

1. Toiras fut nommé gouverneur de l'île de Ré par lettres de provision du 2 décembre 1625.

2. Aerssen (ci-dessus, p. 165) avait eu sa première audience le 30 novembre 1625 (*Calendar of State Papers, Venice*, t. XIX, p. 235).

3. Ces trois mots ont été ajoutés par Sancy sur le discours original (France 246, fol. 37 v°); c'est la preuve que ce document a été entre les mains des rédacteurs des *Mémoires*.

nots, d'autant qu'étant soupçonneux comme ils sont, ils presseroient fort une conclusion, toutefois l'on pourroit s'exempter de conclure par le moyen qui s'ensuit :

Qu'il faudroit dire aux députés du Languedoc que le Roi vouloit leur donner la paix, s'ils la savoient prendre; mais que, pour l'honneur et réputation, S. M. ne vouloit pas ouïr parler de la jonction qu'ils prétendoient faire avec ceux de la Rochelle[1], parce qu'elle témoignoit faction et parti.

Partant, que c'étoit à eux d'accepter la paix sans jonction, ou, s'ils n'en avoient le pouvoir, envoyer quelqu'un d'entre eux pour y disposer leurs provinces.

Que, pour porter à ce que dessus les plus mauvais, il faudroit leur faire connoître bonnement que cette séparation d'union désirée par le Roi ne faisoit pas qu'il ne voulût en effet donner la paix à la Rochelle, pourvu qu'ils la reçussent à des conditions qui pussent compatir avec la dignité et réputation du Roi, qui, autrement, recevroit grand préjudice par la calomnie et le zèle inconsidéré de plusieurs catholiques;

Qu'il faudroit même, pour mieux jouer ce personnage, que quelques-uns des ministres parlassent, non de la part du Roi, mais comme d'eux-mêmes, en grand secret; leur donnassent part de quelques-unes des conditions que l'on désiroit en la paix, avec la plus douce sauce qu'ils pourroient, leur disant que l'on désiroit celles qui sembloient les plus rudes, plus pour l'apparence et pour éviter le bruit des catholiques[2] qu'autrement, pourvu qu'au même temps que l'on

1. France 246 : « avec la Rochelle ».
2. France 246 : « cagots ».

joucroit ce personnage avec Bellujon et quelques autres qu'on choisiroit, l'on parlât hautement de guerre ;

Qu'il y avoit grande apparence que l'on obtiendroit d'eux qu'un de leurs députés de la Rochelle demeurant en cour[1], l'autre s'en retournât pour faire agréer lesdites conditions, et que Madiane[2] et du Cros[3] iroient pareillement en Languedoc, La Milletière[4] et le baron d'Aubais[5] demeureroient ici.

Cela étant[6], si l'on faisoit connoître auxdits Madiane[7] et du Cros que l'on voulût donner la paix à la Rochelle à conditions supportables, desquelles même on leur

1. France 246 : « demeurant ici ».
2. Madiane. Jean de Bouffard, dit Madiane, né à Castres le 1er janvier 1597, fut nommé consul de Castres par Rohan et négocia en novembre 1622 la reddition de Montpellier au Roi ; il participa aux pourparlers engagés avec la cour en 1625 comme représentant de Castres ; il se rallia finalement au Cardinal. Il mourut le 24 décembre 1674. Ses *Mémoires sur les guerres civiles du duc de Rohan* (1610-1629) ont été publiés en 1897 par Ch. Pradel : *Archives historiques de l'Albigeois*, fasc. V.
3. Sur la mission de du Cros, chargé d' « un écrit portant précisément la volonté de S. M. et ordre de lui porter réponse de même » en Bas-Languedoc, voyez *Mémoires* de Madiane, p. 124.
4. Théophile Brachet, sieur de la Milletière.
5. Le baron d'Aubais avait présidé la conférence réunie à Milhau le 25 octobre et fut envoyé à la cour avec La Milletière le 1er novembre ; lieutenant du duc de Rohan à Nîmes (1627), il fut tué en 1637 au siège de Leucate (*Histoire générale du Languedoc*, t. XI, p. 999). Les manuscrits A et B portent : « Daubès ».
6. Ces deux mots ont été intercalés par Sancy dans le mémoire original.
7. Le manuscrit B porte par erreur : « Miletière ».

donneroit en grand secret quelque connoissance, mais que le Roi la leur vouloit donner sans union avec le Languedoc pour éviter la faction et agir avec réputation, sans doute ils rapporteroient contentement[1].

1. Le vol. France 246 contient, à la suite du mémoire du 25 novembre 1625, les « conditions de paix » suivantes (fol. 38 v°) : « Si l'on est contraint de faire la paix, il faut prendre quelque sujet plausible comme le refus de la vérification de quelques édits, si le parlement en fait difficulté, crainte pour quelques places de frontières, si l'on en reçoit des avis, et des monopoles des grands qui témoignent toujours trop ouvertement leur mécontentement. Faut insérer dans le traité quelques conditions par lesquelles l'on puisse revenir à la guerre toutes fois et quantes qu'on le voudra. Comme par exemple que ceux de la Rochelle ouvriront leurs portes au Roi toutes les fois qu'il voudra aller en leur ville. Pour les disposer aux conditions qui sont de cette nature, l'on leur dira que l'on ne les désire que pour l'honneur et réputation du Roi, qui ne peut donner la paix s'il n'y a en icelle de quoi contenter les catholiques et le clergé, mais qu'en effet le Roi n'ira pas. Faudra mettre aussi qu'ils raseront toutes leurs fortifications, et si on ne le peut obtenir, comme il n'y a pas d'apparence, par un traité à part, il sera dit qu'on s'en contentera du rasement d'une partie qui seront désignées. De plus, qu'ils prendront un intendant de justice de la part du Roi. Que le gouvernement de la ville ne sera plus entre les mains du peuple, mais des magistrats. Qu'ils n'auront plus de vaisseaux de guerre, mais seulement pour aller en marchandise ; qu'ils ne feront plus voyager qu'avec congé de l'intendant et après avoir donné avis à celui qui commande au port huit jours auparavant leur partement. Que les draps volés au marchand d'Orléans et retirés dans leur ville seront rendus. Que tous les biens des ecclésiastiques possédés en leur ville seront restitués. Que si M. de Soubise est compris dans ce traité, il faudra mettre que tous les vaisseaux pris par ledit sieur, tant sur le Roi que sur ses sujets, seront rendus ; mais il vaut mieux pardonner à ces conditions audit sieur de Soubise par un traité à part. » Il semble que ce document était d'abord destiné à entrer dans les *Mémoires*, puisqu'une note de la main de Sancy :

Tel fut l'avis du Cardinal, qui fut agréé du Roi ; et il arriva que le peuple mutin de la Rochelle, nonobstant sa foiblesse et l'extrémité en laquelle il étoit réduit, ne vouloit pas recevoir la paix à ces conditions[1], ce qui fit que l'année se passa avant qu'elle fût résolue, et que les ambassadeurs d'Angleterre eurent loisir d'arriver pour servir à les y faire condescendre, espérant

« cette page est bonne », figure au haut du fol. 38 v° ; le feuillet suivant porte également la mention : « bon ». Finalement, les deux pages ont été biffées d'un trait de plume.

1. La remise des conditions de paix aux députés rochelais est annoncée le 30 novembre par Herbault à du Fargis : « Le Roi a trouvé bon d'admettre à ses pieds les députés de la Rochelle qui ont demandé la paix à S. M. avec grandes soumissions. S. M. leur a fait répondre qu'elle leur feroit grâce et donneroit la paix, mais qu'elle vouloit qu'elle fût de durée et sûre pour la tranquillité de ce royaume ; pour cet effet, elle leur a déclaré plusieurs conditions qu'elle désiroit d'eux, entre autres le rasement de toutes leurs fortifications à la réserve de l'ancienne enceinte, telle qu'elle étoit en l'an 1560, le changement du conseil de ville et d'y recevoir un intendant de justice, ce que lesdits députés ont dit qu'ils rapporteroient à leurs concitoyens avec peu d'espérance de les y faire acquiescer » (Arch. nat., KK 1362, fol. 386). Le 5 décembre, Herbault faisait part à Béthune de la résistance des députés : « Ceux de la Rochelle témoignent assez que leurs concitoyens ne voudront pas acquiescer à ces conditions. Je crains que les autres ne veuillent pas aussi se séparer de leur union et qu'ainsi le feu ne s'allume en plusieurs endroits. M. de Rohan a été reçu à Nîmes et à Uzès et villes des Cévennes ; elles danseront le même branle des factieuses. J'espère aussi qu'elles recevront le même châtiment » (Bibl. nat., ms. Français 3667, fol. 29 v°). Sur l'arrivée à la Rochelle, le 15 décembre, des députés venant de la cour, voyez Guillaudeau, *Diarii*, p. 311 : « On nous vouloit bien donner la paix, mais sous des conditions si rudes qu'il eût bien valu mieux demeurer perpétuellement en guerre que de l'accepter. »

par ce moyen fortifier l'effort qu'ils faisoient en Allemagne pour le recouvrement du Palatinat.

Il se fit en Italie, sur la guerre de la Valteline, deux[1] méchants livres, sans nom d'auteur, lesquels, pour déguiser le lieu d'où ils venoient, on fit premièrement distribuer en Flandre, les attribuant sous main à Boucher[2], qui, par lettre qu'il écrivit à ses amis, s'en excusa[3]. Le premier étoit intitulé : *Mystères politiques*[4], et le dernier portoit pour titre : *Admonition*[5], par

1. Ici commence le 25ᵉ cahier du manuscrit A, ainsi résumé par Charpentier (fol. 240) : « Mystères politiques et Admonition, savoir s'il est licite de secourir les Hollandois. »

2. Jean Boucher, né à Paris vers 1548, mort à Tours en 1644, recteur de l'Université de Paris, prieur et docteur de Sorbonne, curé de Saint-Benoît, archidiacre de la cathédrale de Tournay. Il protesta, le 31 mai 1626, dans une lettre au Roi écrite de Tournay contre l' « imputation calomnieuse » qui lui était faite par l'*Admonitio* : *Défense de M. Jean Boucher, docteur en théologie de la Faculté de Paris, chanoine et archidiacre de Tournay*. A Tournay, de l'imprimerie d'Adrien Quinqué, MDCXXVI.

3. Emprunt au *Mercure françois*, t. XI, p. 1058.

4. *Mysteria politica*, etc. : voyez *Rapports et notices*, t. II, p. 102-103.

5. *Admonitio ad Regem*, etc. — Bullion, dans une lettre du 6 novembre au Cardinal, attribuait cet ouvrage à Gaspard Chopius et faisait connaître le désir du duc de Savoie que « ce livret fût censuré par la Sorbonne » ; pour sa part, il s'en remettait à la « prudence et au jugement très solide et pénétrant en toutes occasions » du Cardinal, afin « d'ordonner s'il faut mettre cette affaire au public et au jugement de la Sorbonne, ou la supprimer et l'étouffer tant qu'il sera possible comme une très vilaine ordure qui peut donner, étant remuée, de très mauvaises odeurs » (Aff. étr., Turin 6, fol. 397 v°). Il est longuement parlé des *Mysteria* et de l'*Admonitio* dans le récent ouvrage de M. Maximin Deloche, *Autour de la plume du car-*

laquelle brièvement et fortement on démontre que la France a vilainement et honteusement fait une ligue impie, et mû une guerre injuste, en ce temps, contre les catholiques, qu'elle ne sauroit poursuivre sans préjudicier à la religion.

Le dedans du livre étoit conforme à cette[1] calomnieuse et fausse inscription; on y déduisoit au long, avec un style envenimé, qu'assister les Hollandois contre Espagne, le Palatin contre Bavière, Savoie contre Gênes, Venise contre la Valteline, étoit faire la guerre directement contre les catholiques, violant tout droit divin et humain. L'auteur, parmi son discours, mêloit des injures atroces contre le Cardinal, qu'il appeloit le boute-feu de cette guerre, le promoteur du mariage d'Angleterre, et l'auteur de la dernière ligue avec les potentats et autres mauvais catholiques.

Par la suite de la guerre de la Valteline que nous avons représentée, la justice des armes du Roi est aisée à juger; la pureté du dessein du mariage d'Angleterre paroît assez par la dispense que S. S. en a accordée.

Quant à l'équité de la guerre du Palatinat, elle est assez évidente, en ce que les princes catholiques d'Allemagne mêmes en désirent le rétablissement, et ne se sont jamais arrêtés que sur les conditions de l'accommodement.

dinal de Richelieu, Paris, 1920, p. 257-259, 271-280, 289, 337, 344, 368 et suiv., 380. L'auteur attribue les *Mysteria* au P. Keller et discute l'attribution de l'*Admonitio*. Ces deux ouvrages furent d'abord publiés en latin, puis réédités en français.

1. Ce commencement de phrase est dans le manuscrit A de la main de Sancy.

L'alliance de Hollande, dont la justice n'est pas moindre, mais qui est la première qui a été calomniée, et en laquelle ils ont eu un prétexte plus trompeur et plus apparent pour décevoir les peuples, mérite bien que nous nous y arrêtions pour les désabuser; mais, pour ce que le discours qui prouve la justice de cette alliance est un peu plus long que la brièveté de cette histoire ne requiert, nous nous contenterons de l'insérer à la fin de cette année[1], laissant à inférer à ceux qui le liront que les libelles pleins de blâme de la conduite du Roi en la guerre de la Valteline, en l'alliance de Hollande, au mariage d'Angleterre, et ligue avec Venise et Savoie, procédoient, non de la sincérité d'un cœur chrétien, mais de la passion d'une âme intéressée en la faction d'Espagne.

C'est pourquoi, ayant été envoyés et épandus en France, et étant estimés être autant de comètes qui présagent et excitent les orages dans les États, comme nous en avons vu en celui-ci plusieurs exemples en nos brouilleries passées, ils émurent les docteurs de la Faculté de théologie de Paris à les faire lire par quelques-uns d'entre eux, députés à cet effet, pour, leur en ayant été fait le rapport, aviser au jugement qu'ils auroient à en faire de la doctrine[2].

1. Le discours sur les alliances avec les hérétiques, d'abord inséré dans le corps du récit (fol. 242-262 du manuscrit A), fut rejeté en appendice, ainsi que l'indique la phrase précédente ajoutée par Charpentier sur le manuscrit A; elle est accompagnée d'un renvoi à la page 237 de l'ancienne numérotation : « *Vide hic* page 237. A ». Nous donnons le texte du « discours » à l'appendice II du présent volume.

2. Une sentence du prévôt de Paris, du 30 octobre 1625,

Un mois après, qui fut le 26ᵉ novembre, ils déclarent que ce livre étoit rempli de termes très séditieux, et que, sous le masque de conserver la religion catholique, il exhortoit les grands de ce royaume à une déloyale désertion, et tout le peuple à une rébellion générale ; divertissoit tous les sujets de l'obéissance due aux puissances séculières ; abusoit malicieusement des saintes Écritures, les interprétant à contresens, contre l'intention du Saint-Esprit ; enfin contenoit beaucoup de choses contraires à la vraie doctrine de l'Église[1].

Pour lesquelles raisons ils supplioient Messieurs les prélats et juges séculiers d'interposer leur autorité pour arrêter le cours de la vente de ce livre et en châtier les auteurs.

L'assemblée générale du clergé, qui se tenoit lors, trouva bon de censurer ce méchant livre, et donna charge à l'évêque de Chartres[2] de rédiger cette censure par écrit. Il en fit imprimer une le 3ᵉ décembre de ladite année, dont il y eut beaucoup de bruit, ainsi que nous verrons ci-après.

avait prescrit que ces « deux pernicieux et méchants livres » seraient « lacérés et brûlés » (Aff. étr., France 780, fol. 91).

1. Comparez la *Censure de la sacrée Faculté de théologie de Paris faite contre un séditieux libelle intitulé* « *Admonition de J. J. R., théologien, à Très Chrestien Roy de France et de Navarre Loys XIII* ». Paris, Cl. Griset, 1635, in-16, p. 11 et 12, à laquelle ce passage a été emprunté.

2. Léonor d'Estampes-Valençay.

ANNÉE 1626.

Le commencement de cette année fut signalé par deux actions importantes et peu attendues qui donnèrent au Roi le repos au dehors et au dedans de son royaume, et lui ouvrirent le chemin pour exterminer le parti huguenot, qui, depuis cent ans, divisoit son État[1]. Ces deux affaires furent la conclusion de la paix avec Espagne, et celle avec les huguenots.

L'Espagne, qui jugeoit bien que le Roi feroit la paix avec les huguenots si la guerre d'Italie tiroit de longue, et qui ne croyoit pas qu'il la voulût faire s'il n'y étoit forcé d'ailleurs, désirant de lui donner occasion de la continuer, hâta, tant qu'elle put, l'accommodement de l'affaire d'Italie.

Les Anglois, d'autre côté, que l'acheminement du légat en Espagne mettoit en crainte qu'il ne terminât, en ce second voyage, ce qu'il n'avoit pu faire au premier, envoyèrent leurs ambassadeurs en France[2], avec charge de solliciter les Rochelois de recevoir la paix que le Roi leur avoit offerte, et n'oublièrent ni raisons

---

1. Le *Testament politique*, éd. de 1764, t. I, p. 2, dit qu'au début du ministère de Richelieu « les huguenots partageoient l'État avec le Roi ».
2. Henry Rich, comte de Holland, et sir Dudley Carleton, ambassadeurs extraordinaires, 30 décembre 1625-4 avril 1626 (instructions dans Rymer, *Fœdera...*, t. XVIII, p. 256; *State Papers*, France, vol. 76, 30 décembre 1625). Cf. Gardiner, *History of England*, t. VI, p. 39, 43, 61-65, 89; C. H. Firth, *Notes on the diplomatics relations of England and France*, 1603-1688. Oxford, 1906, in-8°.

ni menaces pour parvenir à cette fin; d'où il arriva que, par une conduite pleine d'industrie inaccoutumée, on porta les huguenots à consentir à la paix de peur de celle d'Espagne, et les Espagnols à faire la paix de peur de celle des huguenots[1].

En cela, on peut voir clairement combien un bon conseil, donné à propos, produit d'effets salutaires; car tout ce bien arriva à la France en suite des ambassadeurs extraordinaires que, par invention, on fit que le roi d'Angleterre envoya. Car ces ambassadeurs donnèrent jalousie aux Espagnols et les firent hâter à condescendre à beaucoup d'articles qu'ils n'eussent jamais accordés sans cela, et, d'autre part, firent mettre nos huguenots à la raison[2].

La plus grande difficulté que le Cardinal eut à surmonter fut dans le Conseil du Roi, où les principaux[3], par un trop ardent et précipité désir de ruiner les huguenots, ou par foiblesse, ou par une trop bonne et fausse opinion qu'ils avoient d'Espagne, vouloient,

1. Le Veneur de Tillières, dans ses *Mémoires* (p. 113), dit à ce propos, dans un mémoire sur le bannissement des Français qui avaient accompagné la reine d'Angleterre : « La fin a montré avec quelle prudence cet avis étoit digéré ; car les Anglois, craignant la paix d'Espagne, ont poussé à celle des huguenots, et les Espagnols, ayant peur de celle des huguenots, ont achevé celle d'Italie. »

2. Sur la pression exercée par les ambassadeurs anglais sur les protestants, on peut consulter les *Mémoires de Bouffard-Madiane* dans les *Archives historiques de l'Albigeois*, fasc. V, p. 134.

3. Le parti des « dévots » était représenté dans le Conseil par Marillac, Aligre, Schönberg. Il était soutenu par Marie de Médicis et son directeur, le cardinal de Bérulle.

à quelques prix et conditions que ce fût, qu'on s'accommodât avec elle, sans se soucier de se relâcher à des choses désavantageuses à la réputation du Roi, lesquelles ils estimoient assez récompensées par le moyen que cette paix donneroit au Roi d'employer toutes ses forces pour nettoyer le dedans de son royaume.

Le garde des sceaux de Marillac[1] étoit de cet avis et représenta, en plein Conseil du Roi, qu'il falloit terminer le différend de la Valteline, en quelque manière que ce fût, sinon en celle que l'on voudroit en celle que l'on pourroit, ne refusant aucun parti honnête plutôt que de rompre;

Que cette guerre étoit, à l'extérieur, entreprise pour la défense de nos alliés, mais en effet pour notre intérêt en la conservation des passages; que l'une ni l'autre raison n'étoit considérable au prix de la ruine de l'hérésie, que nous pouvions extirper en France si nous faisions cette paix;

Que le Roi ne devoit pas abandonner ses amis, mais qu'il ne devoit pas aussi se ruiner pour l'amour d'eux;

Que les huguenots ne se soumettroient qu'à des conditions honteuses pour le Roi, s'ils le voyoient engagé contre le roi d'Espagne;

Que les princes protestants qui resteroient nos principaux alliés nous obligeroient à les recevoir; que le

1. Marillac ne reçut les sceaux que quelques mois après, lors de la disgrâce du chancelier d'Aligre. Il était alors seulement l'un des deux directeurs des finances qui remplaçaient le surintendant depuis 1624.

Roi n'avoit pas d'argent pour supporter les dépenses des deux guerres à la fois ; qu'il en faudroit venir à de grandes exactions sur les peuples ;

Qu'il falloit avoir quelque soin de la réputation des principaux du Conseil du Roi, qui seroient diffamés comme peu soucieux de la religion, si on s'affermissoit à vouloir conserver aux Grisons la souveraineté sur la Valteline ; que cela n'étoit pas juste, que Dieu y étoit offensé et qu'il étoit à craindre que ce ne fût l'heure que plusieurs âmes très saintes prévoyoient de la punition de cet État si on négligeoit les moyens que Dieu présentoit de ruiner l'hérésie[1].

Tels avis fondés sur des raisons de piété, pleins de doutes raisonnables et de craintes de toutes parts, font voir manifestement quelle force et fermeté de courage il a fallu avoir pour soutenir la réputation du Roi en cette affaire et la terminer aux conditions glorieuses à la France que nous vous déduirons maintenant.

Ce qui étoit le plus fâcheux au Roi[2] étoit que le Pape se déclaroit pour le roi d'Espagne, envoyoit à la Valteline les six mille hommes dont il nous avoit menacés par son nonce ; sur quoi, le Roi lui fit dire par son ambassadeur[3] qu'il n'eût jamais cru que de père commun il eût voulu devenir partial et sectateur d'Es-

1. Le discours de Marillac, dont tout ce qui précède n'est que le résumé, se trouve *in extenso* dans le manuscrit A, tome II, fol. 3-8 v°. On en trouvera le texte à l'appendice VI.

2. Ce paragraphe, jusqu'à « par son ambassadeur », a été ajouté de la main de Sancy, en marge du manuscrit A, fol. 8 v°.

3. La fin de ce paragraphe et le suivant se retrouvent, mais au style direct, dans un *Avis sur les affaires présentes qu'a le*

pagne ; que rien ne lui feroit perdre le respect et la révérence qu'il doit à S. S., mais qu'il étoit prêt à faire connoître à tout le monde qu'obéissant religieusement à un pape ès choses spirituelles, on peut s'opposer justement ès desseins temporels qu'ils prennent[1] pour favoriser ceux mêmes qui opprimoient l'autorité de l'Église, quand ses prédécesseurs avoient les armes en main pour la défendre ;

Qu'elle[2] se défendroit bien de tous ceux qui voudroient faire contre elle, et s'y préparoit d'autant plus puissamment que peut-être, lorsque S. S. penseroit à l'attaquer, auroit-elle besoin de ses armes pour la servir contre ceux qui, sous prétexte de lui nuire, vouloient perdre tout à fait le saint-siège.

Mais, tandis[3] que S. S. et ses ministres faisoient courre le bruit qu'il étoit offensé que le voyage du légat en France n'y eût produit aucun fruit, et qu'il envoyoit lesdits six mille hommes en la Valteline en faveur des Espagnols et, d'autre part, que, sous ombre de tenir sur les fonts de baptême l'infante nouvellement née, il se préparoit à envoyer le même légat en Espagne, afin qu'en quelque manière que ce fût l'accommodement des deux couronnes ne se fît point sans

---

Roi en février 1626, publié par Avenel (t. II, p. 193-202), d'après le manuscrit des Aff. étr., France 216, fol. 47-52.

1. Ainsi dans le manuscrit.
2. *Qu'elle*, comme si ce pronom remplaçait « Sa Majesté ». La source porte en effet : « S. M. pourra ajouter : Je me défendrai bien... »
3. Ce passage a été corrigé par Sancy dans le manuscrit A. Le texte primitif était : « Tandis que les ministres du Pape faisoient courre. » C'est pour cela que le texte porte : « qu'il étoit offensé. »

son intervention, Le Fargis, ensuite des pourparlers qu'il avoit eus, par permission du Roi, avec le comte d'Olivarès[1] sur ce sujet, signa, sans avoir charge de S. M., un traité[2] qui lui sembloit n'être pas éloigné des intentions de Sadite Majesté et le lui envoya par une dépêche[3] du 7 janvier, en laquelle, pour toute raison, il allègue qu'il n'a pu se conformer aux ordres

1. Le Roi à M. du Fargis, 25 octobre 1625; copie de Charpentier : Aff. étr., Espagne 14, fol. 273, et fol. 321-322 : « Minute de la dépêche pour Espagne envoyée de Noisy à M. d'Herbault pour être délibérée en Conseil. » Au dos, la mention : « Employée, 1626 », de la main de Charpentier.
2. Le texte de ce projet de traité, daté de Madrid et du 1er janvier 1626, se trouve à la Bibliothèque nationale, coll. Du Puy 401, fol. 880, et coll. Brienne 117, fol. 416. Il sacrifiait à la fois les intérêts des Grisons et ceux des alliés italiens de la France. Voici comment le *Testament politique* le juge : « Votre Majesté eût affranchi pour jamais les Grisons, dit-il, de la tyrannie de la maison d'Autriche si Fargis, son ambassadeur en Espagne, n'eût, à la sollicitation du cardinal de Bérulle, fait, ainsi qu'il l'a confessé depuis, sans votre su et contre les ordres exprès de Votre Majesté, un traité fort désavantageux auquel vous adhérâtes enfin pour complaire au Pape, qui prétendoit être aucunement intéressé dans cette affaire. » Ce passage est reproduit à peu près textuellement dans la *Vie du Père Joseph* (*Archives curieuses*, 2ᵉ série, t. IV, p. 171-172). Sur ce qui concerne le traité du Fargis, on peut consulter notamment : *Mémoires d'Ardier sur la Valteline*, présentés à Richelieu (Bibl. nat., ms. fr. 4508, fol. 100 et suiv.), les *Mémoires* de Bassompierre et les ouvrages modernes d'Avenel, de Rott, de Fagniez et celui de l'abbé Houssaye sur le cardinal de Bérulle.
3. Cette dépêche était insérée dans le manuscrit A, fol. 9-10. Il en existe une copie aux Archives nationales, M 232, liasse 3, pièce 3, et une autre, de la main de Charpentier, aux archives des Affaires étrangères, Correspondance politique, Espagne 14, fol. 320. On en trouvera le texte à l'appendice VII.

que lui prescrivoit S. M. par sa dernière dépêche[1], pour ce que cela eût donné beaucoup d'ombrage par delà, et qu'il se console en ce que le roi Henri le Grand, en même sujet, se contenta à beaucoup moins que ce qu'il avoit obtenu du comte Olivarès, et qu'il lui sembloit qu'il n'avoit rien oublié d'essentiel, puisque les Espagnols laissoient aux Grisons la souveraineté sur les Valtelins et ne prétendoient aucun droit ni usage de leurs passages.

Le Roi et tout son Conseil furent fort surpris[2] à l'arrivée de cette dépêche, qui leur donnoit avis d'une chose qu'ils n'attendoient point, et le furent encore davantage quand ils eurent vu le traité qui l'accompagnoit.

Il étoit défectueux en beaucoup de points très importants, comme ayant été fait à trois cents lieues du Roi, sans son su et sa communication, et, au contraire, dans le cabinet du roi d'Espagne, au milieu de son Conseil[3].

1. Cette dépêche du Roi avait été envoyée le 6 décembre 1625 (arch. des Aff. étr., Espagne 14, fol. 274). Elle arriva trop tard pour que l'ambassadeur, dont les négociations étaient très avancées, pût tenir compte des instructions plus précises du Roi. Cette pièce porte en note : « Reçu par M. du Fargis le 27 décembre, par l'ordinaire de Flandres. »
2. Cette surprise de Richelieu est peut-être un peu feinte. Il avait lui-même engagé l'ambassadeur à répondre aux avances d'Olivarès (Rott, t. IV, p. 9 et suiv.). Bassompierre (*Mémoires*, éd. Chantérac, t. III, p. 242) dit qu'au Conseil « un chacun s'amusa plus à blâmer l'ouvrier qu'à démolir l'ouvrage... » Cf. Hanotaux, *Étude sur des maximes d'État*, dans le *Journal des Savants*, 1879, p. 509.
3. Dans une pièce des Archives nationales (M 232, liasse 3, pièce 11) intitulée : *Considérations du cardinal de Bérulle sur*

Au préambule de ce traité, les Espagnols gardoient cet avantage que la proposition de la paix étoit faite par Le Fargis, étant dit : *il proposa et proposèrent ensemble.*

En second lieu, la porte étoit ouverte aux Espagnols de prendre occasion de brouiller quand ils voudroient, étant dit que, *en cas que les Grisons contrevinssent à ce traité, ils seroient privés de leur souveraineté.*

En troisième lieu, il n'avoit pas eu égard aux intérêts des alliés du Roi comme il devoit.

Le Cardinal, appréhendant plus que personne les inconvénients qui pouvoient arriver de ce traité, l'impossibilité pour l'honneur du Roi à le recevoir, la difficulté qu'il y auroit de le raccommoder, le sujet de plainte que nos alliés penseroient avoir de nous, estimant en avoir été délaissés et méprisés, et, enfin, cet accident aigrissant plutôt les esprits que de les disposer à un bon accord, après avoir mûrement considéré en lui-même tous les moyens qu'il y avoit pour sortir de cette affaire, dit au Roi[1] :

Qu'il falloit proposer à l'ambassadeur d'Espagne

le traité de Montçon, on trouve la même idée et les mêmes expressions pour qualifier le traité de M. du Fargis : « Il se fait aux pieds du roi d'Espagne et à trois cents lieues du roi de France, sans son su et communication... » Mais l'auteur en conclut que ses « défauts tombent sur l'ambassadeur et les avantages sur la France. » Dans une lettre au marquis de Cœuvres, du 9 mars 1626, Herbault exprimait cette opinion que l'intérêt espagnol était de traiter à Madrid avec un ambassadeur incapable (Arch. nat., Papiers d'Herbault, KK 1363, fol. 209).

1. Toute la délibération qui suit, sur le traité, est au style direct dans le manuscrit A, fol. 11 v°-13. La correction est de Sancy. L'original est aux arch. des Aff. étr., Espagne 13,

deux partis : ou de raccommoder maintenant le traité, ou de le tenir secret jusqu'à tant qu'on eût fait venir l'ambassadeur pour être informé plus particulièrement des motifs de son action ;

Qu'en ce cas on pourroit mander à l'ambassadeur qu'il vît à raccommoder l'affaire avec Olivarès, s'il pouvoit ; s'il arrivoit, à la bonne heure[1] ; sinon, il falloit se servir du temps qu'il lui falloit à arriver pour faire la paix avec les huguenots.

Si l'affaire se divulguoit ou que l'ambassadeur n'approuvât pas de la tenir secrète jusqu'au retour de Fargis, qu'il la falloit dire en grand secret aux ambassadeurs de Savoie et de Venise[2], les assurer que le Roi y vouloit remédier et en avoir raison, les rendant capables que la France se servît d'une telle faute pour porter les huguenots à une paix honorable ;

Qu'il[3] avoit peur que, quand Venise et Savoie sauroient le traité, ils ne pussent plus prendre confiance au Roi ; qu'il étoit à craindre aussi qu'au même instant ils regardassent à traiter avec le Pape et qu'il ne voyoit point de moyen de remédier à ces maux si on

fol. 388-389, de la main de Charpentier, et, pour le dernier paragraphe, de celle de Richelieu lui-même.

1. S'il parvenait à cela, tant mieux.

2. On ne prit pas ce parti ; mais on avait préparé un projet de « réponse que le Roi fera au prince de Piémont et à l'ambassadeur de Venise si S. M. l'a agréable », publié dans Avenel, t. VII, p. 575-576, d'après une mise au net de la main de Le Masle (arch. des Aff. étr., Turin 7, fol. 178).

3. On trouve ici dans la source ce passage : « Il faudra pour ce sujet que l'ambassadeur de Savoie envoie Barrochi à son maître au lieu d'écrire ; les ambassadeurs de Venise enverront aussi leur secrétaire ; mais la difficulté sera de faire garder le secret à Venise, à cause que les choses passent par le Conseil. »

ne se lioit de nouveau à la guerre avec eux, ce qui seroit s'embarquer plus que jamais lorsqu'il y avoit lieu de sortir d'affaires;

Que le Roi pourroit déclarer par écrit le traité avoir été fait sans son pouvoir et consentement, promettre à ses collègues de faire voir cette vérité si claire qu'ils n'en pourront douter, et, de plus, déclarer de tenir pour nul ledit traité; que tous ces remèdes empiroient le mal; mais il étoit tel qu'il n'y en avoit point qui le pût guérir;

Qu'il[1] sembloit qu'il fallût donner permission à du Fargis d'aller prendre congé du roi d'Espagne, afin de voir avec Olivarès s'il pouvoit raccommoder sa faute, lui faisant connoître que le Roi avoit trouvé son action

1. On trouve ici dans la source : « Je crois qu'il leur faudra dire et montrer qu'on avoit écrit ce qui s'ensuit : Quant à ce que vous dites que les Espagnols désirent la paix, je n'ai rien à répondre, sinon que leurs affaires la requièrent et que, s'ils fussent intervenus au traité du légat, ni moi ni mes collègues ne nous fussions éloignés de la raison. Quant à ce que vous me mandez que, parlant avec le comte d'Olivarès de ce qui s'est passé avec M. le Légat, il vous a témoigné qu'il avoit tort de dénier la souveraineté aux Grisons et que, quant à lui, il seroit bien fâché d'y mettre empêchement, vous lui pourrez dire comme de vous-même, s'il revient à vous parler de cela, que moi ni mes collègues ne voulant point nous rendre maîtres de la Valteline, si son maître fût intervenu avec cet esprit, sans doute nous fussions sortis d'affaire. Si le désir qu'il a de la paix est si grand, qu'il vous dise qu'il est près d'intervenir de nouveau! Il y a si peu d'apparence aux paroles espagnoles que je ne me résoudrai point de reporter mes collègues et moi à un nouveau traité si l'Espagne ne s'oblige pas, par écrit, à intervenir à Rome ou autre lieu tiers en un traité raisonnable qui remette les Grisons comme ils étoient en leur souveraineté, et si vous n'êtes assuré sous main qu'elle renonce à sa prétention des passages. Or, afin que vous ne puissiez vous tromper,

si mauvaise qu'elle ne pouvoit subsister; qu'il le conjurât de lui donner lieu de garantir sa réputation et le décharger du blâme que tout le monde lui donneroit, et, au reste, que, puisqu'il désiroit la paix, il devoit consentir à des tempéraments qui la pussent établir;

Que[1] S. M. eût agréable de dire à l'ambassadeur d'Espagne qu'elle écrivoit au Fargis qu'il la vînt trouver pour lui rendre compte de sa faute; que, outre que le traité qu'il avoit envoyé étoit défectueux en sa forme, il l'étoit encore en sa matière, y ayant à désirer plusieurs choses pour la satisfaction de ses alliés; qu'elle ne refuse point la paix, au contraire; que, n'ayant jamais eu autre dessein que de conserver à ses alliés ce qui leur appartient, elle seroit bien aise que le roi son frère lui donnât contentement en ce que dessus;

Que S. M. mandât au duc de Rohan qu'il se tînt prêt pour passer en Italie avec les troupes du Languedoc[2]; qu'on feroit aussi marcher les régiments de Normandie et d'Aiguebonne[3] en la Valteline; on manderoit à

---

la forme et les termes de l'acte qu'il faudroit qu'elle signât, ce que vous pourriez faire aussi, sera tel. » Ici devait s'intercaler un précis des engagements à prendre par l'Espagne. La fin de la pièce est de la main du Cardinal et correspond au paragraphe suivant.

1. Les quatre paragraphes suivants ont pour source le projet de réponse au prince de Piémont et à l'ambassadeur de Venise (Avenel, t. VII, p. 575), cité ci-dessus, p. 213, note 2.

2. Cette idée est aussi dans l'*Avis sur les affaires présentes* (Avenel, t. II, p. 201).

3. Cette décision était due aux prières instantes de Cœuvres. Rostaing-Antoine d'Urre du Puy Saint-Martin, seigneur d'Aiguebonne, marquis de Tréfort, fils d'Antoine d'Urre et de Baptistine de Simiane, mestre-de-camp d'un régiment d'infanterie en 1626, conseiller du Roi, lieutenant général de ses armées en 1648, négocia la paix avec Monsieur en 1632.

M. de Vignoles qu'il eût à border toute la frontière des États de M. de Savoie, du côté du Milanois, selon que S. A. le désiroit, pour donner lieu à Sadite Altesse de mettre toutes ses troupes en corps s'il en avoit besoin, et qu'on enverroit pour faire faire montre à l'armée de S. M.;

Que, si l'Espagne refusoit à donner contentement sur ce qui étoit en ce traité justement désiré d'elle, l'armée du Roi seroit en état de faire grand effet dans la duché de Milan.

S. M., ensuite, écrivit[1] à Fargis qu'il essayât de

1. Au lieu de cette courte analyse, le manuscrit A (fol. 13 v°-15 v°) donne le texte même de la lettre du Roi à M. du Fargis, publiée par Avenel, t. II, p. 187. La minute en est aux arch. des Aff. étr., Espagne 14, fol. 41-42. On en trouve des copies aux Arch. nat., KK 1363, fol. 131; à la Bibl. nat., mss. Dupuy 401, fol. 106, et Brienne 117, fol. 429. La date officielle est du 4 février; mais la minute fut rédigée le 31 janvier, et il y est question de la lettre envoyée par M. du Fargis le « 7° de ce mois ». Dans le manuscrit A, la lettre a été raturée, sauf le passage spécialement résumé dans le manuscrit B. Ce fut M. de Lingendes, maître ordinaire de l'hôtel du Roi et frère de l'ecclésiastique Nicolas de Lingendes, qui partit avec cette dépêche le 5 février (cf. lettre d'Herbault à du Fargis, du 6 février, aux Arch. nat., KK 1363, fol. 1331). Il emportait également une lettre de Richelieu, « les articles réformés » (arch. des Aff. étr., Espagne 14, fol. 2-9; Bibl. nat., ms. Dupuy 401, fol. 66-73), et un « Mémoire des observations faites sur chacun desdits articles pour servir d'instruction » à l'ambassadeur (Espagne 14, fol. 10 et suiv. et fol. 445-453. L'ordre n'est pas le même dans ces deux copies. Il est rectifié dans la première rédaction (fol. 445) par des lettres en marge de chaque alinéa. Une autre copie est à la Bibl. nat., ms. Dupuy 401, fol. 74-86). Sur la lettre du Roi, cf. aussi Avenel, t. VII, p. 577; Fagniez, le P. Joseph, p. 231; A. Baschet, Histoire de la chancellerie secrète, p. 324.

raccommoder cette affaire avec le comte d'Olivarès, et, s'il ne le pouvoit, qu'il prît congé et revînt en France pour rendre compte de ses actions, et qu'avant partir il fît entendre au nonce et aux ambassadeurs de ses confédérés qu'il avoit, sans charge et au hasard de sa tête, fait, conclu et signé ce traité, qu'il estime avantageux pour ses collègues[1], puisque les passages disputés et la souveraineté des Grisons demeurent comme ils sauroient souhaiter.

Les[2] principaux points que le Roi demandoit étoient qu'à l'entrée du traité la proposition en fût faite de la part des deux rois ensemble et que les peines qui seroient imposées aux contraventions qui pourroient arriver de la part des Grisons n'allassent pas jusqu'à la privation de leur souveraineté sur la Valteline[3], pour ce qu'il se feroit toujours en cela de la fraude de la part du roi d'Espagne[4]; mais qu'il suffisoit qu'ils fussent

1. C'est-à-dire pour les confédérés du Roi.
2. Au lieu de donner intégralement, d'après le manuscrit A, fol. 15 v°-20, la lettre de Richelieu à M. du Fargis, du 4 février 1626, publiée par Avenel, t. II, p. 189-193 (la minute des mains de Charpentier et de Richelieu est aux arch. des Aff. étr., Espagne 14, fol. 327-328, portant la mention : « Employé »; copie aux Arch. nat., M 232, liasse 3, pièce 4), le manuscrit B n'en donne que les phrases principales. Cette lettre est la source des cinq paragraphes suivants.
3. Au fond, Richelieu ne tenait pas essentiellement à ce point. M. Hanotaux, dans un article du *Journal des Savants*, 1879, p. 509, montre qu'il y tenait même si peu que, dans les articles de son instruction, il autorisait M. du Fargis à signer, à la rigueur, un article *secret* privant les Grisons de leur autorité et prérogatives sur les Valtelins. Il donne pour preuve de la véritable pensée du Cardinal le fragment 31 des *Maximes d'État*.
4. Cette incidente ne se trouve pas dans la source.

privés de la somme d'argent qu'il étoit accordé que les Valtelins leur donneroient tous les ans pour le droit qu'ils leur relâchoient d'élire leurs juges et magistrats d'entre eux, ou qu'à l'extrémité ils se soumissent encore à perdre le droit qu'ils s'étoient réservé de les confirmer, et à telles autres peines que les deux rois arbitreroient ensemble.

Néanmoins, afin de ne rien oublier qui pût amener une bonne paix, le Roi fit mander au Fargis qu'en cas qu'il ne pût réduire les choses pleinement au point qu'il étoit désiré, il pouvoit condescendre à faire un article secret[1] qui portât, qu'en cas que les Grisons, par résolution publique, dérogeassent aux présentes capitulations et ne voulussent s'en désister en l'instance qui leur en seroit faite par les deux rois, les deux rois les déclareroient privés de leur autorité et prérogatives sur les Valtelins, comtés de Bormio et de Chiavenne. Auquel cas les Valtelins et comtés auroient toujours les mêmes obligations à la couronne de France que les Grisons en ce qui touche les alliances et passages, en feroient serment solennel et en passeroient patentes authentiques, sur peine de déchoir des privilèges qui leur étoient accordés par le présent traité.

On lui manda aussi qu'il essayât avec dextérité à ménager un point qui[2] n'importoit point à l'Espagne

1. Au lieu du commencement de cet alinéa, on lit dans la source : « En tout cas, si vous êtes contraint d'accorder le traité sans les conditions portées au formulaire que M. d'Herbault vous envoie, il vaudroit beaucoup mieux mettre les neuf et onzième articles comme ils sont désignés en cette lettre, et faire un article secret... » Ce passage, reproduit dans le manuscrit A, a été ensuite mis par Sancy au style indirect.

2. De la main de Sancy dans le manuscrit A, fol. 19 v°. Le

et donneroit contentement au Roi; c'étoit que, dans l'un des articles[1], au lieu qu'il étoit porté absolument que les Valtelins auroient pouvoir d'élire leurs juges, gouverneurs et magistrats, on désireroit qu'ils eussent pouvoir de nommer trois Valtelins ou Grisons, tous catholiques, et non autres, dont les Grisons en pourroient choisir un; ou, s'il se pouvoit faire, que ce fussent les Grisons qui nommassent les trois susdits pour que les Valtelins en choisissent un, ce qui seroit encore le meilleur, et, qu'en ce dernier cas, on pourroit exempter les Valtelins de payer la somme de deniers stipulée pour cela[2]; et enfin que, pour vider tout différend et épuiser les sources qui en pourroient faire naître à l'avenir[3], il seroit bon de mettre un article par lequel les deux rois s'obligeroient de vider à l'amiable le différend qui étoit entre les Grisons et l'archiduc Léopold; que cet article pourroit se mettre dans le corps du traité ou être secret, et le Roi pourroit se faire fort pour les Grisons, et le roi d'Espagne pour l'archiduc Léopold[4].

texte primitif portait : « Il y auroit encore un point à ménager qui n'importe point à l'Espagne... » Ce paragraphe et les deux suivants correspondent au post-scriptum de la lettre de Richelieu. Le copiste ayant oublié une partie du premier, Charpentier l'a ajoutée en marge.

1. « Dans l'article troisième », dit la source.
2. « Par le neuvième article » (*ibid.*).
3. Correction par Sancy dans le manuscrit A. Ce qui correspond à ce paragraphe dans la source est de la main de Richelieu.
4. Au moment où Richelieu écrivait cette lettre paraissait un opuscule de l'aîné des Sainte-Marthe, qui travaillait évidemment sur l'ordre du Cardinal : *Expeditio Valtelinœa auspiciis Ludovici Justi regis invictissimi et christianissimi suscepta.* Imprimé chez Robert, avec privilège du 6 février 1626.

Tandis que ces choses se passoient avec le roi d'Espagne et que tout s'acheminoit à la paix[1], les ambassadeurs d'Angleterre, qui n'en savoient rien, arrivèrent à Paris pour rechercher une alliance défensive avec le Roi, traiter des affaires d'Allemagne[2] et se plaindre de Blainville, rejetant sur lui toutes les fautes qu'ils avoient faites, et solliciter les huguenots de s'accommoder, à quelque prix que ce fût, avec le Roi[3].

Pour l'alliance défensive, le Roi demanda que la restitution des vaisseaux qu'ils avoient pris seroit préalablement faite, mais que, si leur humeur n'étoit pas qu'elle y fût mise, comme ils chicanent en toutes choses, il n'étoit pas honorable à S. M. de renouveler cette alliance sans cela.

Sur les propositions qu'ils firent touchant les affaires d'Allemagne, on ne s'y arrêta guère, étant reconnus pour gens qui disent toujours beaucoup de choses et ne proposent rien qui se puisse ou qu'ils veulent exécuter.

On donna ordre de leur faire ramener les vaisseaux anglois qui avoient servi à l'armée navale, lesquels ils redemandoient.

1. Voyez ci-après, p. 247. La négociation avec l'Espagne se trouve coupée en deux.

2. Ces quatre mots ont été ajoutés par Sancy (ms. A, fol. 20 v°).

3. Cf. dans V. Siri, *Memorie recondite*, t. VI, p. 79, un résumé d'une audience des ambassadeurs anglais du 24 janvier 1626. Louis XIII, dans une lettre à Blainville du 14 mars (Arch. nat., KK 1363, fol. 235, et Bibl. nat., ms. Brienne 51, fol. 406-408, copies), parle d'une audience qu'il leur donna. Cette lettre n'est pas la source directe des paragraphes suivants; mais on y retrouve les mêmes idées, parfois les mêmes phrases.

Et, pour le regard de Blainville, le Roi leur fit sentir, auparavant que de les voir, qu'il étoit offensé du mauvais traitement qu'il avoit reçu[1] et que tout le tort étoit de leur côté. Ce qui leur fit changer le langage qu'ils avoient prémédité[2] et dire au Roi, en leur première audience, qu'ils avoient ordre de continuer à S. M. les plaintes que le roi leur maître lui avoit déjà faites de la mauvaise conduite de Blainville, mais que, ayant su depuis que S. M. avoit été autrement informée et qu'on lui avoit voulu persuader que sa dignité avoit été blessée en la qualité qu'il portoit de son ambassadeur, ils venoient pour l'assurer que cela étoit tellement éloigné des intentions du roi leur maître, qu'il recevroit des honneurs et des respects si publics que personne ne pourroit douter du dessein qu'il avoit de conserver par toutes voies son amitié et bonne intelligence, si nécessaires au bien de ces deux États, et que, pour cet effet, ils déclaroient à S. M. que le roi leur maître n'avoit jamais entendu lui

1. Sur les mauvais traitements subis par Blainville en Angleterre, cf. sa correspondance, pour l'année 1626, aux arch. des Aff. étr., Angleterre 36, 37, 38 et 41, *passim*.

2. La lettre de Louis XIII à Blainville porte : « Ils m'ont demandé audience et m'ont tenu les propos contenus en deux écrits que je vous envoie, par lesquels vous verrez qu'ils m'ont assuré que vous recevriez des honneurs et respects si publics que personne ne pourroit douter de l'intention qu'a ledit roi mon beau-frère de conserver par toute voie mon amitié et bonne intelligence, si nécessaire au bien de ces deux États. Quant à votre secrétaire, encore que lesdits ambassadeurs prétendent qu'il ait été innocemment arrêté par les officiers des lieux, ils ont toutefois promis qu'ils recevront telle peine que je voudrai, comme aussi qu'il me seroit donné toute satisfaction sur cette violence faite en votre logis... »

défendre les libertés permises et dues aux ambassadeurs.

Et quant au secrétaire, qui avoit été retenu, ils assuroient S. M. qu'il n'avoit point été reconnu; que le roi leur maître étoit très fâché de cette méprise et qu'il mettroit si bon ordre que tels inconvénients n'arriveroient plus; et que, bien que les maires des lieux où il avoit été arrêté l'eussent fait innocemment, ils recevroient telle peine que voudroit S. M.[1].

Ils demandèrent après la mainlevée de toutes les marchandises et navires appartenant aux Anglois[2] qui avoient été arrêtés en cet État, et, pour empêcher semblables maux à l'avenir, que S. M. eût agréable de

1. Le manuscrit A, fol. 20 v°, porte, raturé : « Le Roi leur répondit : Je suis très aise de l'éclaircissement que vous me donnez, vous confessant que cette affaire me tenoit au cœur. Si mon ambassadeur avoit manqué à ce qui est dû au roi mon frère et à ce que je veux qu'il lui soit rendu, j'en aurois plus de déplaisir que lui. Lors ils ajoutèrent : Nous supplions très humblement V. M. de nous donner consentement sur la prière que nous lui avons faite d'accorder la mainlevée. »

2. La lettre de Louis XIII à Blainville, du 14 mars 1626, porte : « Vous verrez aussi par le second écrit ce qui a été traité sur la levée et restitution des vaisseaux et effets des sujets des deux couronnes et comme, lesdits ambassadeurs m'ayant donné parole solennelle, par ordre reçu de leur maître, de faire restituer dans trois semaines, pour tout délai, les marchandises détenues en Angleterre, je leur ai accordé la mainlevée des saisies faites sur les effets et marchandises des Anglois. Suivant ce conseil, vous aurez à poursuivre par delà l'effet de cette restitution dans le terme préfix, sans presser néanmoins le jugement des prises jusques à ce que le sieur évêque de Mende, qui partira dans peu de jours, soit arrivé par delà. »

renouveler le traité fait en l'an 1610[1], l'assurant, par ordre exprès qu'ils disoient en avoir reçu du roi leur maître, que l'on restitueroit, dans trois semaines pour tout délai, les marchandises et navires détenus en Angleterre et qui seroient justifiés appartenir aux sujets de S. M.

Le Roi la leur accorda, mais à telle condition que[2], si en Angleterre on n'exécutoit pas fidèlement ce qu'ils promettoient si solennellement, et que son ambassadeur, ou l'évêque de Mende, qui, par le traité, pouvoient assister au jugement, lui écrivoient que l'on retînt quelque chose à ses sujets, le roi son frère trouveroit bon qu'il en fît de même[3].

1. Herbault à Blainville, 8 mars 1626 (Arch. nat., KK 1363, fol. 232 v°-233 v°, et Bibl. nat., ms. Brienne 51, fol. 403-404, copies) : « Lesdits ambassadeurs ont depuis quelques jours fait instance pour le renouvellement du traité de l'an 1610, conformément au troisième article d'icelui, ce qui, volontiers, leur avoit été accordé; mais comme, en même temps, ils poursuivoient la mainlevée de la saisie faite par les juges ordinaires de Normandie, des vaisseaux, biens et effets de leurs sujets, prétendant qu'elle ne leur pouvoit être déniée, suivant la teneur du[dit] article dudit traité, dont je vous envoie un extrait... »

2. Ceci a été corrigé par Sancy (fol. 22). Le manuscrit A (fol. 22) portait primitivement : « Le Roi leur dit : Je m'assure sur la parole solennelle que vous me donnez et m'y confie de telle sorte que, dès cette heure, je veux faire donner mainlevée. Mais si en Angleterre... »

3. Le manuscrit A, fol. 22 v°, donnait ici la fin d'un discours du Roi : « Je viens d'avoir avis d'une nouvelle offense qui a été faite en la maison de mon ambassadeur. Je ne vous en dis rien, parce que je veux croire que la réparation et le châtiment de ceux qui l'ont commise aura été suivi tout à l'instant; et, si cela n'étoit, j'aurois grand sujet de me plaindre. » A quoi ils répartirent : « Sire, V. M. aura raison d'en user ainsi

Le Roi donna avis à Blainville de tout ce qui s'étoit passé avec eux sur son sujet et lui commanda de demander audience au roi d'Angleterre pour recevoir de lui les bonnes paroles qu'il lui diroit comme ambassadeur, conformément au langage tenu ici par les siens[1]; après laquelle il demeureroit deux ou trois jours, plus ou moins, tant qu'il estimeroit à propos, puis demanderoit son audience de congé et s'en viendroit. Si, en partant, il pouvoit obtenir la délivance des marchandises françoises, ou de partie, il seroit bon; sinon, qu'il ne s'y arrêtât pas. S'il revenoit ayant été satisfait pour le Roi, S. M. enverroit, peu après, le sieur de Fossez pour y être son ambassadeur ordinaire, sinon le partement dudit sieur Fossez seroit fort différé, S. M. laissant à penser si elle voudroit envoyer un ambassadeur en lieu où les siens seroient si mal traités[2].

On traitoit la paix en Espagne avec un si grand secret[3] que non seulement on ne le savoit, mais on ne

si l'on ne fait justice sur la plainte des François. Quant au nouvel avis qu'elle a reçu, nous l'assurons qu'elle aura toute satisfaction sur ce sujet. »

1. Ici le manuscrit A, fol. 22 v°, porte : « Et, pour cet effet, il lui envoya la lettre suivante pour le roi [d'Angleterre]. » Le fragment de cette lettre, dont une copie intégrale se trouve aux Arch. nat., KK 1363, fol. 234 v°, a été raturé. Voyez le texte à l'appendice VIII.

2. Ce paragraphe résume une lettre de Louis XIII à Blainville, du 20 mars 1626 (Arch. nat., KK 1363, fol. 237; Bibl. nat., ms. Brienne 51, fol. 419, et arch. des Aff. étr., Angleterre 36, fol. 378, copies). Voyez l'appendice IX. Satisfaction fut donnée à la France, du moins en partie, et le Roi réitéra son congé à Blainville le 18 avril 1626.

3. Sur le secret gardé, cf. une lettre d'Herbault à Cœuvres, 19 mars 1626 (Arch. nat., KK 1363, fol. 216 v°).

s'en doutoit pas, et le Roi se préparoit si fortement à la guerre, qu'il n'y avoit aucun qui ne crût que ce ne fût un dessein arrêté.

Le prince de Piémont même vint en cour[1], quelque artifice dont on put user pour l'en empêcher, et sollitoit incessamment la charge de lieutenant général des armes du Roi en Italie.

Les ambassadeurs d'Angleterre, pour ne laisser refroidir l'ardeur avec laquelle ils voient poursuivre ce dessein[2], menaçoient les huguenots de les abandonner entièrement si, par la continuation de leur rébellion, ils divertissoient les armes de S. M. Le conné-

1. Il arriva le lundi 9 février et s'en retourna le mercredi 1er avril, selon le *Journal inédit d'Arnauld d'Andilly*, 1626, p. 8 et 15. Dans son *Avis sur les affaires présentes*, cité plus haut (Avenel, t. II, p. 195 et 201), Richelieu écrivait : « Pour M. le prince de Piémont, son voyage peut avoir et va apparemment à deux fins ; la première à embarquer ouvertement le Roi à la guerre et faire entrer dans le Milanois. La seconde à empêcher le retour de MM. le Connétable et de Créquy en Piémont et avoir le commandement des armées du Roi en Italie. » Bassompierre, dans ses *Mémoires* (éd. Chantérac, t. III, p. 224 et suiv.), dit de même : « Je trouvai à la cour M. le prince de Piémont, envoyé par le duc son père pour échauffer le Roi à faire l'année prochaine une bonne et forte guerre en Italie. » Voyez, dans le *Memorie recondite* de V. Siri (t. VI, p. 108), le récit d'une séance du Conseil du 22 mars, où le prince de Piémont parla pour la guerre. La cour de Turin espérait y réussir, comme on le voit dans la correspondance de M. de Marini, qui représentait la France dans cette ville (arch. des Aff. étr., Piémont 7, *passim*, et notamment fol. 40 et 62, lettre du 12 février 1626). Le prince quitta la France pour ne pas assister à la ratification de la paix, qu'il s'indignait de voir acceptée par le Roi sous le faux prétexte du manque d'argent (*Ibid.*, fol. 114-118, lettre du 17 avril 1626).
2. C'est-à-dire la conclusion de la paix avec l'Espagne.

table de Lesdiguières y ajoutoit ses offices et craignoit que l'esprit du Roi fût si ulcéré contre eux qu'il eût peine à se résoudre de leur pardonner l'atrocité de tant de crimes qu'ils avoient commis contre S. M.[1].

D'autre côté, le maréchal de Thémines[2], qu'on avoit envoyé à la Rochelle au lieu du maréchal de Praslin, les resserra de si près, dès qu'il fut arrivé, qu'ils abaissèrent leur orgueil et se soumirent à de plus équitables conditions qu'ils n'avoient fait jusques alors.

Par ces moyens, les choses furent si bien conduites et si chaudement poursuivies que la paix fut conclue et signée le 5ᵉ février avec les conditions avantageuses qui suivent.

1. Une longue lettre du connétable de Lesdiguières au Roi, de Turin, 24 décembre 1625, figure à cette place dans le manuscrit A, fol. 24-28, où elle a été rayée d'un trait de plume. Des copies en existent aux arch. des Aff. étr., France 780, fol. 109-110, et à la bibl. de Carpentras, ms. Peiresc, reg. XXXI, vol. 2, p. 296. Elle a été publiée par le comte Douglas et J. Roman dans *Actes et correspondance du connétable de Lesdiguières*, t. II, p. 430-431. C'est la copie du fonds France qui a été employée pour le manuscrit A. On y trouve au fol. 110, de la main de Charpentier : « Ceci entre en la 28ᵉ feuille. » Le connétable, dans cette lettre, fait surtout valoir le péril espagnol pour engager le Roi à assurer la paix intérieure.

2. Cf. *Mercure françois*, t. XI, p. 119 : « Cependant, le maréchal de Thémines (qui avoit succédé au maréchal de Praslin [mort le 31 janvier] au commandement de l'armée devant la Rochelle) resserroit les courses des Rochelois. Les prières et supplications réitérées des députés généraux de ceux de la religion prétendue réformée l'emportèrent enfin et gagnèrent la clémence de S. M., qui leur donna la paix aux conditions suivantes... »

Le[1] Roi, désirant donner la paix à ses sujets de la ville de la Rochelle, de la religion prétendue réformée, qui la lui ont demandée avec toutes sortes d'instances, de soumissions et de respects, la leur accorde aux conditions qui ensuivent[2] :

I.

Que le conseil et gouvernement de ladite ville sera remis et rétabli ès mains de ceux qui sont du corps d'icelle, en la forme qu'il étoit en l'année 1610.

II.

Qu'ils recevront un commissaire pour y faire exécuter les choses qui seront arrêtées pour l'exécution de la paix et y demeurer tant qu'il plaira à S. M.

III.

Qu'ils n'auront aucuns vaisseaux armés en guerre dans leur ville et observeront, pour le trafic, les formes établies et usitées au royaume, sans déroger (pour ce qui concerne ledit trafic) à leurs privilèges.

1. Cet alinéa a été rayé d'un trait de plume dans le manuscrit B; nous le conservons cependant parce qu'il n'a pas été biffé dans le manuscrit A. Il fait défaut dans le ms. Français 17542 de la Bibliothèque nationale.
2. Cf. pour les articles de la paix : arch. des Aff. étr., France 782, fol. 48; *Mercure françois*, t. XI, p. 120; Claude Malingre, *Histoire de nostre temps*, partie intitulée : *Suite de l'histoire de la rébellion pendant les années 1625, 1626, 1627, 1628, jusqu'à 1629*. Paris, 1629, in-8°, t. VI, p. 438; Édit sur la paix, mars 1626 (arch. des Aff. étr., France 782, fol. 106 et suiv.). Sur ce sujet, voyez aussi : *Mémoires de Rohan*, éd. Michaud et Poujoulat, p. 552-553.

IV.

Qu'ils restitueront tous les biens ecclésiastiques qui se trouveront par eux possédés, conformément à l'édit de 1598 et exécution d'icelui.

V.

Qu'ils laisseront jouir pleinement et paisiblement les catholiques de l'exercice et fonction de la religion catholique, apostolique et romaine, et des biens qui leur appartiennent en ladite ville, et leur restitueront ce qui se trouvera être en nature et raseront le fort de Tadon par eux nouvellement construit.

VI.

Et S. M., ne pouvant accorder le rasement du Fort-Louis, dont ceux de ladite ville de la Rochelle faisoient instance, promettoit, par sa bonté, de faire établir un tel ordre dans les garnisons qu'il lui plairoit laisser audit fort, comme dans les îles de Ré et d'Oléron, que les Rochelois ne recevroient aucun trouble ni empêchement en la sûreté et liberté du commerce qu'ils voudroient faire, suivant les lois, ordonnances et coutumes du royaume, non plus qu'en la jouissance des biens et perception des fruits qu'ils ont dans lesdites îles.

Fait et arrêté à Paris[1], le 5ᵉ jour de février 1626[2].

1. Le *Mercure* porte : « au Louvre ».
2. Cette ligne, conservée dans le manuscrit A, est rayée dans le manuscrit B. Elle fait défaut dans le ms. Français 17542. A la suite figure dans le manuscrit A, fol. 29 v° (on l'avait

Il est bien juste de s'arrêter un peu ici à considérer la prudence et le courage que le Cardinal a apportés en la conduite de cette affaire. Il n'ignoroit point que, faisant faire la paix avec les huguenots et leur témoignant quelque inclination à les favoriser auprès du Roi, il ne s'exposât à se mettre en mauvaise réputation à Rome. Mais il ne pouvoit venir par autre voie aux fins de S. M. Sa robe le rendoit suspect aux huguenots. Il étoit donc nécessaire qu'il se conduisît en sorte qu'ils crussent qu'il leur étoit favorable ; car, ce faisant, il avoit moyen d'attendre plus commodément le temps de les réduire aux termes où tous sujets doivent être en un État, c'est-à-dire de ne pouvoir faire aucun corps séparé et dépendre des volontés de leur souverain.

d'abord placé au fol. 28, où il a été barré; en marge : « N'est à son rang » ; la phrase n'y est pas dans le même ordre), un discours du Chancelier d'après Aff. étr., France 783, fol. 73, qui est publié dans le *Mercure françois*, t. XI, p. 123. Voici ce discours : « Le Chancelier, délivrant le traité de paix aux députés de la Rochelle, leur dit ces paroles : « Le Roi vous « donne la paix de bon cœur. Il se promet que vos actions à « l'avenir vous rendront dignes de cette grâce. Tout son Con- « seil s'en réjouit fort. Je ne doute point qu'elle ne soit de « durée et que vous ne rendiez de perpétuels témoignages de « votre fidélité au Roi. Ainsi, par vos longs services et conti- « nue obéissance, vous pouvez attendre de la bonté du Roi ce « que vous n'eussiez jamais obtenu par aucun traité, ès choses « même que vous estimez les plus pressantes, ésquelles on « pourra, en temps convenable, écouter vos supplications, « étant faites avec dû respect et humilité. » — Au lieu de *continue*, la seconde copie du manuscrit A porte *continuelle* et *puissantes* au lieu de *pressantes*. — Cf. « Acte de réception de la paix par la ville de la Rochelle », dans les *Maximes d'État*, p. 67, et le *Mercure françois*, t. XI, p. 123.

Ce lui étoit une chose fâcheuse à supporter, de se voir si injustement suspect à la cour romaine et à ceux qui affectent autant le nom de zélés catholiques que l'effet[1]; mais il se résolvoit de prendre patience aux bruits qu'on faisoit courre de lui, d'autant que, s'il eût voulu s'en purger par effet, il n'eût pas trouvé le compte de son maître ni celui du public.

Il ménagea, par ce moyen, si sagement cette affaire, que la paix se fit avec l'entremise des ambassadeurs d'Angleterre, sans toutefois qu'ils s'en mêlassent autrement qu'en témoignant aux huguenots que, quoi qu'on leur eût dit par le passé, ils ne devoient attendre aucun secours du roi leur maître, qui, au contraire, assisteroit le Roi de toutes ses forces en cette occasion[2]; de sorte qu'ils agirent en cette affaire non comme arbitres, mais comme parties seulement.

L'on surprit un avis que le duc de Rohan[3] envoyoit à Soubise, par lequel il reconnoissoit que, sans la sollicitation desdits ambassadeurs, ils n'eussent jamais reçu la paix; mais qu'ils avoient peur, les refusant, d'of-

1. Voyez les *Maximes d'État*, fragment 157.
2. Quelques jours après la signature de la paix, le 11 février, les ambassadeurs anglais avaient donné aux députés des églises réformées un écrit rendant leur maître garant du traité et promettant de les aider à obtenir la démolition du Fort-Louis (Aff. étr., Angleterre 41, fol. 23; Bibl. nat., Cinq-Cents Colbert, t. XVII, fol. 343 et 345 v°, copies; publié par Benoît, *Histoire de l'Édit de Nantes*, t. II, pièces justificatives, p. 80). L'ambassadeur de Hollande, Aerssen, s'était aussi entremis pour la paix. Cf. deux lettres de lui à Richelieu, dans les *Archives de la maison d'Orange-Nassau*, t. III.
3. Sur le rôle de Henri de Rohan à cette époque, cf. G. Schybergson, *le Duc de Rohan et la chute du parti protestant en France*. Paris, 1880, in-8°.

fenser celui duquel seul la Rochelle avoit espéré assistance; mais que lesdits ambassadeurs, bien qu'avisés, se laissèrent décevoir par la prudence du Cardinal, pour ce qu'ils espéroient que le Roi, ayant la paix chez lui, se résoudroit plus facilement d'entrer en ligue offensive avec l'Angleterre et d'embrasser la protection des Hollandois et des Allemands contre la maison d'Autriche, et qu'après on pourroit obtenir, par l'intercession du roi d'Angleterre, le rasement du Fort-Louis et faire remettre les îles de Ré et d'Oléron en leur premier état, ce qui ne seroit pas[1].

Cette paix, si désavantageuse pour eux, les met en tel désespoir que Mme de Rohan[2], leur mère, ne sachant plus quel conseil donner à Soubise, le persuade, par une lettre interceptée du 23e mai[3], de se joindre aux corsaires morisques et se retirer en Barbarie. Et, pour pallier son impiété, elle lui use de ces paroles : « C'est une chose approuvée en cas de nécessité. Ils ne sont point Turcs; mais les catholiques les nomment tels parce qu'ils ne reconnoissent point le Pape. Mais, au reste, leur religion est plus semblable à celle de ceux

---

1. Ce paragraphe et les deux suivants ont été ajoutés sur une feuille supplémentaire dans le manuscrit A, fol. 31.
2. Voyez l'ouvrage du comte de Chabot, *Une cour huguenote en Bas-Poitou. Catherine de Parthenay, duchesse de Rohan.* Paris, 1904.
3. Dans une lettre de Richelieu à l'évêque de Mende, en Angleterre, du 26 juillet 1626 (Aff. étr., Angleterre 41, fol. 164, copie de la main de Charpentier; publiée par Avenel, t. VII, p. 588), on lit : « ... nous avons surpris un paquet de Mme de Rohan, la mère, à M. de Soubise en Angleterre, qui l'excite comme une mégère à faire ce qu'il pourra pour recommencer la vie qu'il a faite. Nous ne doutons pas de sa bonne volonté, mais bien de sa puissance... »

de la religion qu'à celle des catholiques. Ils n'ont aussi que le nom de turc, car ils sont chrétiens et négocient avec les Hollandois avec qui ils ont alliance. On ne vous propose pas de les aller trouver, mais de se trouver ensemble sur mer pour y chasser de compagnie. »

Mère[1] indigne du nom de mère, dont la nature et le devoir est de procurer du bien à ses enfants. Et elle, non contente d'avoir élevé le sien au mal, voyant qu'il n'en peut plus faire à la France, le porte à nuire à toute la chrétienté, essayant néanmoins, pour sa consolation, de se faire croire que les Turcs ne sont point Turcs et qu'il n'est point jour en plein midi; disant seulement vérité en une chose, que la religion huguenote a de la conformité avec celle des Morisques, car l'une et l'autre vient d'un même principe, qui est le malin esprit.

Si le Roi avoit donné la paix à ses sujets rebelles, il n'étoit pas moins nécessaire de la mettre entre le clergé et le Parlement, qui étoient aux prises, bien avant, sur la censure que l'évêque de Chartres avoit fait imprimer[2]. Il s'étoit ému quelques paroles, le

---

1. Avant d'être corrigé par Sancy, le manuscrit A, fol. 31 v°, portait simplement : « Mère indigne de ce nom, qui d'ordinaire procure du bien à ses enfants, puisque, non contente de l'avoir élevé au mal, voyant qu'il n'en peut plus faire à la France, le porte à nuire à toute la chrétienté. »

2. Léonor d'Estampes, évêque de Chartres, avait présenté à l'assemblée du clergé, le 13 décembre 1625, une déclaration censurant les libelles *Admonitio* et *Mysteria politica*. Outre les impressions à part de cette pièce, on la trouve dans la *Collection des procès-verbaux des assemblées générales du clergé de France*. Paris, 1678, t. II, pièces justificatives, n° XV, p. 101-115. Le *Mercure françois*, t. XI, p. 1068, en donne une

17ᵉ janvier¹, entre les évêques de Soissons et de Langres² sur le sujet de cette censure, laquelle celui de Langres improuvoit aux termes auxquels elle étoit couchée.

Le Parlement, craignant que l'on y changeât quelque chose d'essentiel et que les droits du Roi reçussent quelque préjudice, fit défenses, par arrêt du 21ᵉ janvier, à MM. les prélats de s'assembler pour faire autre censure des libelles intitulés : *Mystères politiques* et *Admonitio*, que celle du 13ᵉ décembre, ni d'en publier aucune autre que celle-là³.

Les prélats, n'ayant pas cru devoir en cela déférer au Parlement, étant assurés de la piété du Roi, qui veut que sous son règne l'Église soit conservée en ses privilèges et libertés, ne laissèrent pas de s'assembler chez le cardinal de la Rochefoucauld les 26ᵉ et 27ᵉ février, et d'un unanime consentement désavouèrent la cen-

traduction française. Le ms. Brienne 172 (Nouvelles acquisitions françaises 7143) de la Bibl. nat. en renferme une copie (fol. 1-17), ainsi que de nombreuses autres pièces relatives à cette affaire. Cette censure des libelles est une apologie de la politique de Richelieu. Sur cette affaire, cf. notamment : Hubault, *De politicis in Richelium lingua latina libellis*, 1856; G. Fagniez, *l'Opinion publique et la presse politique sous Louis XIII;* abbé Houssaye, *le Cardinal de Bérulle et le cardinal de Richelieu*, p. 60 et suiv.

1. Cf. *Mercure françois*, t. XI, p. 99.
2. Simon le Gras, évêque de Soissons en 1624, † 1656; Sébastien Zamet, évêque de Langres en 1615, † 1655.
3. Arch. nat., registre du Parlement de Paris, Conseil, X¹ᵃ 1965, à la date; *Mercure françois*, t. XI, p. 99-102; du Plessis d'Argentré, évêque de Tulle, *Collectio judiciorum de novis erroribus*, t. II, 2ᵉ partie, p. 199-200. Cet arrêt fut réitéré le 18 février (Arch. nat., X¹ᵃ 1966, fol. 217; *Mercure françois*, t. XI, p. 102; *Collectio judiciorum*, t. II, p. 200-201).

sure de l'évêque de Chartres et en firent une autre selon leur intention[1].

Le Parlement l'ayant su donna un arrêt, le 3ᵉ mars, par lequel il cassoit et annuloit ladite assemblée faite au préjudice de leur défense, qu'elle réitéroit de nouveau pour l'avenir, et enjoignoit à tous les prélats de

---

1. *Mercure françois*, t. XI, p. 105; *Collectio judiciorum*, t. II, p. 201; *Collection des procès-verbaux du clergé*, t. II, pièces justificatives, p. 116. On trouve aussi imprimées à part (Bibl. nat., Lb³⁶ 2549) ces *Propositions accordées à Sainte-Geneviève, présent Mgr le Cardinal, sur le fait de la censure*. S. l., 1626, in-16. Voici cette pièce, dont la fin a servi à la rédaction des *Mémoires*, pour ce qui va suivre : « Les évêques d'Avranches, de Chartres et de Soissons tomberont d'accord de l'acte qui a été signé le 26 février 1626, à Sainte-Geneviève, chez Mgr le cardinal de la Rochefoucauld, sur le fait de la censure en date du 13 décembre dernier, pourvu que ceux qui l'ont signé demeurent pareillement d'accord avec lesdits sieurs évêques des trois propositions qui ensuivent : La première : que, pour quelque cause et occasion que ce puisse être, il n'est permis de se rebeller et prendre les armes contre le Roi. La deuxième : que tous sujets sont tenus d'obéir au Roi et que personne ne les peut dispenser du serment de fidélité. La troisième : que le Roi ne peut être déposé par quelque puissance que ce soit, sous quelque prétexte ou occasion que ce puisse être. Nous, évêques d'Avranches, de Chartres et de Soissons, souscrivons ce que dessus. Fait à Paris, le 27 février 1626. Étant signé, à savoir : François, évêque d'Avranches, avec protestation de n'avoir signé l'acte fait à Sainte-Geneviève [c'est-à-dire la nouvelle censure] qu'à cette condition; — Léonor d'Estampes, évêque de Chartres; — Simon Le Gras, évêque de Soissons. Pour collation, signé : Édeline, secrétaire de Mgr l'évêque de Chartres. » Ces Propositions se trouvent encore dans le *Mercure françois*, 1625, t. XI, p. 1097, « où il est dit que la *Déclaration* fut imprimée tant en latin qu'en françois et louée pour les belles maximes qu'elle contenoit, conformes aux lois de l'État, savoir : ... »

[1626] DE RICHELIEU. 235

se retirer dans quinze jours en leurs diocèses, sur peine de saisie de leur temporel[1]. Cet arrêt leur ayant été signifié le 7e mars, le sieur Miron, évêque d'Angers[2], fit au nom d'icelle une réponse par écrit[3], avec tant de liberté et d'assurance, que le Parlement, les chambres assemblées, condamna ladite réponse à être brûlée par l'exécuteur de haute justice et décréta ajournement personnel contre ledit évêque[4]. L'évêque de Chartres, d'autre part, qui étoit en l'assemblée où on désavoua sa censure, ne se voulut pas rendre à la voix commune, mais dit seulement qu'il souscriroit à leur avis, pourvu qu'ils demeurassent pareillement d'accord avec lui des trois propositions qui s'ensuivent[5] :

La première, que, pour quelque cause et occasion que ce puisse être, il n'est permis de se rebeller et prendre les armes contre le Roi ;

La deuxième, que tous sujets doivent obéir au Roi,

1. Arch. nat., X1a 1967, fol. 12 du jour; *Mercure françois*, t. XI, p. 106; *Collectio judiciorum*, t. II, p. 202.

2. Charles Miron, 1569-16 août 1628, fils de Marc Miron, médecin de Henri III, évêque d'Angers à dix-huit ans (1587), résigne son évêché en 1615, à la suite de démêlés avec son chapitre, se retire à Saint-Lomer de Blois comme abbé, redevient évêque d'Angers en 1622 à la mort de Guillaume Fouquet, a de nouvelles querelles, et, pour les terminer, le Pape le nomme archevêque de Lyon, ce qu'Omer Talon estime contraire aux libertés de l'Église gallicane.

3. *Collection des procès-verbaux*, t. II, p. 116.

4. Arrêt du 9 mars (Arch. nat., X1a 1967, fol. 2 v° du jour; *Mercure françois*, t. XI, p. 106; *Collectio judiciorum*, t. II, p. 202).

5. Pour cette phrase et les propositions suivantes, voyez plus haut, note 2.

et que personne ne les peut dispenser du serment de fidélité ;

La troisième, que le Roi ne peut être déposé par quelque puissance que ce soit, ni sous quelque prétexte et occasion que ce puisse être.

Les évêques d'Avranches et de Soissons signèrent cette réponse avec l'évêque de Chartres.

Ce différend causoit un grand bruit. Le clergé étoit divisé. Le Parlement s'animoit contre l'Église, et la matière de la dispute touchoit l'autorité et la personne du Roi. Il falloit empêcher le schisme, réunir le clergé, maintenir l'autorité de l'Église, et ne pas violer celle du Parlement, qui, en beaucoup d'occasions importantes, est nécessaire à la manutention de l'État.

Le Cardinal, intéressé en ces deux corps par la dignité qu'il a en l'Église et par la qualité de premier ministre de l'État, sans blesser les droits d'aucune des parties, par un sage tempérament les mit d'accord. Il conseilla au Roi d'évoquer à sa propre personne la connoissance de cette affaire ; ce qui fut fait par arrêt du Conseil du 26e mars[1]. A quoi le Parlement ne déférant pas absolument[2], comme il eût dû, le Cardinal crut devoir conseiller au Roi de mener cette affaire avec grande douceur et force tout ensemble. Il lui remontra que ce n'étoit pas d'aujourd'hui que les Parlements veulent prendre connoissance des affaires générales ;

1. Les manuscrits des *Mémoires* portent à tort la date du 6 mars (*Mercure françois*, t. XI, p. 109; *Collectio judiciorum*, t. II, p. 207).

2. Arrêt du Parlement du 28 mars, confirmant les premiers (Arch. nat., X.1a 1967; *Mercure françois*, t. XI, p. 109-110; *Collectio judiciorum*, t. II, p. 208).

Qu'ils ne considèrent point qu'ils ne sont pas institués pour cela, et que les grandes compagnies sont bonnes à faire exécuter sévèrement ce qui est délibéré et résolu par peu, étant de la multitude des conseillers au respect d'un État comme il est de celle des médecins au regard d'un malade, où le grand nombre est nuisible, comme disoit un empereur en mourant que la multitude des médecins l'avoient tué, et partant, qu'il étoit à propos que S. M., au Conseil qui se tiendroit sur ce sujet, témoignât son indignation être grande contre eux.

Ce qu'elle fit[1], et peu de jours après envoya querir

1. Au lieu de la fin de cet alinéa, on lisait dans le manuscrit A, fol. 33 v° : « Et dit qu'elle trouvoit bon que le Parlement lui remontrât ses raisons quand il estimoit en avoir lieu, et qu'elle y faisoit volontiers considération quand elle le jugeoit à propos et qu'elle le pouvoit; mais de disputer tous les jours comme pair et compagnon avec lui et tirer au court bâton pour savoir qui sera le maître, elle ne le pouvoit supporter; que c'étoit à eux de rendre la justice aux particuliers, non pas se mêler des choses générales qui concernent le gouvernement de l'État; qu'elle savoit comme le Roi son père en avoit usé, qu'elle ne se considéroit pas moins que lui et leur montreroit qu'elle étoit le maître. Tout ceci, dit-elle, va à brouillerie; le général a bonne intention, mais les particuliers ont d'autres pensées. Je loue le Parlement d'empêcher le cours de ces mauvais livres; mais il ne faut pas qu'ils viennent à des extrémités qui puissent porter des furieux à venir, sous prétexte de religion, à l'exécution de leur mauvaise doctrine. J'ai beaucoup d'affaires; quand j'aurai mis ordre aux plus pressées, je penserai aux autres. » Le Roi, après avoir proféré ces paroles de rigueur, fit opiner un chacun, puis ajouta « qu'elle vouloit tenter toute voie douce auparavant que de se servir de son autorité. Et partant qu'elle vouloit premièrement envoyer parler aux présidents et leur témoigner les raisons qu'elle avoit d'en user ainsi, et qu'elle s'assuroit qu'ils se mettroient en leur devoir. A quelques jours de là, elle envoya

quelques-uns du Parlement qu'elle reprit de leur faute, puis Messieurs du clergé, auxquels elle dit qu'elle les maintiendroit toujours en leurs immunités, n'approuvoit pas les arrêts du Parlement contre eux; mais aussi qu'ils se devoient abstenir en leurs réponses de termes qui piquassent cette Compagnie.

Cela mit bien une fin à la dispute du clergé avec le Parlement; mais dans le clergé l'émotion s'augmentoit contre ce qu'avoit fait l'évêque de Chartres, d'autant qu'il sembloit qu'en la censure qu'il avoit fait imprimer, il blâmoit d'hérésie quelques opinions qui sont tenues et suivies pour bonnes en plusieurs lieux de la chrétienté, et particulièrement à Rome.

Le Cardinal étendit encore son soin sur ce sujet, et

querir Messieurs du clergé et leur dit qu'elle les maintiendroit toujours en leurs immunités; qu'elle n'approuvoit pas les arrêts du Parlement contre eux, mais aussi qu'ils devoient s'abstenir en leurs réponses de termes qui piquassent cette compagnie; qu'il entendroit le Parlement et leur feroit raison à tous. S. M. ensuite ayant appelé quelques-uns du Parlement, leur dit qu'il étoit fâché que le clergé et eux s'étoient portés d'une si grande aigreur; qu'il savoit bien que leurs intentions alloient toujours au bien de sa couronne et qu'il prenoit le soin de pourvoir à cette affaire. Cela mit bien une fin, etc. » En marge, de la main de Sancy : « On pourroit accourcir cette page et la suivante ainsi : Ce qu'elle fit, et peu de jours après, etc... » Le 28 mars, le Roi envoya chercher les présidents du Parlement et quelques-uns de ses conseillers par Sauveterre, son valet de chambre (Arch. nat., X^{1a} 1967, fol. 1 du jour). Le lundi 30, le premier président rendit compte de l'entrevue. On voit dans la *Collection des procès-verbaux du clergé* que, le 28 mars, les prélats envoyèrent le cardinal de la Valette et quelques autres demander audience au Roi, qui la leur promit pour le 30, et témoigna son mécontentement de l'arrêt du Parlement. Celui-ci ayant déféré à l'évocation le 30, l'audience n'eut pas lieu.

y trouva plus de difficulté qu'il n'avoit fait en tout le reste de l'affaire; car il étoit question de faire rétracter un homme constitué en dignité, et qui se voyoit appuyé de personnes puissantes qui eussent bien voulu que la dispute fût allée plus avant. Néanmoins, à la fin, moitié par douceur et moitié par autorité, il obligea l'évêque de Chartres à donner la déclaration suivante, écrite et signée de sa main[1] :

« Nous, soussigné, évêque de Chartres, déclarons qu'en la déclaration que nous avons faite, par le commandement du clergé, pour réfuter et condamner les livres *Admonitio ad Regem* et *Mysteria politica*, souscrite de nous, en date du 13ᵉ jour de décembre dernier, nous n'avons eu autre intention que de suivre la doctrine qui a toujours été tenue en ce royaume, tant pour la sûreté de la personne de nos rois que de leur État, sans avoir voulu ni entendu, en aucune façon, condamner ni l'opinion contraire ni aucune autre d'hérésie.

« Fait à Paris, ce 29ᵉ jour de février 1626.

« L. d'Estampes, évêque de Chartres. »

Il s'éleva[2] en même temps une dangereuse tempête

---

1. Cette déclaration se trouve dans Aff. étr., France 782, fol. 65-66, avec la mention : « Employé », et au dos, de la main de Charpentier : « Reconnoissance de M. de Chartres sur la censure du 29 février 1626, qui servira à prouver que Monsieur le Cardinal ne connut pas plus tôt le mal du livre de M. de Chartres qu'il n'y chercha remède. »

2. Cf. *Maximes d'État et fragments politiques*, publiés par Hanotaux, fragment 158, qui, dans le manuscrit B (Bibl. nat., Clairambault 521, fol. 83), porte la mention : « Employé » : « Il arrive une tempête contre les Jésuites, excitée contre eux

contre les Pères jésuites, les libelles dont nous avons parlé ci-dessus leur étant attribués, comme étant la pernicieuse doctrine qu'ils contiennent, la doctrine particulière de leur ordre. On prit le sujet de cette accusation sur le plus méchant de tous les livres de cette sorte, qui fut envoyé de Rome en France, composé par un d'entre eux nommé Sanctarellus[1], et approuvé de Vitelleschi, leur général[2]. Entre plusieurs fausses maximes que l'esprit de flatterie, non de vérité, lui fait écrire à Rome, sont celles-ci[3] :

« Que le Pape peut donner des curateurs aux empe-

tant par certains livres contenant une dangereuse doctrine contre les rois que par la lassitude que chacun avoit de voir qu'ils se mêlassent de trop d'affaires. Les parlements firent brûler [le livre de] Santarellus dont il est question et, en outre, les vouloient contraindre à soussigner quatre points qu'ils vouloient qu'ils crussent comme étant de leur croyance... »

1. *Tractatus de hæresi, schismate, apostasia, sollicitatione in sacramento pœnitentiæ et de potestate Summi Pontificis in his delictis puniendis*. Rome, 1625, in-4°, dédié au cardinal de Savoie. Antonio Santarelli, né à Atri en 1569, mort à Rome le 5 décembre 1649, jésuite à seize ans, professeur de théologie à Rome, est aussi l'auteur d'une *Vie de Jésus et de la Vierge* (1625).

2. Il avait été aussi approuvé par le vice-régent de S. S. et par le maître du Sacré-Palais (*Mercure françois*, t. XI, p. 83). Sur Santarel et cette affaire, on peut consulter V. Siri, *Memorie recondite*, t. VI, p. 120; le P. Fr. Garasse, *Histoire des Jésuites de Paris*, publiée par le P. Carayon, 1864, ch. XVI, p. 138 et suiv.; le P. Prat, *Recherches historiques et critiques sur la Compagnie de Jésus*, t. IV, livre II, ch. II).

3. Les propositions qui suivent sont la traduction de quelques-unes de celles qui se trouvent dans un « Extrait du livre d'Antoine Santarel... » (Aff. étr., Rome 40 (année 1627), fol. 311-313). Toutefois, les alinéas 4 et 8 ne se trouvent pas dans l'extrait et l'ordre n'est pas le même. Voyez aussi l'extrait

reurs et aux princes, quand ils sont inutiles à bien gouverner;

« Qu'il peut punir et déposer quelque prince de la terre que ce soit, quelque exempté qu'il puisse être[1];

« Qu'il a pouvoir de déposer les rois, non seulement pour hérésie et pour schisme, mais pour quelque crime intolérable, ou pour leur insuffisance, ou pour leur négligence;

« Qu'il a pouvoir d'admonester les rois et les punir de peine de mort;

« Qu'il peut non seulement tout ce que les princes séculiers peuvent, mais en faire des nouveaux, déposer les autres et diviser les empires;

« Qu'il est serviteur des serviteurs de Dieu quant à l'humilité; mais quant à la puissance, il est seigneur des seigneurs, et quelque puissance qui soit sous le ciel est en lui;

« Qu'il a une puissance temporelle très ample sur tous les princes, rois et empereurs;

« Que tous les princes qui gouvernent les États les gouvernent comme en ayant commission de S. S., qui les pourroit gouverner par elle-même. »

Ces maximes sont capables de ruiner toute l'Église de Dieu, à laquelle les puissances temporelles doivent être soumises par amour, qui est la soumission de la

---

publié dans le *Mercure françois*, t. XI, p. 84, et dans la *Collectio judiciorum*, t. II, p. 203. Toutes ces propositions se retrouvent dans l'ouvrage de Santarelli, p. 293-300.

1. Note de l'extrait indiqué ci-dessus : « Or, il n'y a point de roi en la chrétienté exempté de l'excommunication du Pape que le roi de France, et ce par plusieurs bulles qui sont dans les chartes du Roi, de sorte que celui-là marque le roi de France. »

grâce, non par force et contrainte, qui est la soumission de l'enfer. Il y auroit peu d'assurance dans les États si elles avoient lieu. Qui est le prince à qui on ne puisse faussement imputer des crimes, plus facilement de l'insuffisance à gouverner et davantage encore de la négligence à s'en acquitter comme il doit? Qui seroit le juge de ces choses? Qui les considéreroit sans passion et sans intérêt? Ce ne seroit pas le Pape, qui est prince temporel, et n'a pas tellement renoncé aux grandeurs de la terre qu'il y soit indifférent. Il n'y a que Dieu seul qui en puisse être juge; aussi les rois ne pèchent-ils qu'envers lui, à qui seul appartient la connoissance de leurs actions.

Comment les souverains pontifes auroient-ils autorité de punir les princes de peine de mort, puisqu'ils sont vicaires de Jésus-Christ et pasteurs sous celui qui est venu au monde afin de donner vie et abondance de vie, et pour subir la mort plutôt que de la donner?

Quant à l'appeler seigneur des seigneurs, c'est vouloir faire d'un pape un roi de Perse, et d'un vicaire de Jésus-Christ un lieutenant de Mahomet.

Il est croyable que le Pape établiroit mieux son autorité légitime s'il arrêtoit le cours des écrivains qui ne lui prescrivent point de bornes, d'autant que cela donne lieu à beaucoup de gens mal affectionnés au Saint-Siège de ravaler sa puissance au delà de ce qu'elle doit être en effet.

C'est ce que dit saint Bernard en termes exprès, lorsque, parlant au Pape, il fait comparaison d'un créancier qui, pour demander plus qu'il ne lui est dû, oblige celui qui lui doit légitimement à nier la dette, et montre au Pape que souvent les prétentions de celui qui veut tout sont réduites à rien.

Il est utile dans les États d'empêcher le cours des livres qui détruisent la légitime autorité des princes[1] et contiennent de pernicieuses maximes pour leurs personnes en faveur des papes; mais il le faut faire avec le moins de bruit et d'éclat qu'il est possible, de peur qu'il ne se trouve des furieux qui, sous prétexte de défendre les droits de l'Église mal entendus par eux, ne se portent à attaquer et opprimer les droits et les personnes des princes les meilleurs du monde.

Ce méchant livre, composé par un jésuite, fit émouvoir l'Université contre eux, taxant leur doctrine, et soulever plusieurs autres qui déjà leur étoient mal affectionnés, par la lassitude que chacun a de voir qu'ils se mêlent de trop d'affaires[2]. La cour de Parlement fit brûler ce livre par arrêt du 13e mars[3]. La Sorbonne[4] le censura comme contenant une doctrine

1. *Maximes d'État...*, appendice I, d'après Bibl. nat., ms. Français 25666, fol. 70-73 : « Ce que M. [le cardinal de Richelieu] dit au Roi en février 1626 sur le sujet de la censure de Santarel. » Cf. aussi *Collectio judiciorum*, t. II, 2e partie, p. 255-256. On y trouve cette idée qu'il est nécessaire d'empêcher le cours de ce pernicieux livre; « mais on a estimé qu'il falloit parvenir à cette fin par une voie innocente, et non telle qu'elle mît la personne du Roi en plus grand péril que celui qu'on veut éviter. »

2. Le Père Cotton, craignant le scandale et l'effet produit sur l'opinion publique par ce livre, avait essayé d'en retirer tous les exemplaires.

3. Arch. nat., X¹ᵃ 1967, fol. 5 du jour; *Collectio judiciorum*, t. II, p. 204; *Mercure françois*, t. XI, p. 87.

4. Ce paragraphe a été ajouté en marge du manuscrit A,

nouvelle, fausse, erronée, contraire à la parole de Dieu, et qui rend la dignité du Souverain Pontife odieuse ; ouvre le chemin au schisme, déroge à l'autorité souveraine des rois, qui ne dépend que de Dieu seul, et empêche la conversion des princes infidèles et hérétiques ; trouble la paix publique, renverse les États, royaumes et républiques, détourne les sujets de l'obéissance qu'ils doivent à leurs souverains et les induit à des factions, rébellions et séditions, et à attenter à la vie de leurs princes. Cette censure fut faite le 1ᵉʳ avril et revue le 4ᵉ.

Le Parlement envoya querir les Jésuites[1] et les voulut contraindre à soussigner quatre propositions qu'il leur présenta, concernant l'autorité indépendante du Roi. Ils[2] s'en excusèrent[3], s'offrant d'y souscrire,

---

fol. 39, par Charpentier. Il est extrait de la censure de la Faculté de théologie : *Collectio judiciorum*, t. II, p. 210-214 ; *Mercure françois*, t. XI, p. 95-98. Elle a été aussi publiée à part, chez P. Durand, en 1626.

1. Arch. nat., X¹ᵃ 1967, 14 mars; *Mercure françois*, t. XI, p. 89 et suiv.; le P. d'Avrigny, *Mémoires chronologiques et dynastiques*, t. I, p. 397; Jourdain, *Histoire de l'Université de Paris au XVIIᵉ et au XVIIIᵉ siècle*, p. 111. — Les Jésuites convoqués étaient les PP. Cotton, Filleau, Brossault et Ignace Armand. Les propositions que le Parlement voulait leur faire signer étaient : « Le Roi ne tient son état que de Dieu et de son épée. Le Pape n'a aucune puissance, ni coercitive, ni directive, sur les souverains. Le Roi ne peut être excommunié personnellement. Le Pape ne peut délier ses sujets du serment de fidélité, ni mettre le royaume en interdit, pour quelque cause que ce puisse être. »

2. Les paragraphes suivants ont pour source le fragment 158 des *Maximes d'État*.

3. La source porte : « Ils s'en exemptèrent, disant qu'ils les signeroient si le clergé... »

si le clergé de France et la Sorbonne faisoient de même.

On vouloit[1] passer outre à leur vouloir défendre de plus enseigner et ouvrir leurs écoles[2], ou à les chasser même de France. Le Cardinal dit au Roi qu'il y a certains abus qu'on abolit plus aisément en les tolérant qu'en les voulant détruire ouvertement; que bien qu'aucunes fois[3] on sache des opinions être mauvaises, il est dangereux de s'y opposer, principalement quand elles sont colorées du prétexte de religion; qu'il estimoit[4] qu'il étoit bon que S. M. louât le Parlement de l'action qu'il avoit faite en faisant brûler le livre, et empêchant que telle pernicieuse doctrine n'eût cours en ce royaume, mais qu'il falloit mettre ordre[5] qu'ils ne passassent jusqu'à un point qui pouvoit être aussi préjudiciable à son service comme leur action y avoit été utile. La raison de ce conseil aboutissoit à ce qu'il falloit réduire les Jésuites en un état qu'ils ne puissent nuire par puissance, mais tel aussi qu'ils ne se portassent pas à le faire par désespoir;

---

1. La source porte : « Le Parlement vouloit passer outre; leurs mouvements alloient à leur défendre d'enseigner en leurs écoles... »

2. Fancan reprendra cette idée dans un *Avis au Roi* (entre le 16 mars et septembre 1627) (Aff. étr., France 787, fol. 22, publié par G. Fagniez à la suite de *Fancan et Richelieu : Revue historique*, 1911).

3. Style direct dans le premier état du manuscrit A, fol. 39 v°, corrigé par Sancy.

4. La source portait d'abord : « J'estimai »; puis Charpentier corrigea : « Le Cardinal estima. »

5. La source porte : « qu'il falloit empêcher », de même que le premier état du manuscrit A, fol. 39 v°. La correction est de Sancy.

auquel cas il se pourroit trouver mille âmes furieuses et endiablées qui, sous le prétexte d'un faux zèle, seroient capables de prendre de mauvaise résolutions qui ne se répriment ni par le feu ni par autres peines.

Ensuite de quoi la cour se contenta d'une déclaration du 16ᵉ mars, que les Jésuites donnèrent par écrit[1], par laquelle ils reconnoissoient que les rois relèvent indépendamment de Dieu, détestoient la mauvaise doctrine de Santarel en ce qui concerne la personne des rois, leur autorité et leurs États, et promettoient souscrire à la censure qui en pourroit être faite par le clergé et la Sorbonne, et ne professer jamais aucune doctrine contraire à celle qui seroit tenue en cette matière par le clergé, les universités du royaume et ladite Sorbonne. Ainsi on empêcha la ruine des Jésuites et on

---

1. Ce paragraphe se réfère à la déclaration du 16 mars 1626, signée par quatorze Jésuites (Bibl. nat., ms. Clairambault 521, fol. 85; ms. Français 4825, fol. 110; *Maximes d'État*, fragment 160; *Mercure françois*, t. XI, p. 92; *Collectio judiciorum*, t. II, p. 206). Richelieu s'était employé à cet accommodement et avait été jusqu'à dire au P. Ignace Armand qu'il fallait signer ou sortir du royaume. Cependant, l'affaire n'en resta pas là. Selon un arrêt du Parlement du 17 mars (et non du 22, comme dit le fragment 159 des *Maximes d'État*, car le 22 était un dimanche), les Jésuites durent désavouer également l'*Admonitio* (20 mars) et faire une déclaration en français et en latin touchant la souveraineté du Pape et du Roi, qui est reproduite dans l'ouvrage de Garasse, p. 207-224. Après la censure de la Sorbonne (4 avril) vint celle de l'Université (20 avril). Parmi les feuilles controverses publiées à ce propos, voyez *Raisons pour les condamnations ici devant faictes du libelle Admonition, du livre de Santarelli et autres semblables contre les santarélistes de ce temps et leurs fauteurs*, par un Françoys catholique, 1626, in-12 (bibl. Sainte-Geneviève, E 3417).

arrêta le cours de cette mauvaise doctrine sans nuire à aucun[1].

C'est assez parler de la guerre entre ceux que la robe et leur profession obligent à la paix ; parlons de la paix entre ceux que la conservation de leur grandeur oblige souvent à la guerre.

Le[2] Fargis ayant reçu le désaveu de son traité, qu'il avoit fait sans le su et consentement du Roi, les corrections que S. M. désiroit y être apportées, et le commandement absolu de prendre congé si on n'y vouloit pas condescendre, part de Madrid, s'en va en Aragon, en la ville de Monçon où lors étoit la cour, donne part au comte d'Olivarès de ses ordres, et, ayant

1. Sur le retentissement de cette affaire à Rome et le rôle du nonce Spada, cf. Aff. étr., Rome 38, *passim*, et Bibl. nat., fonds italien 64. Voyez aussi Houssaye, *le Cardinal de Bérulle*, ch. IV.

2. Variante du manuscrit A, fol. 40, avec, en marge, une indication de Sancy qui renvoie à ses corrections : « Le traité que Le Fargis avoit signé sans le su et le consentement du Roi ayant été désavoué, comme nous avons dit, et le Roi lui ayant envoyé les corrections et les additions qu'il désiroit y être apportées, Le Fargis déclara au comte d'Olivarès qu'il avoit un commandement absolu de prendre congé si les choses n'étoient pas rétablies en la manière qu'il le lui proposoit. Il le fit condescendre à la plupart de celles qu'il désiroit, et les plus essentielles, bien qu'il ne pût venir à bout de toutes ; et, lui semblant que ce qui manquoit à l'entier désir du Roi étoit en choses légères et de peu de considération, il ne fit pas difficulté de signer ce traité ainsi raccommodé le 5ᵉ mars. Il l'envoya à S. M. avec deux lettres..., lesquelles, pour ce qu'elle ne les a pas écrites sans concert du conseil d'Espagne et qu'elle témoigne avoir un ardent désir de la paix, nous avons cru qu'il n'étoit inutile d'insérer ici. » On peut remarquer que la première rédaction condamnait moins violemment M. du Fargis.

obtenu de lui sans beaucoup de difficulté, de crainte de la continuation de la guerre, une partie de ce que S. M. désiroit, se relâche encore, par une légèreté d'esprit et hardiesse non excusable, à quelques conditions contraires à la volonté et aux ordres qu'il avoit de S. M.; et ayant signé ce nouveau traité le 5ᵉ mars, l'envoie à S. M., s'excusant sur ce qu'il lui sembloit que ce qui y manquoit au désir du Roi étoit en choses légères et de peu de considération, et accompagna sa dépêche[1] de deux lettres de la reine d'Espagne à la Reine mère et au Cardinal, par lesquelles elle leur témoignoit un extrême désir de la paix et un grand ressentiment de ce qu'ils l'avoient facilitée, et prioit S. M. qu'elle eût agréable de lui renvoyer M. du Fargis[2].

Le Roi fut si offensé de ce procédé, qu'il eut volonté de punir Le Fargis de sa présomption[3], et dit à l'ambassadeur d'Espagne, qui lui parloit de ce traité comme s'il eût été tel que S. M. désiroit, qu'elle eût voulu que Le Fargis eût été aussi habile homme que lui, qui étoit fort sage, mais Le Fargis étoit un

1. M. du Fargis au Roi, Monçon, le 5 mars 1626 (Aff. étr., Espagne 14, fol. 376). Le même à M. d'Herbault, même date (Ibid., fol. 377-378, copies).

2. Ces deux lettres se trouvaient reproduites dans le manuscrit A, fol. 40 v° et suiv. Celle adressée à Richelieu venait d'abord, mais Charpentier a mis en marge : « Cette lettre doit aller après celle de la Reine. » On les trouvera à l'appendice X.

3. Premier état du manuscrit A, fol. 42 : « Quand le Roi eut vu ce traité et ne le trouva pas conforme aux mémoires qu'il lui avoit envoyés sur ce sujet, il fut tellement offensé de son procédé qu'il vouloit punir du Fargis de sa présomption, sans ratifier ce qu'il avoit accordé. L'ambassadeur d'Espagne étant venu... »

fol parfait[1]; que, la première fois, il avoit fait une chose de sa tête sans son su; la seconde, il n'avoit pas suivi ses ordres; qu'elle le châtieroit exemplairement.

Cependant le profit que les deux rois tiroient de sa folie étoit que maintenant ils connoissoient tous deux qu'il n'y avoit plus d'aigreur en leurs esprits, et qu'ils vouloient bien la paix; et qu'afin de le lui témoigner de sa part par effet, bien qu'elle ne pût recevoir le traité qu'avoit fait ledit Fargis, elle en renverroit un autre en Espagne signé d'elle, où elle apporteroit le moins de changement qu'elle pourroit; mais comme elle y ajouteroit le moins qu'il lui seroit possible, ce seroit aussi au roi son frère de n'en faire aucune difficulté[2].

Ce traité, ainsi corrigé, fut enfin reçu et ratifié en Espagne, où ils avoient bien préjugé que le roi ne l'accepteroit pas nûment, tel qu'ils le lui avoient envoyé[3].

1. La fin de cette phrase et les quatre paragraphes suivants reproduisent, en les mettant au style indirect, la « Réponse du Roi à l'ambassadeur d'Espagne touchant le traité fait par le sieur du Fargis », publiée par Hanotaux, *Maximes d'État*, fragment 154, d'après une note (Bibl. nat., ms. Clairambault 521, fol. 77) de la main de Charpentier, portant, en marge, la mention : « Employé. » Les corrections dans le manuscrit A, fol. 42, sont de Sancy.

2. La source porte encore : « Monsieur l'Ambassadeur, je ne m'éloigne pas de penser de grandes choses avec le roi mon frère. La Reine mère du Roi a parlé conformément. » Cette phrase, dit M. Hanotaux en note, « qui fait espérer à l'ambassadeur d'Espagne qu'une sorte de communauté de vues et d'entreprises va désormais régner entre les deux cours, est bien importante. C'était encore une habileté du Cardinal. Mais, en présence de l'évidence contraire des faits postérieurs, il n'a pas jugé à propos d'en laisser le souvenir à la postérité. »

3. Il fut conclu à Barcelone, où on l'antidata du 5 mars

La plus grande difficulté[1] qui se rencontra en cette affaire fut de trouver le moyen de faire croire la vérité de ce qui s'étoit passé aux ambassadeurs des princes alliés de S. M., que la nouvelle de ce traité avoit surpris pour ce qu'ils ne se doutoient aucunement de cette négociation, et l'imputoient a[u] peu de compte que le Roi avoit fait d'eux, ayant traité sans leur en donner avis.

(Monçon) pour éviter les plaintes du légat Barberini, à qui, comme il offrait son intervention à M. du Fargis, celui-ci répondit que le traité était déjà signé. Il fut ratifié le 2 mai à Fontainebleau (Arch. nat., K 1634; Bibl. nat., ms. Français 3701, fol. 60) et à Barcelone (Bibl. nat., ms. Français 3701, fol. 102). Le texte est dans Du Mont, *Corps universel de diplomatique*, t. V, 2ᵉ partie, p. 488; *Mercure françois*, t. XII, à la fin de l'année 1626 et avant 1627. On trouve de nombreuses pièces concernant ce traité et celui de Monçon dans Arch. nat., M 232, *passim;* KK 1363, *passim;* Aff. étr., Espagne 14, Grisons 5, *passim;* Bibl. nat., ms. Français 3701, etc. Voyez É. Rott, *Inventaire sommaire des documents relatifs à l'histoire de Suisse conservés dans les archives et bibliothèques de Paris*, 2ᵉ partie, 1610-1648; Rott, *Histoire...*, t. IV, ch. II, p. 454-457; Avenel, t. VII, p. 577; V. Siri, *Memorie*, t. VI, p. 113; Levassor, *op. cit.*, t. V, p. 406 et suiv.; le P. Griffet, *Histoire de Louis XIII*, t. I, p. 481 et suiv.; Houssaye, *op. cit.*, ch. III; Fagniez, *op. cit.*, p. 231 et suiv.

1. Dans le manuscrit A, fol. 42 v°, Sancy renvoie ici, en marge, à ses corrections. Les *Mémoires* reproduisaient primitivement le long *Avis sur les affaires présentes*, déjà cité (Avenel, t. II, p. 193-202, d'après Aff. étr., France 246, fol. 47-52). Les parties qu'on n'a pas conservées dans le manuscrit B sont barrées dans le manuscrit A d'un trait de plume; celles qui sont restées ont été mises au style indirect. Les quatre paragraphes concernant le traité d'Espagne, reproduits dans le manuscrit A comme faisant partie de l'*Avis*, ne se trouvent pas dans la source.

On[1] n'oublia rien pour leur faire connoître la sincérité du procédé de S. M., qui avoit, la première, été surprise par la précipitation du Fargis, et on leur remontra que leurs intérêts y avoient été conservés, bien que les choses ne fussent pas, en toutes leurs circonstances, au point que S. M. les eût désirées, et les y eût amenées sans l'inconsidération de son ambassadeur; néanmoins qu'il y avoit plus de faute en la personne qui avoit traité qu'au traité; que la souveraineté étoit conservée aux Grisons, qui étoit le principal point; que les Espagnols étoient exclus des passages auxquels ils avoient prétendu depuis si longtemps, qui étoit tout ce en quoi consiste l'intérêt des Vénitiens, qui n'en avoient point d'autre que celui-là; qu'on avoit pourvu au différend[2] de Zucarel, en sorte qu'il ne tiendroit qu'au duc de Savoie qu'il n'eût contentement.

Le[3] prince de Piémont, qui étoit à la cour, reconnoissoit bien que les choses s'étoient passées en la manière qu'on lui disoit, et demeuroit en son cœur satisfait de la sincérité du Roi[4]. Mais le duc de Savoie, pour l'espérance

1. Manuscrit A, fol. 44 : « Nous avons à persuader nos alliés que ce traité a été fait sans commandement du Roi, leur faire connoître que leurs intérêts néanmoins y sont conservés... »
2. Entre Gênes et la Savoie.
3. Les deux paragraphes suivants sont dans le manuscrit A, fol. 53, et non à cette place, qui est occupée par l'*Avis* de Richelieu. Le premier état était : « Voilà l'ordre qui, par l'avis du Cardinal, fut donné aux affaires. Et pour ce qu'encore que le prince de Piémont fût en la cour et pût y être véritablement informé de la manière dont les choses s'étoient passées et, par conséquent, dût être satisfait de la sincérité du Roi, néanmoins, le duc de Savoie, pour l'espérance, etc... »
4. Bien au contraire, « il avoit été fort surpris et mal satis-

qu'il avoit eue que la guerre se porteroit dans le Milanois, de laquelle il se voyoit frustré, ne vouloit pas reconnoître la vérité; mais, prenant divers prétextes, faisoit paroître être offensé, et principalement de ce qu'au temps même que la paix arriva on donnoit audit prince son fils la commision de lieutenant général pour le Roi en son armée de Piémont, laquelle il recherchoit très instamment[1].

S. M., pour n'oublier aucun moyen de le gagner, lui envoya en ambassade extraordinaire M. de Bullion pour lui représenter que, puisqu'elle avoit obtenu les principales fins pour lesquelles l'union étoit faite avec les collègues, il ne se pouvoit dire que, faisant la paix, il eût contrevenu à l'article qui porte que l'un ne fasse rien sans l'autre, vu que cela se doit entendre lorsqu'il est question de déroger aux fins générales qu'on s'est proposé de remporter, mais non pas quand on les obtient tout entières[2];

fait du traité de paix conclu en Espagne par M. du Fargis » (*Journal inédit d'Arnauld d'Andilly*, 1626, p. 15). Voyez V. Siri, *Memorie recondite*, t. VI, p. 104; Avenel, t. II, p. 205; et dans la suite les *Mémoires* laisseront passer une phrase avouant qu'il était parti fort « mal content ». Herbault écrivait à Béthune à Rome, de Paris, le 6 avril 1626 (Bibl. nat., ms. Français 3670, fol. 5-6), que le prince était parti « avec démonstration assez ouverte de mécontentement ». Voyez ci-dessus, p. 225, note 1.

1. Voyez la lettre citée par Rott, t. IV, p. 28. On trouvera d'ailleurs dans ce chapitre tous les détails des négociations entre la France, l'Espagne et leurs alliés.

2. Cf. *Instruction au sieur de Bullion, allant ambassadeur extraordinaire en Piémont, au mois de juin 1626, à Paris*, dans Aff. étr., Turin 7, fol. 173-179; Bibl. nat., Nouvelles acquisitions françaises 7088 (Brienne 117), fol. 370 et suiv. Résumée par Avenel, t. VII, p. 949. On y retrouve les mêmes idées,

Qu'il n'avoit point de prétexte[1] de mécontentement des conditions dudit traité, mais seulement de la forme;

Que son ambassadeur avoit assez librement avoué que toutes les précautions qu'on pourroit prendre pour la sûreté de la Vallée ne pourroient pas empêcher que les Espagnols ne s'en rendissent toujours les maîtres quand ils voudroient; mais que, pour y apporter un assuré remède, il falloit embrasser l'opportunité qui se présentoit de les chasser de l'État de Milan.

Or, le défaut des formes, en une conjoncture si importante, ne devoit pas être la cause d'un si grand trouble dans le public, et empêcher le fruit que S. M. est assurée qu'elle et ses alliés recueilleront de cette paix[2];

Qu'en choses grandes il ne faut pas s'arrêter à des formalités; qu'on ne rend jamais raison d'un heureux événement, non plus que d'une victoire et d'une conquête, le bien de l'État étant la loi souveraine;

Et partant que, n'ayant pas occasion de se douloir de la conclusion dudit traité, il ne devoit faire aucune difficulté d'y donner son approbation.

---

mais plus développées, que dans les *Mémoires* et quelques phrases à peu près identiques.

1. Corrigé par Sancy; le manuscrit A, fol. 53 v°, portait d'abord : « Ledit duc de Savoie n'a pas montré de mécontentement. »

2. Dans l'*Instruction* : « ... et qu'en cette conjoncture et résolution, si importante, il lui a semblé (au Roi) que le défaut des formes ne devoit pas être la cause d'un si grand trouble dans le public et empêcher le fruit que S. M. est assurée qu'elle et ses alliés recueilleront de cette paix; qu'en affaires de cette qualité il ne falloit pas s'arrêter à des formalités; que l'on ne rendoit jamais raison d'un heureux succès, non plus que d'une victoire et conquête, le bien de l'État étant la loi souveraine. »

S. M. donna aussi charge audit sieur de Bullion de prier quant et quant, de sa part, ledit duc[1] de choisir des arbitres pour le différend de Zucarel avec les Génois et de lui dire franchement ses prétentions et intérêts, afin que S. M. les soutînt et protégeât avec la même affection qu'elle faisoit les siens propres, comme aussi de le disposer à la suspension d'armes avec lesdits Génois, S. M. faisant donner charge au sieur de Vignoles, maréchal en ses camps et armées, et autres chefs et capitaines commandants, de garder la suspension promise par le traité et de veiller à la garde et sûreté des États dudit duc, mais de ne rien entreprendre hors d'iceux contre qui et pour quelque cause et prétexte que ce pût être ; qu'enfin, pour le contenter, il le flattât de l'espérance de la qualité de roi[2], que S. M. lui promettoit de favoriser à la cour de Rome.

Ce[3] qu'elle fit aussi, et manda au sieur de Béthune,

1. Correction de Sancy ; le manuscrit A, fol. 54, portait : « Il avoit charge aussi de le prier quant et quant de choisir... »
2. Roi de Chypre. Correction de Sancy ; le manuscrit A, fol. 54 v°, portait : « Enfin, il le devoit flatter... » Sur l'ambassade de Bullion, cf. les Mémoires d'Ardier (Bibl. nat., ms. Français 4058, fol. 115 v° et suiv.).
3. Ici le manuscrit A, fol. 54 v°, renvoie à la p. 74 (aujourd'hui fol. 44 v°), où se trouve ce paragraphe qui a pour source un passage de la *Response que le Roi fera au prince de Piémont et à l'ambassadeur de Venise...*, déjà citée, publiée par Avenel, t. VII, p. 575-576. Le texte des *Mémoires* est légèrement abrégé. Sancy a corrigé les futurs en parfaits. On a bouleversé la rédaction primitive du manuscrit A, qui, suivant l'*Avis sur les affaires présentes*, traitait d'abord des affaires de la reine d'Angleterre (fol. 43 v°), puis du plan d'action en Allemagne (fol. 49), puis de la mission de Châteauneuf (fol. 54) et enfin des duels (fol. 59 et suiv.).

son ambassadeur à Rome, qu'après s'être plaint au Pape des six mille hommes qu'il avoit envoyés à la Valteline, et lui avoir fait connoître comme les Espagnols l'ont traité en ce fait, extorquant de lui ce secours, lorsque, traitant de paix, ils savoient bien n'en avoir plus affaire, il lui donnât avis comme toutes choses s'étoient passés; puis lui fît connoître que, pour humilier l'Espagne en Italie et y rendre le saint-siège, et particulièrement la personne de S. S., plus puissant, le meilleur moyen étoit d'y élever le duc de Savoie, qu'elle s'attacheroit par ce moyen, pour dépendre absolument de ses volontés.

S. M.[1], en même temps, dépêcha le sieur de Châteauneuf, ambassadeur extraordinaire à Venise, et de là aux Grisons[2], et lui donna charge de représenter à la République que, pour préparer le défaut (s'il y en avoit eu) de quelque formalité en ce traité de paix, qui avoit été conclu sans qu'il en eût été préalablement averti, S. M. avoit voulu les honorer de cette ambassade extraordinaire pour faire une démonstration plus honorable vers la République et donner à connoître en quelle estime et considération elle la tient;

Qu'elle avoit voulu que ledit Châteauneuf passât vers elle avant qu'il allât aux Grisons afin de lui faire voir

---

1. Manuscrit A, fol. 54 v°.
2. Charles de l'Aubespine, marquis de Châteauneuf des Préaux, ambassadeur extraordinaire en Valteline, aux Ligues grises et en Suisse, août 1626-février 1627. Il partit de Paris le 18 juin et passa par Venise (fin juillet-24 août) : cf. Rott, t. IV, 2ᵉ partie, p. 222. Les instructions qu'il reçut sont datées de Blois, le 16 juin 1626 (Arch. nat., KK 1363, fol. 392-398, et minute du 12 juin aux Aff. étr., Venise 44, fol. 103-114). Elles n'ont pas été tout à fait directement employées pour les

et agréer le traité, auparavant que de le porter aux autres pour en commencer l'exécution ; ce qui montre assez que la paix ne s'est point faite sans le consentement de la Seigneurie.

Et pour ce que la République trouvoit quelque chose à dire en deux articles de ce traité, l'un concernant les juges de la Valteline, qui, à l'avenir, ne pouvoient plus être élus que par les Valtelins, les Grisons étant exclus de les élire ; l'autre concernant la démolition des forts, en la conservation desquels la République croyoit que consistoit la sûreté de la Valteline, il fut donné charge audit Châteauneuf de dire, quant au premier, que la considération de la religion catholique avoit obligé le Roi d'y condescendre, étant certain que tous les désordres et troubles de la Valteline n'ont été excités que par les juges hérétiques grisons qui leur étoient donnés ; mais[1], néanmoins, que la confirmation leur en étoit donnée, ce qui étoit un grand droit qui témoignoit leur souveraineté ;

Quant au second, qu'au contraire de leur opinion le Roi croyoit que la sûreté de la Valteline consistoit en la démolition desdits forts ; que la conservation en étoit onéreuse, non seulement à raison de la dépense, mais de la perte des hommes qui se fussent consommés en ces lieux si malsains, et qu'il n'eût pas été assuré qu'ils eussent pu suffire à fermer et empêcher le passage de la Vallée.

dix-huit paragraphes suivants, mais les idées sont les mêmes, plus développées que dans les *Mémoires*, et quelques phrases sont identiques. Sur cette ambassade, cf. les Mémoires d'Ardier (Bibl. nat., ms. Français 4058, fol. 120 et suiv.).

1. La fin de ce paragraphe a été ajoutée par Sancy, manuscrit A, fol. 55.

Davantage, les forts eussent été sujets à être surpris par les habitants, dont le naturel est rude et ennemi de toute contrainte. Les Espagnols eussent incessamment travaillé à même fin, et, quand l'opportunité se fût rencontrée, ils les eussent attaqués à force ouverte; et les Grisons mêmes se fussent enfin ennuyés de voir leur pays tenu et gardé par des forces étrangères, dont l'envie, tant d'eux que du public, eût tourné sur S. M. et la République.

Enfin, que c'étoit laisser un sujet de trouble qui eût tenu la République en perpétuelles jalousies et inquiétudes, l'eût obligée à se tenir armée et à être incessamment sur leurs gardes contre les entreprises et vengeances des Espagnols et lui eût fait, après plusieurs dépenses, désirer de venir au tempérament dont on est à présent convenu.

Il lui fut, en outre, donné charge de prier la République de déclarer franchement les choses qu'elle désiroit pour ses intérêts, sûreté et contentement; et que, s'ils ne se vouloient pas laisser entendre, il leur dit que ce que S. M. vouloit accorder à la République consistoit en trois choses[1] :

La première, employer l'autorité de son nom envers les Suisses, pour leur faire confirmer la résolution qu'ils ont prise de fermer leurs passages aux troupes allemandes qui se pouvoient présenter pour passer en Italie, et faire les mêmes offices, au temps du renouvellement de l'alliance de Milan, pour essayer au moins de faire que les cantons catholiques ne permettent le

1. La fin de cette phrase était d'abord au présent dans le manuscrit A, fol. 56. La correction est de Sancy.

passage que pour la défense de l'État de Milan lorsqu'il seroit assailli.

La seconde, que le Roi entrera volontiers en une ligue défensive avec la République, et obligation d'assistance pour la défense de ses États.

La troisième, que l'alliance du Roi avec les Grisons lui donnant faculté de faire passer ses amis et alliés par les Grisons et la Valteline, S. M. donne pouvoir audit Châteauneuf de promettre, par un écrit particulier et secret entre S. M. et eux, que, durant dix ans, elle leur moyennera la liberté du passage en vertu de son alliance, sans que cela préjudicie au traité de paix fait en Espagne, les alliances de France avec les Grisons y demeurant, comme elles ont été par le passé, en leur entier, de sorte que, comme elle a toujours eu droit de faire accorder les passages à ses amis et alliés, elle en peut disposer sans contrevenir au traité.

Enfin, pource que S. M. désiroit établir une union très étroite avec ladite République, elle commanda audit Châteauneuf de les disposer à s'unir avec S. M. pour la défense des Grisons et observation de ce traité de paix, faisant aussi entrer en cette ligue, s'il y trouvoit jour, les Suisses et les Grisons.

De là, il eut charge de passer aux Grisons et de procurer, par lui-même, que la République donnât ordre aux ministres qu'elle tenoit auxdits pays de s'unir avec lui pour faire approuver ledit traité, régler équitablement la somme qui doit être payée par les Valtelins par chacun an pour la faveur qu'ils reçoivent d'avoir à l'avenir le choix de leurs juges, et réformer leur gouvernement en une manière plus ordonnée que celui qu'ils ont tenu par le passé, étant si tumultuaire qu'il est impossible d'y prendre assurance; enfin, les disposer à se tenir bien unis avec S. M. et les cantons des Suisses, pour le repos et la tranquillité de leur État. Des Grisons, il eut ordre d'aller en Suisse pour leur proposer l'approbation dudit traité, que les cantons catholiques ne faisoient pas difficulté d'agréer, mais bien les protestants, à cause que l'élection des juges de la Valteline et des comtés de Chiavenne et de Bormio étoit ôtée aux Grisons.

Il eut commandement de leur représenter que S. M. avoit trouvé cet article bien plus tolérable que celui qui étoit proposé par les cantons catholiques, que lesdits officiers fussent Grisons et choisis par eux, pourvu qu'ils fussent catholiques; d'autant que cette distinction et différence des catholiques d'avec les protestants, pour être admis aux charges, eût pu causer du trouble parmi les Grisons; que leur souveraineté est assurée par la confirmation qui leur doit être demandée de l'élection des juges; au reste, que ce tempérament rend l'établissement de la paix plus durable, mettant les Valtelins en état de subsister avec quelque contentement, et les Grisons ne sont pas exclus de pouvoir être élus par les Valtelins; joint que, s'ils y reçoivent quelque perte, ils en sont récompensés par la somme raisonnable que les Valtelins sont obligés leur payer annuellement; ce qui est plus cher aux Grisons que leur juridiction, puisque, moyennant de l'argent, ils avoient renoncé à leur souveraineté même par le traité qu'ils avoient fait avec le duc de Féria à Milan.

Enfin, il eut charge de moyenner en faveur de Venise sur le fait du passage des Suisses, ce que ci-dessus il leur a offert de la part de S. M.

Mais le partement de l'un et de l'autre ne fut qu'à quelques mois de là, après que le second traité, renvoyé en Espagne pour y réformer ce qui y avoit encore été consenti par Le Fargis contre les ordres de S. M., fut corrigé à peu près selon tout ce que S. M. désiroit[1].

Voilà comme le Roi se gouverna pour donner contentement à la plus grande partie de ses alliés et leur faire agréer le traité de Monçon. Les ambassadeurs d'Angleterre, qui étoient à Paris lorsque le traité fut fait, en furent plus surpris que tous les autres; car ils avoient fait de puissants offices pour la conclusion de la paix avec les huguenots et se voyoient frustrés de la fin pour laquelle ils les avoient faits, qui étoit la continuation de la guerre en Italie[2]. Mais on leur remontra qu'ils n'avoient point de sujet de se douloir du Roi et qu'il leur devoit suffire que S. M. leur promît de ne discontinuer point le dessein d'Allemagne, auquel on agiroit d'autant plus puissamment qu'on seroit moins engagé ailleurs[3];

Que S. M. y concourroit par bons effets avec tous ceux qui voudroient procurer la liberté de l'Empire,

1. Ici le manuscrit A, fol. 59, porte en marge une note de la main de Sancy : « V. mes corrections », et passe directement à la question des duels. Ce qui suit est dans le manuscrit A au fol. 59.
2. Cf. ci-dessus, p. 1 et 13, et Rott, t. IV, p. 40.
3. Cf. *Avis sur les affaires présentes*, déjà cité (Avenel, t. II, p. 193-201; Aff. étr., France 246, fol. 47-52) : « Quant au grand dessein qu'ils (les Anglais) ont pour l'Allemagne, le Roi peut concourir par bons effets, etc... » Les paragraphes suivants qui concernent le plan d'action en Allemagne ont pour source cet *Avis*, qui est daté de 1626, contemporain, par conséquent, des faits racontés.

sans entrer néanmoins ouvertement en la ligue faite en Hollande à cette fin ;

Qu'il y avoit même nécessité de le faire, parce qu'à faute de son secours la perte d'Allemagne étoit assurée, et, si l'Espagne en étoit maîtresse, elle auroit beaucoup avancé le dessein qu'elle a à la monarchie universelle ;

Mais que[1], pour faire réussir ce dessein, il falloit attaquer les forces ennemies de[2] deux parts : l'une du côté du nord par une armée puissante, composée des forces de Danemark, Suède, Brandebourg, Brunswick et autres princes associés et voisins ; l'autre du côté de deçà par les forces de France, Angleterre, Hollande et de tous ceux qui voudront prendre part en cette cause commune ; que ces deux armées doivent agir à même temps par un dessein commun et avec certitude d'une fidèle exécution des choses convenues ; que chacune d'icelles devoit être composée de vingt-cinq mille hommes de pied et trois mille chevaux.

Celle de Danemark seroit entretenue aux dépens des rois de Danemark et de Suède, Brandebourg, Brunswick, villes unies, et de la contribution qu'ils recevront d'Angleterre ; celle de deçà aux dépens de la France, Angleterre et Hollande ;

Que la France soudoieroit dix mille hommes de pied et treize cents chevaux, l'Angleterre autant et la Hollande cinq mille hommes de pied et quatre cents chevaux ; que Venise et Savoie porteroient partie de cette dépense, ou par nouvelles troupes renforceroient cette armée, si on les peut faire entrer en ce dessein.

1. Ces deux mots sont de Sancy (manuscrit A, fol. 49 v°), ainsi que les changements de style direct en style indirect.
2. Le manuscrit B porte : « des ».

Ceux qui sont les plus intéressés en cette affaire y devoient aussi contribuer plus fortement que les autres ; et, partant, les Anglois qui, outre l'intérêt commun, ont le particulier du Palatinat, dont ils sont obligés, par honneur et par sang, de poursuivre la restitution, devoient faire davantage que la France ;

Qu'en cette considération, ce n'étoit pas merveille si, par ce traité, les Anglois demeuroient obligés de continuer le secours qu'ils donnoient à Danemark, quoique la France n'en fît pas autant ;

Que la difficulté seroit à convenir du lieu par où cette armée passeroit en Allemagne, où elle se mettroit ensemble, qui en auroit la conduite. Si on pouvoit convenir d'un chef allemand qu'on pût juger n'avoir autre principal intérêt que la liberté de l'Empire, on en tireroit de grands avantages ;

Que[1] les Anglois pourroient passer par la Hollande, venir à Juliers, le laisser à main droite, passant entre Cologne qui est sur le Rhin et Lunebourg ; de là, ils entreroient dans l'évêché de Trèves, passeroient la Moselle vers Coblentz et viendroient joindre les troupes françaises entre Metz et Worms sur le Rhin, dans le bas Palatinat ;

Qu'il sembloit que le marquis de Baden fût le meilleur qu'on pût prendre maintenant en Allemagne, et pour son expérience et pour la créance qu'il a parmi les gens de guerre[2] ;

1. Ce paragraphe en sépare deux autres qui devraient être unis ; il se trouve dans la source, en marge, écrit de la main de Charpentier. Cf. Avenel, t. II, p. 199, notes 1 et 3.
2. Ici le manuscrit A, fol. 50 v°, et la source ajoutaient : « M. de Savoie pourroit bien peut-être prendre le commande-

Qu'une des choses à quoi il falloit autant veiller étoit à ôter le soupçon aux princes catholiques qu'en procurant la liberté de l'Allemagne on n'établît l'hérésie, attendu que cette appréhension avoit jusques ici empêché les princes catholiques de s'unir à ce dessein, ou, si une fois on le levoit, on pourroit gagner en peu de temps quelques électeurs catholiques, ecclésiastiques ou séculiers.

Ce qui sembloit nécessaire à cette fin étoit de ne changer, en aucun lieu, la religion qui s'y trouveroit établie et ne point contrevenir, durant cette conquête, à la Bulle d'or qui exclut les calvinistes de beaucoup de lieux où le luthéranisme est toléré[1].

Quelque traité qu'on fît, il falloit que ceux qui y entreroient donnassent chacun un banquier solvable qui répondît et s'obligeât de faire tenir à tous les lieux où seroit l'armée les montres de chaque prince.

Il étoit bon aussi, pour éviter les dépenses inutiles, de ne s'engager qu'à des conditions exécutables, autant[2] seulement que les intéressés feroient de leur part les choses qui auroient été stipulées; que, s'ils pouvoient

---

ment, si on lui fait connoître qu'il y a de la gloire et de l'utilité en cet emploi. » Sancy a supprimé cette phrase.

1. Ici le manuscrit A, fol. 51, et la source ajoutaient : « On voudra obliger le Roi à ne point faire la paix en Italie que la guerre d'Allemagne ne soit terminée; mais ce n'est pas la raison. Il suffira qu'il promette de ne point discontinuer le dessein d'Allemagne, auquel on agira d'autant plus puissamment qu'ailleurs on sera moins engagé. L'Angleterre ne se souciera pas beaucoup de cet artifice, si ce n'est que l'intérêt de Savoie les porte à faire cette demande. »

2. Les manuscrits portent : « au temps ». « C'est une nouvelle preuve, remarque Avenel, que les secrétaires qui écrivaient sous la dictée imitaient le son, sans s'occuper du sens. »

porter le roi leur maître[1] à prendre quelque tempérament avec Bavière, par lequel il eût contentement sur l'électorat, sans doute le dessein qu'on avoit réussiroit, étant certain ou que lui-même y aideroit, ou qu'il n'y seroit pas contraire[2]; qu'il falloit aussi lever le soupçon que les Allemands pourroient prendre, qu'en chassant les Espagnols on voulût introduire une autre domination qui leur seroit également redoutable; et, partant, qu'il seroit bon de déclarer ouvertement que la liberté de l'Empire, pour laquelle on prenoit les armes, consistoit à remettre les choses en l'état qu'elles doivent être, sans qu'aucun étranger y pût prendre part.

Quant[3] à ce qui étoit des affaires de la reine d'Angleterre, tant de celles de son domaine que des autres avantages qui concernoient sa maison, on ne leur en parla point, le Cardinal estimant qu'il étoit bon de ne les procurer qu'à mesure qu'on pourroit obtenir

1. Le roi d'Angleterre. La source porte : « si on peut porter les Anglois... » On trouvera des détails sur les affaires de de Bavière et d'Allemagne dans un mémoire de février ou mars 1626, publié par Avenel, t. VII, p. 579. La préoccupation de Richelieu semble avoir été alors de ne mécontenter en Allemagne ni les catholiques ni les protestants.

2. En marge, dans la source (Aff. étr., France 246, fol. 50 v°), de la main de Charpentier : « Faut traiter avec son agent pour empêcher que son maître ne signe avec l'Espagne la ligue qu'elle désire. »

3. Ce paragraphe est dans le manuscrit A, fol. 30 v°, et dans l'*Avis sur les affaires présentes* (Avenel, t. II, p. 196). Dans le ms. des Aff. étr., France 246, fol. 47, il est ajouté en marge de la main de Charpentier. La source porte : « Quant à ce qui est du domaine de la Reine et autres avantages qui concernent sa maison, j'estime qu'il est bon de ne les procurer qu'à mesure qu'on pourroit, etc... »

du soulagement pour les catholiques, afin qu'ils vissent que, quand ils souffrent, elle est maltraitée, et ainsi qu'elle est en une cause commune avec eux et fait marcher leurs intérêts premiers que les siens particuliers. Si on faisoit autrement, ils croiroient être abandonnés.

Le Roi, ayant ainsi pacifié tous les troubles de son État, suscités au dedans par la rébellion des hérétiques et au dehors par l'entreprise des Espagnols en la Valteline, tourna les yeux de sa bonté sur sa noblesse pour trouver moyen d'arrêter l'effusion qui se faisoit journellement de leur sang dans les duels, où ils exposoient, sans crainte ni de Dieu ni des hommes et pour des causes légères, leur vie et leur salut.

Les duels étoient devenus si communs, si ordinaires en France, que les rues commençoient à servir de champ de combat[1], et, comme si le jour n'étoit pas assez long pour exercer leur furie, ils se battoient à la faveur des astres ou à la lumière des flambeaux qui leur servoient d'un funeste soleil. La multitude de ceux qui se battoient étoit si grande et les peines ordonnées par les édits précédents si rigoureuses, que

1. *Mercure françois*, t. XI, p. 11 : « Les duels par rencontres entre la noblesse françoise s'étoient rendus si communs que les rues de Paris leur servoient ordinairement de champ de combat ». Cf., dans le *Journal inédit d'Arnauld d'Andilly*, 1626, les nombreux duels qu'il y eut pendant les seuls mois de février et mars de cette année. Le *Testament politique*, éd. de 1764, t. I, p. 190 et suiv., développe les mêmes idées, mais moins longuement que les *Mémoires*. On y retrouve le même style, mais jamais exactement les mêmes phrases. Voyez aussi le passage concernant les duels dans un *Règlement pour toutes les affaires du royaume*, publié par Avenel, t. II, p. 168-183, d'après une minute de la main de Charpentier.

le Roi avoit peine de les faire punir, d'autant que ce n'eût plus été un effet de justice, qui est d'en châtier un petit nombre pour en rendre sages beaucoup, mais plutôt un effet d'une rigueur barbare, qui est d'étendre la punition à tant de personnes qu'il semble n'en rester plus qui puissent s'amender par l'exemple.

Cependant, on n'entendoit retentir toutes les églises d'autre chose que des plaintes que les prédicateurs faisoient sur ce sujet et des justes menaces de la part de Dieu sur ce royaume, si le Roi, qui avoit en main sa puissance, n'y apportoit le remède qui y étoit nécessaire. A quoi il étoit particulièrement obligé par l'exemple du feu Roi, la manière de la mort duquel étoit quasi attribuée à punition de Dieu pour avoir toléré les duels[1].

Outre les larmes et les soupirs de toutes les familles, dans lesquelles les uns pleuroient leurs proches que le sort des armes, les autres que la rigueur de la loi leur avoit ravis, les uns conseilloient au Roi d'arrêter, par une inflexible sévérité, le cours de ce mal, et qu'il n'y a rien qu'enfin la prévoyance d'une punition de mort inévitable n'emporte sur les esprits des hommes[2]. Les autres proposoient au Roi de permettre les duels en certains cas et ne punir que ceux qui les commet-

1. Cf. *Mémoires de messire Robert Arnauld d'Andilly, écrits par lui-même.* Hambourg, 1734, 2e partie, p. 21. Il dit un jour à Louis XIII : « Pardonnez-moi, Sire, si j'ose ajouter que le Roi votre père, ce grand prince, ayant permis que le sang de sa noblesse ait été répandu par les duels, Dieu a permis que le sien l'a été. » Ces paroles le touchèrent extrêmement. Voyez aussi les présents *Mémoires du cardinal de Richelieu*, t. I, p. 83.

2. Voyez, dans Aff. étr., France 795, fol. 281-284 et 285-287, deux consultations, en latin et en français, sur les duels, classées en 1629.

troient pour causes légères, ou qui auroient pu facilement tomber en accord et ne se seroient adressés à ceux que S. M. auroit ordonnés pour cet effet. Ils apportoient pour raison que la rigueur, qui aigrit et désespère les esprits, seroit, par ce moyen, adoucie, et qu'un chacun, voyant que tout lieu de tirer raison de l'injure reçue ne lui seroit pas fermé, se remettroit facilement au moyen que le Roi lui en auroit donné. Et, pour montrer que S. M. en pouvoit justement user ainsi et qu'il s'en ensuivroit ce que nous disons, ils produisoient l'exemple des siècles passés, èsquels l'histoire nous enseigne que, lorsqu'on ne pouvoit savoir la vérité d'un méfait, on en remettoit le jugement au combat entre l'accusant et l'accusé, auquel celui qui étoit vaincu souffroit la peine[1]; et nos théologiens[2] disent qu'ils appeloient cette décision-là le jugement de Dieu, et, tandis que cette coutume a été observée, il ne se voyoit point de duels d'autorité privée.

Le Cardinal trouva un tempérament entre ces deux avis opposés l'un à l'autre. Punir de mort tous ceux qui se seroient battus ou auroient appelé, lui sembloit chose trop rigoureuse. D'autre part aussi, permettre les duels pour quelque occasion que ce soit, lui sembloit être trop se relâcher de la droiture de la justice, laquelle ne permet point au Roi d'en pouvoir user ainsi; joint que cela ne guériroit pas le mal à l'avenir; car l'usage de ces permissions peu à peu se rendroit si commun qu'il en faudroit bientôt arrêter

---

1. Ceci est exprimé dans la seconde des deux consultations citées dans la note précédente, qui a un caractère théologique.
2. En marge du manuscrit A, fol. 61, de la main de Charpentier : « Henricus et Silvestris. » Ces deux noms et cette opinion se retrouvent dans la consultation théologique sur les duels.

le cours, comme firent autrefois les évêques de France, qui furent contraints, en l'an 855, de s'assembler à Valence pour défendre ces combats-là[1] et sollicitèrent ardemment le Roi de ne les permettre jamais ; et les rois saint Louis, Philippe le Bel et autres firent plusieurs édits pour retrancher ces abus.

Tous[2] les théologiens, disoit-il, conviennent que le duel, pour cause singulière, ne peut être permis selon la loi de Dieu ; mais je n'en ai vu aucun qui en exprime bien clairement la vraie raison. Quelques-uns estiment qu'elle tire son origine de ces mots : *mihi vindictam et ego retribuam;* mais ils montrent bien que les particuliers de leur autorité ne peuvent chercher par cette voie la vengeance des injures qu'ils ont reçues, mais non pas qu'un prince ne la puisse ordonner, ainsi qu'il peut commander à un exécuteur de justice de mettre à mort celui qui aura violé la propre fille du même exécuteur. Auquel cas, ledit ministre de justice venge, non de soi-même, mais par autorité du prince, l'injure que le public a reçue en sa famille, et ce sans péché, pourvu qu'il rectifie son intention ; ce qui fait

1. Le concile de Valence décréta le bannissement des duellistes et, assimilant aux suicidés ceux qui seraient tués en duel, les priva des prières de l'Église. La consultation dit : « L'usage en était si commun que l'année 855 les évêques de France s'assemblèrent à Valence pour arrêter les progrès de ce mal et sollicitèrent ardemment le Roi d'ajouter à leurs censures les menaces du bras séculier. Et saint Louis, Philippe le Bel, Charles V et VI ont fait plusieurs édits pour retrancher cet abus. »

2. Les paragraphes suivants ont pour source une pièce des Aff. étr., France 795, fol. 288, classée en 1629, au dos de laquelle on lit : « *Raisons pour lesquelles le Roi ne peut accorder les duels et Raisons pour lesquelles le Parlement doit vérifier l'édit des duels.* Feuilles 34, 35. » Ce mémoire s'est inspiré souvent de la consultation théologique citée ci-dessus.

que, si les duels n'étoient défendus qu'en vertu de ce principe, on les pourroit pratiquer, par commandement du prince, avec les mêmes circonstances qu'un exécuteur de justice doit garder en sa conscience.

La vraie primitive et fondamentale raison est parce que les rois ne sont point maîtres absolus de la vie des hommes, et, par conséquent, ne peuvent les condamner à la mort sans crime; ce qui fait que la plupart des sujets des querelles n'étant pas dignes de mort, ils ne peuvent, en ce cas, permettre le duel qui expose à ce genre de peine. Qui plus est, quand même une offense seroit telle que l'offensant mériteroit la mort, le prince ne peut pour cela permettre le combat, puisque, le sort des armes étant douteux, il expose, par ce moyen, l'innocent à la peine qui n'est méritée que du coupable[1], ce qui est de toutes les injustices la plus grande qui puisse être faite.

Les rois doivent la justice déterminément, et, par conséquent, ils sont obligés de punir les coupables sans péril et hasard pour l'innocent. Si Dieu s'étoit obligé de faire que le sort des armes tombât toujours sur le coupable, on pourroit pratiquer cette voie; mais, puisqu'il n'est pas ainsi, elle est plus que brutale pour la raison susdite.

Il est vrai que[2] cette raison montre bien que, pour une cause particulière, on ne peut permettre le duel, mais non pas pour un sujet public, comme pour éviter une bataille, puisque de deux maux on doit tou-

1. *Testament politique*, éd. 1764, t. I, p. 192 : « qu'ils ne sauroient permettre les combats particuliers sans exposer l'innocent à recevoir la peine du coupable ».

2. Ces quatre mots ont été ajoutés par Sancy et ne se trouvent pas dans la source.

jours choisir le moindre; que le sort des armes est aussi douteux entre deux armées comme entre deux particuliers et qu'il vaut mieux exposer deux hommes au péril de la mort que vingt mille âmes, dans le nombre desquelles ils eussent été compris.

Il conseilla donc au Roi de ne permettre jamais les duels pour quelque cause que ce soit, de ne les laisser pas impunis, mais de les punir d'une autre façon que l'on avoit fait par le passé, savoir est d'une peine plus douce, puisque la rigueur des peines des autres édits les avoit rendus inobservables.

Suivant[1] ce conseil l'édit fut dressé, qui portoit que, pardonnant, en considération du mariage de la reine de la Grande-Bretagne[2], à tous ceux qui avoient appelé ou s'étoient battus jusqu'alors, ayant au préalable satisfait à la partie civile, le Roi ordonnoit qu'à l'avenir ceux qui appelleroient ou se battroient demeureroient dès lors privés de toutes leurs charges, s'ils en avoient, auxquelles à l'instant il seroit pourvu, et pareillement déchus de toutes les pensions et autres grâces qu'ils tiendroient de S. M., sans espérance de les recouvrer jamais.

---

1. En marge du manuscrit A, fol. 62 v°, de la main de Charpentier : « L'édit des duels est au *Mercure françois*, t. XI, année 1626, fol. 11. » Cf. Isambert, *Recueil des anciennes lois françaises*, t. XVI, p. 175. Il est daté du mois de février. Le préambule exprime l'idée contenue dans le paragraphe précédent. L'édit de Saint-Germain (août 1623) avait supprimé les adoucissements de l'édit de 1609. L'édit de 1626 revint sur les sévérités inapplicables de 1623 et rétablit les distinctions faites selon la gravité des cas.

2. Une amnistie générale avait été accordée à l'occasion du mariage de Henriette de France avec Charles Ier d'Angleterre en 1625.

Outre cela, il étoit remis à la conscience des juges de les punir selon la rigueur des édits précédents, ainsi qu'ils verroient que l'atrocité des crimes et circonstances d'iceux le pourroient mériter, hormis s'ils avoient tué, auquel cas S. M. entendoit qu'absolument la rigueur de ses édits précédents eût lieu. Et, en cas que ceux qui seroient, par ce moyen, déchus des gratifications qu'ils auroient de S. M., se voulussent ressentir et se battre avec ceux à qui elle les auroient données, elle les déclaroit dégradés de noblesse, infâmes et punis de mort, encore qu'ils ne se fussent battus que par rencontre seulement.

S. M. déclaroit aussi le tiers du bien des appelants et des appelés confisqué et les bannissoit pour trois ans hors du royaume.

La cour de Parlement ordonne la vérification de l'édit en ce qui concernoit l'abolition des crimes commis contre les précédents édits des duels et rencontres ; et que, quant au reste, qui consistoit en la modification des peines, remontrances seroient faites à S. M. pour la supplier de ne ne rien relâcher de la rigueur des précédents édits[1].

1. Arch. nat., Registres du Parlement de Paris, Conseil, X¹ᵃ 1967. Le samedi 7 mars, le Parlement rejette entièrement l'édit; il fait d'abord de même le 9, malgré les lettres de jussion du 7 ; puis, le même jour (fol. 3), « tout bien considéré, ladite cour a arrêté et ordonné la vérification du contenu au premier article dudit édit, concernant les abolitions des cas et crimes ci-devant commis contre les édits des duels et rencontres, à la charge que ceux qui se sont battus et auront tué et sont encore vivants seront tenus prendre lettres particulières du Roi adressantes à ladite cour suivant ledit premier article, portant abolition, et de satisfaire aux parties civiles, et quant aux autres articles, que ladite cour ne peut ni doit les

Sur quoi le Cardinal dit au Roi[1] :

Que le Parlement refusoit l'édit parce que les peines y étoient trop douces, et, cependant, il vérifioit le même édit quant au seul article qui étoit le plus doux, en tant qu'il abolissoit tous les crimes passés ;

Qu'il ne vouloit pas vérifier l'édit, s'il ne portoit en termes exprès la peine de la mort aux délinquants, et, cependant, il vérifioit au même édit l'article qui absolvoit de la même peine tous ceux qui avoient délinqué ;

Que menacer de la mort tous ceux qui se battroient à l'avenir et en absoudre tous ceux qui s'étoient battus par le passé donnoit lieu, ce sembloit, de ne croire pas que ces menaces eussent autre effet que celles qui les avoient précédées ;

Qu'un médecin qui, par plusieurs expériences, avoit reconnu un remède inutile, ne pouvoit être blâmé s'il en cherchoit et s'il en prescrivoit un nouveau, particulièrement s'il ne détruisoit point le premier, mais qu'il le laissât en sa propre force ;

Que celui qui demandoit un écu et qui en donnoit deux ne donnoit aucun sujet de plainte ;

Que le Roi s'obligeoit à ne dispenser jamais de certaines peines qu'il établissoit de nouveau ; qu'il ne s'obligeoit pas à donner grâce des premières ; il laissoit son Parlement en pleine liberté de les faire exécu-

vérifier, et sera le Roi très humblement supplié d'envoyer à ladite cour déclaration conforme aux précédents édits des duels. »

1. Cette consultation, que Richelieu adresse au Roi à propos des remontrances du Parlement, était d'abord au style direct et au présent de l'indicatif dans le manuscrit A, fol. 63 v°. Les corrections sont de Sancy. La source est la pièce déjà citée des Aff. étr., France 795, fol. 288-289.

ter, et, partant, que ce nouveau remède étoit plus fort et sembloit être plus proportionné au mal qu'on vouloit guérir que les premiers;

Qu'on considéroit cet édit comme doux envers ceux qui se battoient; mais les raisons ci-dessus montroient qu'il ne l'étoit pas; mais, quand il le seroit, une augmentation de sévérité en l'exécution d'une moindre peine rendoit une loi plus rigoureuse et plus propre aux fins pour lesquelles elle étoit faite.

Faire une loi et ne la pas faire exécuter, c'étoit autoriser la chose qu'on vouloit défendre[1]; partant, il valoit beaucoup mieux réduire l'édit en un point où il pût être infailliblement observé que le rendre plus terrible en apparence, pour n'être pas suivi d'effet; ce qui arriveroit si l'édit demeuroit tel qu'il étoit, puisque ce royaume étoit le même qu'il avoit été par le passé;

Que les conseils de prudence devoient venir de peu de gens et que les grandes compagnies n'étoient bonnes qu'à faire observer une règle écrite, mais non pas à la faire. La raison étoit que, comme les bons esprits sont beaucoup moindres en nombre que les médiocres ou les mauvais, la multitude de ceux de ces deux derniers genres étouffoit les sentiments des premiers dans une grande compagnie.

Le Roi, ayant entendu ces raisons, envoya au Par-

1. Cf. *Maximes d'État*, fragment 139 : « C'est, disait le consul Fronto, une grande pitié de vivre sous un prince qui ne veut rien remettre de la rigueur du droit. Mais elle est encore plus grande de demeurer au pays d'un autre sous lequel toutes choses sont loisibles et qui, par une pusillanimité ou nonchalance, pardonne sans aucune discrétion toutes les choses qui s'y font contre la loi et la raison. »

lement une jussion en vertu de laquelle l'édit fut vérifié, selon sa forme et teneur, le 24° mars[1].

L'effet a montré combien, d'une part, la modération de la peine, et, de l'autre, l'inflexible fermeté à n'en exempter aucun, ont été profitables, vu que, depuis ce temps, cette fureur, qui étoit si ardente, s'est ralentie, et il ne s'est quasi plus entendu parler de duels.

Praslin[2], le premier infracteur de l'édit, quoiqu'il fût homme de considération pour les services de son père et particulièrement en la bonne grâce du Roi, subit toutes les peines ordonnées, sans qu'on lui en relâchât aucune. Il fut banni, perdit sa lieutenance du Roi en Champagne, sa charge de bailli de Troyes et le gouvernement de Marans, auxquelles charges le Roi pourvut incontinent[3].

Cette exacte observation de l'édit en sa personne en fit sages plusieurs autres, qui croyoient que le pardon seroit aussi facile à obtenir qu'auparavant.

1. Arch. nat., X^{1a} 1967, fol. 11 v°-20 v° de ce jour.
2. Roger de Choiseul, marquis de Praslin, fils du maréchal de Praslin, mestre-de-camp général de la cavalerie légère, maréchal de camp, lieutenant général au gouvernement de Champagne, tué à la Marfée, dans l'armée royale, le 6 juillet 1641. Il se battit en duel avec le marquis de Vardes dans le courant de mai suivant.
3. Cf. *Journal inédit d'Arnauld d'Andilly*, 1626, p. 26, mardi 2 juin. « Ils furent les premiers, dit le *Mercure françois*, t. XII, p. 334, à qui l'on fit pratiquer le dernier édit des duels touchant le bannissement pour six ans; tous deux perdirent leurs pensions; le marquis de Praslin perdit sa lieutenance du Roi en Champagne et son état de bailli de Troyes, desquels Barradas, appelé Monsieur le Premier, fut pourvu, et son gouvernement de Marans fut donné, dit-on, au sieur de Guron. »

APPENDICES

Appendice I.

Instruction remise par Marie de Médicis à Henriette de France avant son départ pour l'Angleterre[1].

Nous reproduisons ce document d'après le manuscrit A, fol. 176-183, que nous avons rapproché de sa source, conservée aux Affaires étrangères, Angleterre, supplément 1, fol. 228-231. Cette copie porte au dos la mention suivante de Charpentier : « Instruction de la Reine mère du Roi à la reine de la Grande-Bretagne, sa fille, allant en Angleterre. Employé. »

A Amiens, le 15 juin 1625[2].

Ma fille, vous séparant de moi, je ne me puis séparer de vous; je vous conserve dans mon cœur, en mon sein et en ma mémoire, et veux que ce papier vous demeure pour un souvenir perpétuel de ce que je vous suis. Il suppléera à mon défaut et parlera pour moi lorsque je ne vous pourrai plus parler moi-même. Je vous le donne dans le dernier adieu que je vous fais avant de vous quitter pour l'imprimer davantage en votre esprit et vous le donne écrit de ma propre main, afin qu'il vous soit plus cher et que vous fassiez plus d'état de ce qu'il contient pour votre conduite envers Dieu, envers le roi votre mari, ses sujets, vos domestiques et vous-même. Je vous dis ici sincère-

---

1. Ci-dessus, p. 100.
2. Cette date est donnée par les copies du document qui se trouvent à la Bibliothèque nationale, ms. Dupuy 631, fol. 98, et Cinq-cents Colbert 2, fol. 114.

ment, en la dernière heure de notre entretien, ce que je vous dirois à la dernière heure de ma vie, si lors je vous avois proche de moi. Je considère, à mon grand regret, que vous n'y pourrez être et que la séparation qui se fera lors de vous et de moi est anticipée par ce partement qui nous sépare pour longtemps.

Vous n'avez plus sur la terre que Dieu pour père. Il le sera à jamais, puisqu'il est éternel. C'est celui de qui vous tenez l'être et la vie; c'est lui qui, vous ayant fait naître d'un grand roi, vous met aujourd'hui une couronne sur la tête et vous établit en Angleterre, où vous devez croire qu'il veut que vous le serviez et y fassiez votre salut. Qu'il vous souvienne, ma fille, chaque jour de votre vie, qu'il est votre Dieu et qu'il vous a mise sur la terre pour le ciel et vous a créée pour lui-même et pour sa gloire. Le feu roi votre père a déjà passé et n'est plus ici-bas qu'un peu de poudre et de cendre cachée à nos yeux; un de vos frères a fait le même dès son enfance. Dieu, qui l'a retiré de si bonne heure, vous a réservée au monde pour vous y combler de ses bienfaits. Mais, comme il vous a avantagée[1] de cette sorte, il vous oblige aussi à lui en rendre plus de reconnoissance, étant juste que les devoirs augmentent à proportion que les grâces et les faveurs sont plus grandes et plus signalées. Donnez-vous bien garde d'abuser de celles qu'il vous fait. Pensez que la grandeur, la bonté et la justice de Dieu sont infinies, et employez toute la force de votre esprit à adorer sa puissance suprême, à aimer son incroyable bonté et craindre son exacte et rigoureuse justice, laquelle il fait ressentir à ceux qui se rendent indignes de ses grâces. Commencez et finissez chaque journée en votre oratoire par ces bonnes pensées, et là, en vos prières, prenez résolution de conduire le cours de votre vie selon les lois de Dieu et non selon les vanités du monde, qui n'est

---

1. Angleterre, supplément 1 : « il vous avantage ».

à chacun de nous qu'un moment duquel dépend votre éternité que vous devez passer en un paradis avec Dieu si vous faites bien, ou en enfer avec les esprits malins si vous faites mal.

Souvenez-vous que vous êtes fille de l'Église et que c'est la première et principale qualité que vous ayez et que vous aurez jamais : c'est celle qui vous donne entrée au ciel ; les autres dignités, comme venantes de la terre, ne passent point la terre, mais celle-ci, comme venante du ciel, remonte à sa source et vous y élève. Rendez grâces à Dieu chaque jour de ce qu'il vous a fait chrétienne et catholique : estimez ce bienfait comme il le mérite et considérez qu'ainsi qu'il nous est acquis et communiqué par les travaux et par le sang précieux de son fils unique Jésus-Christ notre Sauveur, il doit être aussi conservé par nos peines et même au prix de notre sang, s'il en est besoin. Offrez votre âme et votre vie à celui qui vous a créée par sa puissance et rachetée par sa bonté et miséricorde : priez-le et le faites prier incessamment qu'il vous conserve le don précieux de la foi et de la grâce et qu'il lui plaise que vous perdiez plutôt la vie que d'en déchoir. Vous êtes petite-fille de saint Louis ; je veux que vous receviez de moi en ce dernier adieu la même instruction qu'il recevoit souvent de sa mère qui lui disoit qu'elle aimoit mieux le voir mourir que de le voir offenser Dieu, qui est notre tout et notre vie. C'est cette instruction qui a commencé à le faire saint et qui l'a rendu digne d'employer sa vie et sa couronne pour le bien de la foi et l'exaltation de l'Église. Soyez ferme et zélée en la religion qu'elle vous enseigne, pour la défense de laquelle ce saint, votre bisaïeul, a exposé sa vie et est mort saint et fidèle entre les infidèles et pervers. N'écoutez et ne souffrez jamais qu'en votre présence on dise rien de contraire à votre créance et à votre religion. Nous avons les promesses du feu roi de la Grande-Bretagne et du roi son fils, votre mari, qu'on ne le fera pas; mais il est de besoin que vous apportiez de votre part une si ferme résolution et une telle sévérité en ce point que, si quelqu'un vouloit entreprendre le contraire, il aperçoive aussitôt que vous ne pouvez souffrir cette licence. Votre zèle et votre courage seront fort bien employés en ce sujet et, dans la connoissance que vous avez de ce qui est nécessaire pour votre salut, votre humilité sera estimée, si vous fermez les oreilles aux propos qu'on voudroit vous tenir de la religion et remettre à l'Église d'en parler pour vous, persévérant en la simplicité de la foi, en laquelle, pour vous affermir de plus en plus, vous ouvrirez votre esprit à ceux qui auront le soin de votre conscience pour leur rendre compte de tout ce qui la regardera. Fréquentez les sacrements, qui sont la vraie nourriture des bonnes âmes, et communiez tous les premiers dimanches des mois, toutes les fêtes de Notre-Seigneur Jésus-Christ et celle de sa très sainte mère, à laquelle je vous exhorte d'avoir une dévotion particulière. Vivant ainsi, vous ferez des œuvres dignes de la foi que Dieu vous a empreinte et que vous devez conserver beaucoup plus chèrement que votre propre vie.

Ayez soin de protéger envers le roi votre mari les catholiques, afin qu'ils ne tombent plus dans la misère d'où ils sont sortis par le bonheur de votre mariage. Soyez envers eux une Esther, qui eut cette grâce de Dieu que d'être la défense et la délivrance de son peuple envers son mari Assuère. Par eux, Dieu vous bénira même dès ce monde, vous fera en leur faveur beaucoup de grâces et tiendra fait à lui-même ce que vous ferez en leur personne. Ne les oubliez pas, ma fille; Dieu vous a envoyée en ce pays pour eux; car c'est son peuple et son peuple qui a souffert depuis tant d'années. Accueillez-les avec charité, écoutez-les avec facilité, protégez-les avec assiduité. Vous le devez, car ils sont recommandables, non seulement à cause des afflictions qu'ils ont reçues, mais encore davantage à cause de la religion pour laquelle ils ont pâti. En vous recommandant ceux-ci, je n'entends pas que vous oubliiez en vos charités et en vos faveurs ceux mêmes qui sont d'une autre religion, car c'est assez qu'ils soient en affliction pour vous obliger à les secourir; et, puisque Dieu vous fait leur reine, il vous oblige conséquemment à les assister, et vous le devez faire d'autant plus volontiers que vous devez les édifier par cette voie et les disposer charitablement à sortir de l'erreur où le malheur du siècle les a portés plus que leur propre volonté. En quoi peut-être votre assistance leur donnera sujet de se convertir à Dieu, en sorte qu'un jour ils vous précéderont au royaume des cieux.

Après Dieu et la religion qu'il a établie au monde pour nous donner moyen de le servir et d'opérer notre salut, votre premier devoir c'est au roi auquel Dieu vous a liée par le sacrement de mariage. Aimez-le comme votre époux et l'honorez comme votre roi, sans que l'amour diminue le respect, ni le respect l'amour que vous lui devez. Ayez toujours une familiarité respectueuse envers lui, le considérant votre chef. Rendez-vous douce, humble et patiente en ses volontés, mettant votre contentement non à vous satisfaire, mais à le contenter. Que s'il y avoit quelque chose à donner à Dieu en cela, vous le devez, et si vous le faites, Dieu vous bénira et en la terre et au ciel. Prenez auprès de lui d'autant moins d'autorité en apparence, que plus il se portera par sa bonté à vous en donner en effet; votre soin doit être de l'aimer et honorer et non pas de régner. Ne faites du tout rien que vous pensiez lui déplaire tant soit peu. Que votre conduite lui témoigne comme, après Dieu, tout votre désir est de lui plaire; soyez fidèle et secrète en ce qu'il voudra vous communiquer[1]; c'est ainsi que votre amour doit être réglé et conduit envers lui, amour

1. Angleterre, supplément 1 : « témoigner ».

sincère, humble et fidèle, amour honnête et respectueux. Vous lui devez encore une autre sorte d'amour, c'est un amour chrétien aimant son âme et son salut, l'aimant pour le ciel et non pour la terre. Par cette sainte affection, priez chaque jour et faites prier Dieu extraordinairement pour lui, à ce qu'il daigne le tirer à la vérité de la religion en laquelle et pour laquelle même est morte sa grand'mère. C'est un souhait qu'elle a dans le ciel pour son petit-fils, et ce doit être votre plus ardent désir en la terre; c'est un des fruits qu'il faut espérer de votre mariage, et comme je crois c'est un des desseins de Dieu sur vous, qui vous veut faire en nos jours une autre Berthe, fille de France comme vous, et reine d'Angleterre comme vous, laquelle obtint par sa sainte vie et par ses prières le don de la foi à son mari, et à cette île en laquelle vous allez entrer. Par ce saint désir, vous devez faire effort à vous-même en plusieurs choses qui seront peut-être difficiles à votre humeur; mais vous êtes obligée de vous oublier pour vous rendre davantage à celui que Dieu vous donne, et pour lui complaire en ses humeurs et volontés, j'entends, ma fille, hors ce qui concerne la religion. Car, en ce point, vous devez avoir et montrer de bonne heure tant de constance et de fermeté, que vous ne craigniez[1] point de lui dire hardiment et franchement que vous aimeriez mieux mourir que de vous relâcher en la moindre chose du monde en ce qui est de votre religion; il vous en estimera davantage, étant certain que, s'il voyoit que vous manquassiez à Dieu à son occasion, il croiroit aisément que vous manqueriez encore plus facilement à lui-même, puisqu'il n'est rien que l'ombre et l'image de Dieu. Pensez-y bien, ma fille, et vous souvenez qu'il y va de votre salut et de votre éternité. La crainte de ce péril est la seule chose qui me fait trembler en vous laissant, et

---

1. Nous suivons la leçon d'Angleterre, supplément 1. Le manuscrit A porte par erreur « croyez ».

qui m'a souventes fois arrêtée dans le traité de cette alliance. J'ai mon recours à Dieu et le supplie qu'il vous préserve de ce danger, et que jamais vous n'écoutiez la voix du serpent qui a séduit Ève et qui vous voudroit séduire. Il ne peut entrer en ma pensée que ce malheur vous arrive, et j'espère de la bonté de Dieu que cela ne sera jamais; mais, s'il arrivoit, j'ai horreur de penser que je serois contrainte de donner ma malédiction à une personne qui m'est si chère, ne vous pouvant tenir pour ma fille qu'autant que vous demeurerez fille de Jésus-Christ et de son Église, hors laquelle il n'y a point de salut.

L'amour que vous devez au roi votre mari vous oblige à aimer ses sujets[1], à leur donner accès avec lui et à leur procurer en toute occasion tout le bien qui vous sera possible, et, comme Dieu vous a fait leur reine, rendez-vous leur mère, et qu'ils reconnoissent en vous ces deux qualités. Le mariage vous donne l'une, et votre bonté envers eux vous doit donner l'autre, qui vous rendra beaucoup plus aimée et honorée. Votre qualité de reine vous lie à l'Angleterre, et, partant, vous devez désormais en considérer les intérêts : et parce qu'un des principaux est d'être inséparablement[2] unie avec ce royaume à qui telle union importe également, vous êtes obligée de vous rendre le lien et le ciment de ces deux couronnes, et contribuer tout ce que vous pourrez à leur bien mutuel. Il vous sera d'autant plus aisé de satisfaire en ce point aux obligations de votre naissance et de votre mariage que vous n'aurez qu'à suivre l'inclination et la bonne intelligence qui est entre deux rois, dont l'un est votre frère et l'autre est votre mari.

1. Angleterre, supplément 1 : « à aimer ses sujets et son royaume. Soyez donc prompte et facile à bien faire à ses sujets, à leur donner accès envers lui... »
2. Manuscrit A : ce mot a été déformé par le scribe; nous le rétablissons d'après Angleterre, supplément 1.

Ce que je vous ai dit jusques ici regarde vos devoirs principaux envers Dieu et la religion, envers le roi et le royaume : il me reste encore à vous entretenir de ce que vous devez à vos domestiques et à vous-même. Ayez soin que tous vos domestiques, excités par votre exemple, rendent à Dieu et à la religion ce qu'ils doivent, et qu'ils soient remarquables en l'intégrité des mœurs. Vous pouvez assurément croire que, s'ils servent bien Dieu, il vous serviront bien; qu'ils sachent[1] que vous avez cette créance et que vous ne pouvez autrement prendre confiance en eux. Ne souffrez entre eux aucunes personnes vicieuses, dont le mauvais exemple attireroit sur vous l'indignation de Dieu et le mépris des hommes. Traitez bien vos serviteurs et les aimez également, n'y faisant autre différence dans votre bienveillance et vos bienfaits que celle que le mérite et la vertu y apporteront : ainsi ils vous honoreront et serviront comme maîtresse et vous reconnoîtront et aimeront comme mère.

Pour ce qui est de votre particulier, ma fille, soyez un exemplaire d'honneur, de vertu et de modestie ; que votre port, votre maintien ressentent l'honnêteté, la pudicité, la débonnaireté même, en un mot la dignité de votre naissance et du rang que vous tenez. Ayez une douceur accompagnée d'une gravité royale ; usez d'une très grande discrétion en la licence que la façon de vivre d'Angleterre donne aux dames, qui y ont autant de liberté comme elles ont de contrainte en d'autres royaumes. Comme votre naissance vous rend relevée par-dessus les personnes ordinaires, vous le devez aussi être en votre façon de vivre, vous conduisant en sorte que cette retenue que je vous conseille d'observer paraisse en vous non forcée, mais naturelle. Soyez officieuse et presque respectueuse envers tous, n'offensant jamais personne ni de parole ni d'effet ; faites qu'ils con-

---

1. Angleterre, supplément 1 : « qu'ils sachent, je vous prie ».

noissent que l'autorité que vous avez par-dessus eux est pour leur bien faire et non pour les déprimer ou offenser. Bannissez de votre personne la médisance et la moquerie, vices ordinaires en la cour des grands, qui diminuent l'affection des sujets envers leur princes.

Je ne finirois jamais si je n'arrêtois les mouvements de mon cœur, tant je suis émue et remplie de diverses pensées ; mais il faut achever. Il faut que je vous laisse partir, que je donne lieu à mes pleurs et que je prie Dieu vous inspirer pour moi ce que je ne puis vous dire et ce que mes larmes effaceroient si je pensois l'écrire. Adieu, ma fille, je vous laisse et vous livre à la garde de Dieu et de son ange ; je vous donne à Jésus-Christ, son fils unique, Notre-Seigneur et Rédempteur. Je supplie la Vierge, de laquelle vous portez le nom, de daigner être mère de votre âme, en l'honneur de ce qu'elle est mère de votre Dieu et votre Sauveur. Adieu encore une ou plusieurs fois ; vous êtes à Dieu ; demeurez à Dieu pour jamais[1].

Appendice II.

Discours sur la légitimité d'une alliance avec les hérétiques et les infidèles.

La source principale du « Discours qui prouve la justice de l'alliance du roi de France avec les hérétiques et les infidèles[2] » est un mémoire conservé aux Aff. étr., Hollande 9, fol. 407-415, et signalé par Avenel, t. VI, p. 543, note 2 : « Savoir s'il est licite de secourir les Hollandois ». Ce document porte la mention « Employé » ; il a été établi pour une très large part à l'aide d'emprunts au *Catholique d'Estat* (1625) de Jérémie Ferrier[3].

1. Ci-dessus, p. 203.
2. Voyez l'allusion à ce discours faite dans le *Testament politique. Succincte narration*, éd. de 1764, p. 19.
3. M. Delavaud a déjà parlé du *Catholique d'Estat* dans les

Le mémoire de Hollande 9 contient plusieurs allusions à des faits très postérieurs à l'année 1625 (conclusion du traité de Rohan avec l'Espagne; invasion des États du duc de Mantoue : « Le Roi, qui a abattu la rébellion de l'hérésie... »); il a été probablement rédigé à la fin de 1629 ou au début de 1630, en vue du renouvellement de l'alliance hollandaise conclu le 17 juin 1630. Les secrétaires des *Mémoires*, tout en notant ces anachronismes, les ont cependant laissés subsister, à l'exception d'une phrase modifiée par Sancy.

Le mémoire intitulé : « Savoir s'il est licite de secourir les Hollandois », a été complété par un exposé des rapports de Henri III et Henri IV avec l'Espagne et des responsabilités encourues par Charles-Quint à l'occasion du schisme d'Allemagne et d'Angleterre.

Il n'y a pas de doute qu'on peut appeler les hérétiques, voire même les infidèles, à son secours, et faire ligue avec eux pour se défendre simplement d'un ennemi. La raison naturelle qui oblige un chacun à sa conservation par toutes sortes de moyens non illicites nous le fait connoître, puisqu'il n'y a point de loi qui nous défende un tel secours.

L'Écriture nous enseigne la même chose par divers exemples de ligues avec des infidèles, et l'histoire, qui fait foi de la pratique des siècles passés, nous ôte tout lieu d'en douter.

Le[1] roi Salomon a eu alliance avec le roi Hiran et a baillé et assujetti une des villes du peuple de Dieu à un roi idolâtre et infidèle; il épousa aussi la fille de Pharaon.

David avoit alliance avec Hanum et plusieurs autres princes infidèles.

Rapports et notices sur les Mémoires de Richelieu, t. II, p. 117, et M. Maximin Deloche en a fait une étude complète dans *Autour de la plume du cardinal de Richelieu*, p. 297-348.

1. Ici commence un long fragment qui figure à la marge du mémoire original et est tout entier emprunté au *Catholique d'Estat*, p. 152-160.

Les empereurs chrétiens ont fait souvent alliance avec les Goths et les Arabes, qui ont été des fléaux horribles sur la chrétienté.

Nicetas témoigne qu'Isacius Angelus, empereur de Constantinople, qui avoit été homme d'Église et qui ne bougeoit d'avec les religieux, fit alliance avec un roi des Arabes sarrasins et s'en servit contre des catholiques. Si cette alliance est remarquable à cause de la dévotion particulière d'Isacius, elle ne l'est pas moins pour la forme qu'ils pratiquèrent. Ils se firent tous deux ouvrir une veine et burent du sang l'un de l'autre : ce qui montre ce que peut la nécessité, puisqu'elle contraignoit ce pieux empereur de suivre la forme des Arabes.

Les rois de France de la première race ont épousé des filles [des Goths]; les rois d'Espagne sont descendus de ces Goths et leurs écrivains prouvent qu'ils doivent précéder les rois de France, parce qu'ils sont plus anciens comme étant venus de ces Goths.

Abraham fit alliance avec Abimélech pour lui et sa postérité en Bersebat.

Jacob fit alliance avec Laban, idolâtre, et épousa ses filles.

Les enfants d'Israël, excepté les sept peuples dont Dieu leur avoit interdit l'alliance, avoient paix et intelligence avec tous les autres, encore qu'ils fussent tous infidèles.

Loth, neveu d'Abraham, étoit allié avec les rois de Sodome, vivoit et combattoit avec eux.

Huber étoit allié avec Jabin, infidèle.

Les Machabées, quoique très grands zélateurs en la nécessité de leurs affaires, ont fait alliance avec les Lacédémoniens et avec les Romains. Josèphe et quelques autres disent qu'ils ont failli; mais Serrarius, jésuite, prouve par vives raisons que cela est faux, loue leur action et en établit puissamment la justice.

En des nécessités urgentes, il y a eu des papes qui ont

traité avec des Turcs ; et le Pape se plaignant au cardinal d'Ossat de ce que le Roi avoit reçu l'ambassadeur de Hollande, il lui répondit : « Saint-Père, vous avez bien reçu celui de Perse[5]. »

Mais il est question de savoir si l'on peut faire ligue avec tels gens pour attaquer un prince catholique au détriment de la religion ; la réponse est aisée.

On ne peut sans péché s'allier et faire ligue avec des hérétiques ou infidèles ayant pour but d'attaquer un prince catholique pour faire détriment à la religion, vu que cette fin est pernicieuse et damnable, et qu'il n'est jamais permis de faire un mal, quelque bien qu'il en puisse arriver[1].

Mais un État qui a légitime sujet de se plaindre d'un prince catholique pour les torts qu'il en a reçus et a juste occasion de craindre d'en recevoir encore à l'avenir, vu sa grande puissance et la mauvaise volonté qu'il lui porte, peut bien pour sa sûreté faire sans péché ligue avec des hérétiques et infidèles contre le susdit prince catholique, et en suite d'icelle ligue les attaques qu'on fera contre ce prince seront licites, parce que ledit détriment n'arrive pas par dessein comme si l'on s'étoit proposé pour fin de le procurer, mais seulement par accident, et qu'on le voit avec déplaisir, et le souffre-t-on parce qu'on ne sauroit l'empêcher, supposé la liaison ci-dessus mentionnée,

---

1. *Catholique d'Estat*, p. 160. Ici finit le passage ajouté à la marge de Hollande 9.

2. Comparez le passage suivant du mémoire du P. Joseph, cité par l'abbé Dedouvres, *le Père Joseph polémiste*, p. 577 : « La plus importante difficulté est de savoir si on peut faire la guerre avec telles gens, hérétiques ou infidèles, pour attaquer un prince catholique au détriment de la religion. A quoi la réponse est pourtant aisée, étant véritable que cette alliance n'est pas illicite, si ce n'est qu'elle fût à dessein exprès de ruiner ou causer quelque dommage à la religion. »

laquelle la raison et la prudence humaines font juger nécessaire pour procurer la subsistance de l'État auquel on est.

Sur ce point, il faut considérer qu'il y a deux sortes de défenses.

La première, par laquelle nous résistons à un effort présent et actuel qu'on fait contre nous.

La seconde, par laquelle connoissant la mauvaise volonté de nos ennemis, nous nous fortifions et mettons en état de nous garantir de leur malice : ce qui fait quelquefois que ce qui seroit attaqué sous cette considération passe et est réputé pour juste défense, principalement si une expérience dommageable nous a fait connoître la mauvaise volonté de nos ennemis, et que nous n'ayons aucune occasion de croire qu'ils l'ayent perdue, ains au contraire tout sujet d'estimer qu'ils nous veulent autant de mal que jamais.

Nous sommes en cet état au respect des Espagnols qui entreprennent ouvertement sur nous, et partant la France peut et justement avoir fait et renouvelé et entretenir[1] l'alliance qu'elle a de longtemps avec les Hollandois contre l'Espagne, et ce à plusieurs titres.

Premièrement, parce qu'un prince est obligé de se servir de toutes sortes de moyens non prohibés pour la conservation de l'État qui lui est commis, et qu'il n'y a ni loi qui défende d'assister aussi les infidèles quand on le fait seulement pour se garantir de mal, ni aucune raison qui l'empêche. Si quelqu'une le pouvoit faire, ce seroit celle du détriment qui peut arriver à la religion; mais elle n'est pas suffisante pour empêcher de pratiquer ce qui est néces-

1. Manuscrit A : ces huit mots sont de la main de Sancy. La rédaction primitive : « partant la France peut renouveler l'alliance qu'elle a de longtemps », était conforme au mémoire original (Hollande 9, fol. 407 v°). Sancy a voulu donner à cette phrase une portée générale.

saire à la subsistance d'un État, la nécessité duquel rend licite ce qui autrement seroit illicite et défendu.

Au reste, la cause du détriment de la religion est en tel cas imputée à celui qui nous donne juste sujet de craindre sa mauvaise volonté et sa puissance, ainsi que tous les théologiens enseignent que le prince qui a tort en une guerre est censé[1] cause de tous les désordres que sa partie adverse ne peut empêcher que son armée ne fasse pendant icelle.

La seconde raison consiste en ce qu'ainsi qu'un particulier peut dérober ou prendre une somme d'argent qui lui est légitimement due, si par autre voie il ne la peut avoir : auquel cas, ce qui n'est pas licite de soi-même le devient par occasion. Ainsi, est-il permis à un prince de rechercher et prendre des moyens qui de soi ne seroient pas licites pour se faire raison d'un tort qui lui est fait quand il ne la peut avoir par autre voie.

Or, est-il que le roi d'Espagne ne satisfait pas à plusieurs obligations qu'il a envers la France. Il lui retient plusieurs dépendances de cette couronne; il est obligé depuis peu et par le droit des gens, et par le traité de Madrid[2], de rendre la Valteline, envahie sans sujet quelconque, au préjudice de ce qui appartient légitimement ou au Roi ou à ses alliés qui sont en sa protection.

Il attaque, sans raison, le duc de Mantoue et veut envahir ses États[3]. Par le traité fait à Suse, il est obligé de les laisser paisibles; il viole manifestement la justice et manque ouvertement à sa parole et à ses écrits et à sa foi.

Il a fait un traité avec les huguenots de France pour les

1. Manuscrit A : ce mot a été corrigé par Charpentier.
2. Conclu le 25 avril 1621. Sur les protestations soulevées par l'inexécution du traité de Madrid, voyez le *Discours sur l'occurence des affaires présentes* (*Mercure françois*, t. XI, p. 71).
3. En 1629.

soulever contre le Roi, par lequel il s'obligeoit à leur donner 300 mille livres tous les ans pour leur donner moyen de s'ériger et maintenir en corps d'État[1].

Donc le Roi peut, en conscience, secourir MM. les États, afin qu'en lui taillant de la besogne il oblige le roi d'Espagne à rendre ce qu'il retient injustement et à s'abstenir de lui faire du mal.

La troisième raison se tire de ce qu'ainsi qu'il est permis à un homme d'en tuer un autre quand il le voit venir à lui avec dessein de lui ôter la vie, ainsi est-il permis à un prince d'en occuper un autre en assistant ses ennemis, quand il le fait seulement pour se garantir de plusieurs inconvénients qui lui arriveroient si son ennemi étoit paisible.

Saint Anthonin[2] remarque, par un long et solide discours, qu'un enfant peut licitement tuer son père, le mari la femme, et la femme le mari, *cum moderamine inculpatæ tutelæ;* c'est-à-dire quand on fait ce que l'on peut pour se défendre autrement[3].

Que si l'on dit que le péril qui est imminent[4] à la France par la mauvaise volonté et la puissance d'Espagne n'est pas si proche, comme si quelqu'un étoit près d'ôter la vie d'un autre et le poursuivoit l'épée à la main;

---

1. Cette phrase figure en marge du mémoire original. Les neuf lignes qui précèdent ont été soulignées dans le manuscrit A; en regard, Charpentier a ajouté la note suivante : « Noter que ce qui est souligné n'est pas encore arrivé en 1625. » Sur la signature de ce traité, qui aurait été conclu le 3 mai 1629 par un agent de Rohan, Clausel, voyez J. Le Comte, *Histoire de Louis XIII*, t. II, p. 522.

2. Ici commence un nouveau passage ajouté à la marge du mémoire original de Hollande 9.

3. Sancy a ajouté ce mot sur le manuscrit A.

4. Charpentier a corrigé ici une bévue du scribe, qui avait écrit « inconvénient » au lieu de « imminent ».

auquel cas il seroit permis de se défendre et de le tuer. L'on répond que les princes ne doivent pas attendre qu'ils soient réduits à cette nécessité, étant très difficile en matière d'État, où les pas sont si glissants, d'éviter que l'on ne tombe dans le précipice lorsque l'on s'est laissé pousser jusques au bord; et cette faute ne peut être exempte de blâme et de coulpe si elle procède de négligence.

Pour venir au particulier, c'est aux ministres de l'État de juger s'il est vrai que l'alliance du Roi avec les Hollandois soit nécessaire pour s'opposer aux mauvais desseins de l'Espagne sur ce royaume; ce qui dépend de la connoissance de choses infinies que le vulgaire ne peut discerner, en quoi il se doit apaiser et soumettre son jugement, ainsi que tous les docteurs tiennent que les sujets sont obligés d'aller à la guerre quand le prince leur commande, se remettant à lui de discerner si elle est juste ou non.

Quant aux ministres, il est vrai qu'ils sont obligés de considérer fort attentivement et de bonne foi[1] si les princes qui prennent leur conseil se peuvent passer de telles alliances, et remédier par autres moyens moins préjudiciables à la religion et aux maux qu'ils appréhendent, laquelle discussion ne doit être métaphysique et dans une preuve infaillible de nécessité, mais morale et conforme à la raison, selon laquelle se conduisent les affaires des hommes[2].

La quatrième résulte de ce que le Roi, qui a affoibli la rébellion de l'hérésie[3], mais non abattu l'hérésie qui subsiste

1. Première rédaction du manuscrit A et Hollande 9 : « sans parler de Hollande, mais traitant de la thèse en général ». Finalement, ce membre de phrase a été barré.
2. Ici prend fin le passage écrit à la marge du mémoire original.
3. Première rédaction du manuscrit A et Hollande 9 : « La

toujours en son royaume, ne sauroit, sans cela, venir à bout du glorieux dessein qu'il a de l'extirper de la France ; ce qu'il fera indubitablement s'il conserve la paix en ses États. D'où il s'ensuit que, puisqu'un prince est plus obligé de procurer la gloire de Dieu en ses États qu'en ceux d'autrui, la France peut contribuer à la guerre qui est entre les Hollandois et l'Espagne, nonobstant même le détriment qu'en peut recevoir la religion, vu que ce détriment n'est point la fin de notre liaison et que la religion recevra plus d'augmentation en France que de diminution aux Pays-Bas ; joint que l'avantage qu'elle doit recevoir en France si l'on y conserve la paix est certain, et que le détriment qu'elle peut recevoir en Flandres si l'on y continue la guerre ne l'est pas, en tant que les événements de la susdite guerre peuvent être favorables pour l'Espagne : auquel cas l'Église se trouvera faire progrès, non seulement contre les hérétiques en France, mais encore contre ceux des Pays-Bas.

On tire une cinquième raison de ce que tous les auteurs qui déclarent et font énumération de ceux qui sont compris en la bulle *In Cœna Domini*[1], qui excommunie les fauteurs d'hérétiques, en exceptent ceux qui les assistent en une juste guerre contre des catholiques.

Partant, il paroît par ces raisons que nous pouvons licitement nous joindre aux Hollandois, qui font la guerre à l'Espagne, vu que non seulement c'est la meilleure, mais l'unique voie que nous ayons d'établir notre subsistance avec sûreté.

Un esprit plus hardi passera outre et dira avec raison

quatrième résulte de ce que le Roi a abattu la rébellion de l'hérésie, mais non l'hérésie qui subsiste. » La correction a été faite par Sancy, probablement pour mettre en harmonie ce passage avec le récit de l'année 1625.

1. En regard de ce passage figure, dans le mémoire original, la note suivante de Charpentier : « Faut voir la bulle et coter les auteurs. »

qu'il n'est pas seulement licite, mais expédient et nécessaire pour la France, pour l'Église et pour toute la chrétienté d'en user ainsi.

Pour la France, parce que le Roi ne sauroit faire une action plus méritoire que d'extirper l'hérésie du royaume, soulager son peuple et établir une discipline générale, juste et raisonnable par tout son État, vu que sa charge l'oblige en conscience de travailler à cette fin et le rend responsable devant Dieu s'il ne le fait.

Or, est-il qu'il ne peut satisfaire à cette obligation s'il ne conserve la paix en ses États, étant certain que, si l'on a la guerre de quelque côté que ce puisse être, il faudra surcharger son peuple au lieu de le soulager; l'hérésie et la rébellion reprendront force et vigueur au lieu de pouvoir être éteintes, et les divers corps de l'État se dérègleront de nouveau au lieu de se rendre capables de discipline. D'autre part, c'est chose assurée que la guerre ne peut venir en France que par les forces ou les menées de l'Espagne ou de l'Empire. Conséquemment, puisque les infidélités de la maison d'Autriche ne nous permettent pas d'éviter le mal de la guerre par des négociations et traités èsquels l'expérience nous fait connoître qu'on ne trouve nulle sûreté avec telles gens, il n'y a autre moyen pour procurer les biens ci-dessus mentionnés à cet État que de s'accommoder avec les ennemis de l'Empereur et du roi d'Espagne pour tenir leur puissance occupée hors du royaume, ce qui fait voir clairement qu'il est expédient et nécessaire d'en user ainsi pour le bien de la France.

Il l'est encore pour le bien de l'Église et de la chrétienté, parce que la monarchie universelle[1], à laquelle aspire

---

1. Comparez l'*Advis sur l'estat présent des affaires d'Allemagne* (*Mercure françois*, t. XII, p. 731) : « Il y a quelque centaine d'années que la maison d'Autriche aspire ambitieusement à la monarchie universelle, surtout la branche qui domine en Espagne. »

le roi d'Espagne, est très préjudiciable à la chrétienté, à l'Église et au Pape, la raison et l'expérience nous montrant qu'il faut, pour le bien de l'Église, qu'il y ait balance entre les princes temporels, en sorte que dans leur égalité l'Église puisse subsister et se maintenir en ses fonctions et en sa splendeur; autrement le Pape ne pourroit être, comme il doit, père commun de tous les princes chrétiens, mais seroit contraint d'être serf et simple chapelain du plus puissant.

Après tout ce que dessus, qui voudroit faire voir comme les Espagnols n'ont seulement jamais fait difficulté de faire la même chose que nous faisons pour les Hollandois, mais en outre n'ont pas douté de se servir des alliances des hérétiques et infidèles pour favoriser leurs injustes invasions, et de contracter lesdites alliances à des conditions injustes, honteuses et païennes, seroit obligé de faire des volumes entiers s'il vouloit rapporter tous les exemples qui s'en trouvent.

Ce qui montre bien que nous pouvons et devons leur donner des affaires, leur procurer hors du royaume de l'occupation, vu qu'autrement il n'y a rien de si illicite qu'ils ne soient capables d'entreprendre pour nous faire du mal.

Ferdinand[1], roi d'Espagne, s'allia avec Soliman et lui rendit tributaire la Hongrie, afin que la maison d'Autriche eût plus de liberté de travailler la France[2].

Il abandonna quelques villes du Péloponèse chrétiennes qui s'étoient données à lui, et ce pour faire plaisir au Turc.

En l'an 1603, quoique les Espagnols nous objectent l'alliance du Turc, M. d'Ossat écrit au Roi que les servi-

1. Ici commence un passage qui a été ajouté à la marge du mémoire original et paraît avoir été emprunté au *Catholique d'Estat*, p. 145.
2. Ce membre de phrase, depuis *afin que...*, a été ajouté par Sancy sur le mémoire original.

teurs du roi d'Espagne le recherchoient pour faire par son moyen alliance avec le Turc.

Depuis dix ans, le roi d'Espagne a employé soigneusement diverses personnes et entre autres un jacobin dans Constantinople pour l'avoir[1]. Les Espagnols prouvent qu'ils ont justement occupé les Indes, parce qu'ils l'ont fait en assistant des Indiens infidèles avec lesquels ils avoient fait alliance contre des autres[2].

Rodolphe d'Absbourg, comte du pays de Suisse, qui entra dans la maison d'Autriche et qui est le premier empereur de la maison en l'année 1278, faisant la guerre avec Octocarus, roi de Bohême, avoit dans son armée dix mille Comans (c'étoient des Tartares qui étoient infidèles et mécréants), lesquels, par la Moravie, Autriche et Styrie, emmenoient les chrétiens captifs, *ad Paganistiam*, au pays ou à la religion des païens. Et néanmoins, à son retour de la guerre et de ses horribles exploits, le clergé et les moines venoient chanter des hymnes au-devant de lui avec la croix et la bannière[3].

En l'année 716, Aurélius, roi d'Espagne, qui tua Froila, fit alliance avec les Mores et Sarrasins, et leur payoit tous les ans un tribut de cent jeunes filles catholiques.

Quelque temps après, un de ses successeurs, renouve-

1. Comparez *Catholique d'Estat*, p. 144 : « L'alliance du Turc nous est souvent reprochée par ceux-là mêmes qui la recherchent encore tous les jours. Ces années passées, le roi d'Espagne y a employé un moine jacobin dans Constantinople et, encore aujourd'hui, il y a un Italien qui donne de l'argent pour la lui faire avoir. » G. Guay publia en 1625 les *Alliances du Roy avec le Turc et autres justifiées*, etc.; voyez l'ouvrage de Deloche, p. 326 et suivantes.

2. *Catholique d'Estat*, p. 165.

3. Cet alinéa reproduit textuellement le *Catholique d'Estat*, p. 166. Tous les exemples suivants, tirés de Mariana, sont également empruntés à cet ouvrage, p. 167-168.

lant cet abominable tribut, le diversifia, donnant tous les ans aux infidèles cinquante filles damoiselles et cinquante de celles du peuple.

Alphonse, surnommé le Grand, fit alliance avec les Mores, à la charge de leur bailler son fils Ordonius pour être nourri et élevé parmi eux.

Plusieurs des grands d'Espagne, en l'année 984, combattirent avec 9,000 chrétiens pour les Morisques contre le roi de Léon[1].

En l'année 1035, Ramirus, roi d'Aragon, assisté des Mores, fit la guerre à son frère Garsias, roi de Navarre. Ainsi Sanches, roi de Castille, chassa le roi d'Aragon, son oncle, par l'aide des infidèles; les frères s'en sont servis contre les frères et, ce qui est horrible, les enfants contre leur propre père[2].

Les Grenadins étoient alliés de Ferdinand, surnommé le Saint; ce lui étoit une grande gloire que les hommes de contraire religion se fiassent en lui : c'est l'éloge que leur histoire donne à telles alliances.

Le grand mathématicien Alphonse, roi de Castille, fut si malheureux que son fils plus jeune, Sanches, le fit

1. Comparez le passage du mémoire sur l'alliance avec les hérétiques du P. Joseph, cité par l'abbé Dedouvres, *op. cit.*, p. 578 : « En l'année 984, plusieurs des grands d'Espagne combattirent avec 9,000 chrétiens pour les Morisques contre le roi de Léon. » Il est probable que le P. Joseph, tout comme l'auteur du présent mémoire, a fait un large usage du *Catholique d'Estat;* mais cette similitude ne saurait lui justifier l'attribution d'un ouvrage que des témoignages contemporains indiquent formellement comme étant l'œuvre de Ferrier. Voyez l'étude de G. Fagniez, *Revue des questions historiques*, année 1896, p. 481, et surtout M. Deloche, *Autour de la plume de Richelieu*, p. 297 et suivantes.

2. Le mémoire original (Hollande 9) porte, comme le passage correspondant de Ferrier : « contre leurs propres pères ».

dégrader de la royauté et le chassa par l'aide et par le secours des Grenadins[1].

Outre ces raisons, nous en avons un exemple formel en l'Écriture.

David n'étant qu'homme privé, se voyant persécuté injustement par le roi Saül, se retire chez Achis, roi des Philistins, ennemi du peuple de Dieu. Et lorsque lesdits Philistins sont sur le point de donner bataille contre les Israélites, le roi Achis prie David, comme son ami, de le servir en cette occasion. David n'en fait aucun refus, vient à l'armée des Philistins avec six cents hommes de sa suite et de sa nation, prend sa place au champ de bataille et promet au roi Achis de combattre courageusement contre ses ennemis, la victoire desquels ne pouvoit être que très funeste à la religion, ainsi que l'effet fit paroître; d'autant que, l'ayant emportée, les Israélites, étonnés de cette grande perte où le roi Saül fut tué, abandonnèrent plusieurs de leurs villes où les Philistins vinrent habiter et en ôtèrent le culte divin.

Plusieurs auteurs de marque, expliquant ce passage, approuvent cette action, entre lesquels est Siranus, qui soutient manifestement que David pouvoit secourir les Philistins sans blâme, avec cette intention d'être aidé par leur assistance et par la force de leurs armes pour parvenir à la couronne de Juda, qui lui appartenait par l'ordonnance de Dieu.

Telle est l'opinion de Silvestre; et Denys le Chartreux, en ses commentaires sur ce lieu, dit que c'est aussi l'avis de plusieurs, quoique ce ne soit pas le sien.

Becanus, grand théologien entre les Jésuites, se sert aussi de cet exemple de David pour prouver ce qu'il soutient en termes exprès : *licitum esse in bello Justo ut princeps fidelis præbeat auxilium infidelibus contra fideles.*

1. Ici prend fin l'emprunt au *Catholique d'Estat*.

Liranus[1], en ses commentaires sur les chapitres 28 et 29 du premier des Rois, trouve cette action si licite et si juste qu'il dit en ces mêmes mots : *Per David qui voluit ire contra filios Israël cum Philistœis signantur sancti qui in punitionibus fidelium factis per manus infidelium applaudunt justiciæ Dei; illud psalmi lœtabitur justus cum viderit vindictam; manus suas lavabit in sanguine peccatoris.*

Fostat et quelques autres, en leur commentaire sur le texte du Livre des Rois, font grand tort à David, le voulant excuser, en ce qu'ils disent qu'il s'étoit mis à l'armée des Philistins pour trahir le roi Achis, son bienfaiteur : ce qui est bien éloigné de l'esprit de ce prince et répugne grandement à la droite raison et à la théologie, qui veut qu'on garde sa foi aux ennemis et beaucoup plus aux amis et alliés.

Ces auteurs, pour couvrir leur mauvais sens, allèguent que David n'a pas fait difficulté de mentir en cette occasion, promettant au roi Achis de l'assister, ainsi que le même David[2] avoit usé envers lui de menterie et de fraude, lorsqu'il lui assuroit qu'il faisoit de grands butins sur le peuple d'Israël et lui faisoit une rude guerre, afin qu'Achis se fiât davantage en lui, combien qu'il fût véritable que David faisoit ses courses sur le pays des ennemis des Israélites et non pas sur leurs terres. En quoi ils se trompent, car il n'a commis aucune menterie ni infidélité, pour ce qu'il ne disoit pas au roi Achis[3] qu'il alloit faire le dégât sur le territoire de Juda, mais du côté du midi qui regarde Juda, *contra meridiem Judæ;* auquel endroit

1. Ici commence un nouveau fragment ajouté à la marge du mémoire original.
2. Ces trois mots ont été ajoutés par Sancy.
3. Première rédaction du manuscrit A et Hollande 9 : « en quoi il n'a connu aucune menterie, ni infidélité, car il ne disoit pas au roi Achis... » La correction a été faite par Sancy.

étoient quelques bourgades des Amalécites, qui étoient les ennemis jurés du peuple d'Israël et ne dépendoient point du roi Achis[1]. Aussi n'est, comme dit saint Augustin, le mensonge jamais permis et, comme la vérité est la première de toutes les vertus et particulièrement attribuée à Dieu, le mensonge est le principe de tout mal et le diable en porte le nom.

David vint donc trouver le roi Achis, dans les États duquel il étoit réfugié, pour combattre avec lui, et ce contre les Israélites, bien qu'ils fussent le peuple de Dieu, le vrai culte duquel étoit entre eux seulement[2].

L'Écriture, qui reprend et remarque tous les manquements de David comme l'homicide d'Urie, l'adultère de Bethsabée, le dénombrement du peuple, et lorsqu'il se fit une couronne de l'or conquis en la guerre contre les ennemis de Dieu, ne blâme en aucune sorte cette action de David, laquelle, si elle n'étoit licite par la raison d'une juste défense, seroit aussi criminelle qu'aucune des autres, étant directement opposée à la religion et contre le commandement que Dieu a fait plusieurs fois à Moïse et aux enfants d'Israël de ne se point allier avec des infidèles.

David, à la vérité, ne se trouva pas au combat, d'autant que les chefs de l'armée philistine prirent soupçon de lui et le firent retirer de leur camp; mais il ne tint pas à lui qu'il ne fût à la bataille et témoigna d'en sortir à regret, et qu'il étoit près de combattre pour le service du roi Achis, qu'en ce lieu-là il appelle son maître, et comme étant obligé de lui garder la foi. Or, en ce qui est du péché et de la conscience, la volonté est réputée pour le fait[3].

1. Ici prend fin, dans le mémoire original, le fragment ajouté à la marge.
2. Les deux phrases qui précèdent ne figuraient pas dans le mémoire original; elles ont été ajoutées par Sancy sur le manuscrit A.
3. Comparez le passage correspondant du mémoire du P. Joseph, cité par Dedouvres, *op. cit.*, p. 579 : « Il est vrai que

Si David n'a rien fait que de licite, à plus forte raison le Roi peut-il secourir les Hollandois contre le roi d'Espagne. Car il n'est pas le maître du Roi, ainsi que Saül l'étoit de David, qui ne laisse pourtant de secourir ses ennemis.

Qui plus est, Dieu n'a pas déclaré par sa parole expresse qu'il veut que les Espagnols soient les maîtres des Hollandois, ainsi que Dieu avoit dit tant de fois qu'il vouloit que les Hébreux fussent maîtres et légitimes possesseurs de la Judée, à l'exclusion des Philistins : ce que David ne pouvoit ignorer, qui lui-même l'avoit si souvent exprimé dans ses psalmes et notamment quand il dit, parlant des peuples de la Palestine : *Dedit terram eorum hæreditatem, hæreditatem Israël servo suo.* Et toutefois David ne laisse pas d'assister l'un des plus puissants rois de ce pays-là qui vouloit en chasser les Israélites.

Cet exemple décide clairement l'affaire dont il est question et semble que c'est un trait de la providence de Dieu extraordinaire qu'il se soit trouvé en l'Écriture pour apprendre aux princes, à qui le soin des États est commis, jusques où va l'étendue de ce qu'ils peuvent faire pour leur bien, et ce n'est pas merveille si les saintes lettres n'en ont aucun autre semblable qui soit au vrai cas de la question présente, vu que le peuple d'Israël, qui seul étoit fidèle, n'étoit point divisé. Ce qui fait qu'il ne pouvoit y avoir des alliances du peuple de Dieu avec des infidèles contre les fidèles, puisqu'il n'y avoit point d'autres fidèles[1] que les Israélites, et que depuis que dix tribus se

David ne se trouva pas au combat, parce que les chefs de l'armée philistine conçurent quelque soupçon de lui et le firent retirer; en effet, il étoit en dessein d'y assister et tout près de combattre pour le service d'Achis, qu'en ce lieu (I, Rois, xxix, 8) il appelle son maître, comme étant obligé de lui garder la foi. »

1. Ce mot, dans le mémoire original, est de la main de Charpentier.

séparèrent sous le règne de Roboam des deux de Juda et Benjamin, qui demeurèrent toujours fidèles. Ces dix furent toujours schismatiques et deux[1] idolâtres comme adorant le veau d'or.

Un roi manqueroit à sa charge et commettroit un péché si, par un zèle inconsidéré et par un excès de confiance non fondée, il attendoit que Dieu sauvât son État par voies extraordinaires et miraculées et négligeoit les moyens que sa prudence lui doit faire prendre, comme étant permis de Dieu, pour se défendre contre ceux qui injustement voudroient s'emparer de ce qui appartient à autrui.

Cartagène, Espagnol, religieux cordelier, auteur pieux et célèbre, enseigna clairement avec saint Anthonin, le cardinal Caietan et Molina, jésuite, que, non seulement est-il loisible de se servir du secours des infidèles contre les catholiques, mais en outre qu'il est loisible à un prince chrétien de secourir un infidèle en la guerre contre un autre prince chrétien[2].

Becanus dit en termes exprès qu'il est permis, en une juste guerre, de donner secours à des infidèles contre des fidèles.

Banès et plusieurs autres auteurs qu'il allègue enseignent le même.

Lorichus, Navarre, etc., sont de semblable opinion.

On alléguera peut-être que Dieu reprend en divers endroits de l'Écriture les princes et les peuples qui font alliance avec les infidèles, jusque-là même qu'il en châtie quelques-uns.

Mais la réponse est claire par les lieux mêmes dont on se peut servir pour vérifier cette objection, puisqu'il est certain que Dieu ne blâme pas simplement telles alliances, lesquelles il autorise en divers lieux, mais bien blâme-t-il

1. *Var.* du mémoire original (Hollande 9) : beaucoup.
2. Comparez *Catholique d'Estat*, p. 162, qui paraît être la source de ce passage.

que les princes qui les ont faites aient eu plus de confiance en icelles qu'à son secours, comme il paroît au fait d'Asa, qui est aussi bien blâmé, étant malade, d'avoir eu plus de confiance aux médecins qu'en Dieu, bien qu'il soit permis de se servir des médecins institués de Dieu à cette fin[1].

Il blâme aussi telles alliances quand on les fait sans nécessité pour augmenter sans sujet la domination des infidèles, desquels il avoit ouvertement fait connoître par ses prophètes qu'il vouloit la perte; comme celle de Josaphat qui s'est joint à Achab, non par nécessité, puisque l'Écriture remarque qu'il étoit très riche, très puissant et très heureux, craint et redouté de tous ses voisins et si vénéré que tous lui faisoient hommage et lui apportoient des présents; mais par la considération d'une amitié humaine et pour favoriser Achab, duquel le prophète Hélie avoit prophétisé qu'en vengeance de la mort de Naboth les chiens lécheroient son sang au même lieu où il l'avoit fait mourir et qu'il détruiroit sa maison et sa race.

Il y a plus, Josaphat faillit encore grandement parce que Michée, qu'il tenoit lui-même pour prophète véritable, l'avertit qu'il faisoit une mauvaise entreprise, qu'elle réussiroit mal et que Dieu ruineroit son dessein.

Or, est-il que, bien que nous faisions alliance avec les Hollandois, nous avons plus de confiance au secours de Dieu qu'en eux. Nous ne faisons pas cette alliance sans sujet pour les agrandir, mais par nécessité pour empêcher notre diminution : ce qui paroît bien en ce que la grandeur des Hollandois, considérée par elle-même, nous est préjudiciable.

Au reste, nous n'avons point de prophétie qui nous fasse connoître que Dieu veut que les Hollandois se perdent et que les Espagnols dominent le monde.

Au contraire, on peut croire avec raison qu'ainsi que les prophètes ont souvent déclaré que Dieu avoit suscité

---

1. Comparez *Catholique d'Estat*, p. 159.

les Chaldéens idolâtres pour punir l'orgueil des rois de Juda, peuple fidèle, et réprimer les outrages et l'oppression que leurs voisins en recevoient, ainsi a-t-il suscité les Hollandois pour la même fin envers les Espagnols, qui font tant de mal à la chrétienté.

Le prophète Ézéchiel, 19, confirme cette histoire par une comparaison fort pathétique quand il représente Joachim, roi de Juda, sous la figure d'un lion qui, pour avoir usurpé les biens d'autrui et mis ses voisins en proie, est châtié par les Babyloniens, en sorte qu'ils le courent à force et le prennent comme une bête farouche, le faisant tomber dans les toiles et les filets avec de grandes blessures et guerres de part et d'autre.

Hiérémie en rapporte une autre sur le même sujet, qui n'est pas moins remarquable ni moins naturelle au sujet dont il s'agit.

Le prophète Ananias, porté d'un zèle inconsidéré, s'oppose à la volonté de Dieu, en ce que Dieu déclare par le prophète Hiérémie qu'il veut châtier le roi de Juda, quoique fidèle, par les Babyloniens infidèles, lesquels il a suscités contre lui.

Ananias soutient publiquement que les Chaldéens seront détruits et qu'il faut que tous les gens de bien s'opposent à eux et que le maître de Juda doit être le maître et ravoir ce qu'ils lui ont ôté.

Et d'autant que le roi, les prêtres et le peuple suivoient l'opinion d'Ananias, qui sembloit avoir bonne intention et le zèle de la loi et l'honneur du culte divin devant les yeux, en ce qu'il soutenoit qu'il falloit s'opposer aux Chaldéens, le prophète Hiérémie prédit, de la part de Dieu, qu'Ananias seroit chassé et qu'il mourroit dans un an, ce qui arriva.

Ce qui peut faire voir qu'il ne faut pas se porter par un zèle indiscret à favoriser les rois fidèles contre les peuples infidèles, bien même qu'ils les aient injustement offensés, pour ce qu'il peut être que Dieu s'en veut servir pour châtier lesdits fidèles[1], les humilier et empêcher que sous le nom et le prétexte de piété ils n'oppriment les autres.

Dont on peut dire, avec vérité, que les bonnes et valables raisons nous portent à l'alliance des Hollandois et qu'aucune de poids et de considération ne nous en détourne.

On dira volontiers[2] qu'il n'est pas permis d'assister des rebelles comme rebelles, ni des hérétiques comme tels; mais, demeurant dans les principes ci-dessus rapportés, j'avoue cette proposition et dis qu'au secours des Hollandois il n'est question ni de l'un ni de l'autre. Car le Roi n'assiste pas les Hollandois comme rebelles et hérétiques, c'est-à-dire pour favoriser et maintenir leur rébellion et leur hérésie, qu'il déteste de bon cœur; mais la seule fin du secours qu'il leur donne est la défense de son État, puisqu'il n'a autre dessein que d'occuper tellement ceux contre qui ils agissent, qu'ils ne lui puissent faire du mal comme ils ont fait par le passé.

Au reste, les Hollandois ne peuvent et ne doivent maintenant être considérés comme rebelles, puisqu'il y a douze ans que le roi d'Espagne a fait un traité de trêve[3] avec eux comme peuples libres et indépendants; que si le roi d'Espagne, qui seul prétend pouvoir sur eux, les reconnoît libres, il n'y a prince qui ne puisse traiter avec eux comme avec des peuples indépendants.

Il y a cinquante ans[4] qu'ils sont en la possession où ils sont, et, en matière d'États, il arrive d'ordinaire que l'ac-

1. Hollande 9 et première rédaction du manuscrit A : « pour châtier lesdits infidèles... ».
2. Dans Hollande 9, ce paragraphe est précédé du titre *Objections*.
3. La trêve de 1609. Cet alinéa serait donc tiré d'un mémoire composé en 1621.
4. Le soulèvement de 1567.

quisition en est injuste et la possession équitable : on les prend contre raison, mais on les retient avec droit, le temps ou l'affection des peuples rendant volontaire l'obéissance à laquelle au commencement ils étoient contraints.

Auguste, comme enseigne saint Augustin en la Cité de Dieu, avoit ôté injustement la liberté à sa patrie et néanmoins, ayant été affermi dans le gouvernement par quelque temps, Dieu n'a pas laissé de recommander en sa parole qu'on lui obéît comme souverain.

Les Suisses étoient sujets de la maison d'Autriche, et cependant la chrétienté, sans omettre le Pape, les reconnoît comme souverains maintenant[1], quoique la rébellion ait été le premier titre de leur souveraineté.

Quelqu'un dira peut-être encore la plupart des raisons et des auteurs ci-dessus allégués qui enseignent qu'on peut donner secours à des hérétiques et infidèles contre les fidèles, supposent que la guerre des hérétiques soit juste, ce qui ne se trouve pas en celle des Hollandois ; mais la réponse est prompte, car, quand même la guerre que les Hollandois font contre l'Espagne seroit injuste, ce qu'on n'examine pas ici[2], la France, ayant juste sujet de se plaindre des injures qu'elle a reçues d'Espagne et légitime occasion d'en appréhender d'autres à l'avenir, comme il a paru ci-dessus, peut, sans péché[3], contribuer à entretenir la guerre desdits Hollandois, par la même raison encore qu'un homme qui a besoin d'argent en peut prendre d'un usurier qui pèche en le prêtant, pour la même raison encore qu'on se peut servir du serment d'un infidèle qui jure par ses faux dieux pour attester une vérité dont la connoissance est nécessaire à celui qui le fait jurer : et c'est en

1. Comparez *Catholique d'Estat*, p. 177.
2. Ces sept mots ont été ajoutés par Charpentier dans le manuscrit original.
3. Ces deux mots sont, dans le manuscrit A, de la main de Sancy.

ce sens que saint Thomas enseigne qu'on peut sans péché se servir et se prévaloir du péché d'un autre[1].

A l'avènement du roi Henri IIIe à la couronne, les guerres qu'il eut contre les huguenots furent fomentées et entretenues de l'argent que Philippe IIe donnoit en Languedoc aux catholiques unis avec les huguenots, ce qui fut dès longtemps auparavant que le duc d'Alençon eût pensé d'aller en Flandres.

Depuis encore, ce bon prince, tant vanté pour sa piété, offrit souvent de l'argent au roi Henri le Grand, lorsqu'il n'étoit que roi de Navarre et qu'ils l'appeloient archihuguenot et relaps, pour faire la guerre à Henri IIIe, son roi légitime, bien qu'il fût beau-frère de Philippe et si catholique que, par un excès de dévotion qui tenoit quelque chose de la superstition, il vivoit plutôt en religieux qu'en roi.

Henri IVe eut une si grande horreur de cette lâcheté qu'il envoya au roi Henri IIIe l'original de la lettre de Philippe, par laquelle il lui faisoit les offres et le sollicitoit de lui ôter la conduite du royaume qu'il gouvernoit si mal.

Le Roi en ayant fait plainte à l'ambassadeur d'Espagne, il en donna avis à son maître, qui n'écrivit plus audit roi de Navarre, mais lui fit dire que, nonobstant ce qu'il avoit fait, il ne laisseroit pas de lui donner, quand il le requerroit, le secours qu'il lui avoit promis.

Depuis qu'il fut venu à la couronne un nonce de Sa Sainteté le sollicitant d'abandonner les Hollandois et lui disant que le roi d'Espagne ne voudroit assister les huguenots en nulle part du monde, S. M. lui raconta cette histoire, dont il demeura fort étonné, et prit une autre créance d'Espagne que celle qu'il avoit eue jusques alors.

Mais il ne faut pas s'étonner si Philippe a vécu ainsi,

1. C'est sur cette phrase que prend fin le mémoire de Hollande 9.

puisque Charles le Quint, son père, qui est le fondateur de la maison, qu'ils suivent et qu'ils imitent en tout, comme ayant le premier conçu le vain dessein de la monarchie universelle, n'a pas fait difficulté en occasions semblables de faire le même et beaucoup davantage.

Il fit une ligne ouverte avec le roi Henri VIIIe d'Angleterre, schismatique, contre le roi François Ier, et le fit descendre avec une armée en France.

En Allemagne, ayant vaincu en bataille rangée Frédéric, duc de Saxe, luthérien, et pouvant rappeler à la religion catholique toute cette province, en laquelle, comme en toutes les autres d'Allemagne, les peuples suivent la créance de leurs princes, il préféra son intérêt à toute considération de Dieu et aima mieux établir en sa place Maurice, luthérien, mais qui lui étoit affidé, que non pas aucun autre de la même maison qui étoient catholiques.

Depuis Maximilien, l'an 1516, étant irrité de ce que les Polonois ne l'avoient pas voulu élire pour leur roi, ne fit point de difficulté pour essayer à se venger de faire ligue contre eux avec le Danois, le Suédois, le Moscovite et le duc de Saxe, tous princes hérétiques.

Si nous voulons venir à notre temps et en la même année dont nous écrivons maintenant l'histoire, le comte d'Olivarès a fait faire à M. de Rohan le soulèvement dernier que nous venons d'écrire[1], l'en ayant sollicité par un qu'il faisoit nommer Don Carles, son secrétaire, déguisé, qu'il lui envoya.

Le duc de Milan, ensuite de cela, ayant levé les armes, envoya La Rousselière[2] et Campredon[3] en Espagne, qui a depuis été convaincu, condamné et exécuté à mort.

1. Le soulèvement de 1625.
2. Sur les menées de La Rousselière, gouverneur de Saint-Jean-de-Bruel, en Espagne, voyez Ch. de Bouffard-Madiane, *Mémoires*, p. 98 et 112.
3. Manuscrit A : « Camredon ». Pierre Campredon appartenait en 1625 à la suite de Rohan et avait guidé La Rousselière

Et ce qui est encore ici plus à considérer, c'est qu'ils font alliance avec les infidèles et hérétiques pour envahir les provinces d'autrui; et nous ne le faisons que pour notre défense et empêcher qu'ils ne dépouillent nos alliés de leurs États : de sorte que, s'il y a quelque chose à reprendre en cela, ce n'est pas à nous, mais à eux, que le blâme doit être imputé.

Et, à la vérité, qui voudroit exactement examiner la cause de la ruine de la religion en la chrétienté trouvera que la maison d'Autriche a ouvert la porte au Turc pour envahir les provinces catholiques, a donné établissement et cours à l'hérésie de Luther et de Calvin, qui ravage la plupart de l'Europe et est cause du schisme d'Angleterre, suivi de l'hérésie sous laquelle cette île est opprimée depuis un long temps.

On ne sauroit lire sans larmes l'histoire de Hongrie, en laquelle on voit Ferdinand, frère de Charles le Quint, à l'appétit de son ambition pour se faire roi de Hongrie, forcer celui que le pays avoit élu à appeler le Turc pour le défendre contre la violence de ses armes qui le vouloient dépouiller.

Enfin, par trait de temps, continuant toujours ses entreprises contre ce pauvre royaume, Soliman, après avoir été appelé au secours plusieurs fois, se saisit des meilleures villes et places pour le remboursement des frais de la guerre, et depuis s'étendit si avant qu'il n'en reste plus qu'une petite partie aux chrétiens.

L'hérésie de Luther étoit poursuivie et combattue par toute la chrétienté; on brûloit en France ceux qui en faisoient profession; on ne les traitoit pas plus favorablement en Angleterre. En Allemagne, ils étoient attaqués, lorsque, tout d'un coup, Charles le Quint, pour avoir plus de moyens de tourner ses forces contre la France, leur

en Espagne; il fut arrêté à Belpech et écartelé à Toulouse le 6 avril 1626 (Ch. de Bouffard-Madiane, *Mémoires*, p. 281).

accorde l'intérim, par lequel il priva plus de quatre mille villes et bourgades de l'exercice de la religion catholique[1], et, ayant donné à l'hérésie cet affermissement, elle s'est depuis épandue par toute l'Europe et y a fait les maux qu'un chacun sait.

Quant au schisme d'Angleterre, à qui en peut être attribuée la cause qu'à Charles le Quint? Par ses poursuites continuelles, il a fait que le Pape a traité avec un peu de rigueur le roi Henri VIIIe, qui, par désespoir, se jeta dans un schisme formel[2].

Depuis, ce roi reconnoissant sa faute et se voulant réconcilier à l'Église, Haederus écrit que Charles le Quint, par son autorité, empêcha que S. S. le reçut si, auparavant, il n'avoit restitué à l'Église tous les biens qu'il lui avoit ravis, ce qui n'étoit pas en sa puissance.

Le roi François Ier fit en sa faveur, mais en vain, tous les offices qu'il put envers S. S. Le roi Henri VIIIe, voyant que l'affaire dépendoit de Charles le Quint, fit ligue avec lui contre le roi François pour l'obliger à obtenir du Pape ce qu'il lui demandoit; mais la vengeance étoit si fort enracinée en son cœur qu'il n'amollit jamais sa dureté envers lui.

Et, pour montrer que ce n'étoit que sa seule passion qui empêchoit cet accommodement si nécessaire à l'Église, c'est que, tôt après, Henri étant décédé, Philippe, fils de Charles le Quint, épousa Marie, fille de Henri, laquelle rétablit la religion catholique en Angleterre, à condition que tous les biens qui avoient été ôtés aux ecclésiastiques demeureroient sécularisés, qui est ce que seulement demandoit ledit Henri et qu'à faute de lui avoir été accordé a causé la ruine de l'Église en ce royaume.

1. Comparez *Catholique d'Estat*, p. 81 : « Il a chassé la religion catholique de plus de quatre mille lieux en Allemagne. »
2. Comparez le *Catholique d'Estat*, p. 91 et suivantes.

Appendice III.

Discours prononcé par le cardinal de Richelieu à l'assemblée de Fontainebleau du 29 septembre 1625[1].

Le cardinal de Richelieu s'adressant au Roi, parlant avec la grâce et l'éloquence qui lui sont naturelles, dit à S. M. en substance que, depuis que S. M. lui avoit fait l'honneur de l'appeler en ses conseils, il avoit toujours reconnu qu'elle avoit été très bien conseillée d'entreprendre par les armes le recouvrement de la Valteline, puisque par les négociations elle ne l'avoit pu obtenir; que le roi d'Espagne n'avoit que trop fait connoître le dessein qu'il avoit de prendre avantage en l'issue de cette affaire et d'en ôter la gloire à S. M.; qu'il étoit difficile par la voie des traités avec le Pape d'en tirer à présent une fin honorable à cause du prétexte de la religion; que, pour l'avoir, il étoit expédient de faire une bonne guerre et à quelque prix que ce fût conserver à la France le passage de la Valteline et aux Grisons leur souveraineté; qu'il seroit trop honteux de consentir à la perte ou diminution de l'un ou de l'autre, et que, si la France abandonnoit ses alliés, elle ne trouveroit plus de support ni d'assistance chez les princes ses voisins, qui la quitteroient pour suivre le parti d'Espagne; qu'il savoit bien que la paix étoit préférable à la guerre, mais non pas une paix honteuse, qui tire en conséquence la perte de sa

---

1. Il nous a semblé intéressant de rapprocher de la version donnée par les *Mémoires* de ce discours, d'après le *Mercure françois*, celle qui figure dans la relation intitulée « Négociation du cardinal Barberin » et composée probablement par Ardier (Aff. étr., Rome 37, fol. 340 v°). — Ci-dessus, p. 120-121. — M. Hanotaux en a publié un premier projet (*Maximes d'État*, p. 87-91); voyez aussi, dans *Rapports et notices*, t. II, p. 211, ce que dit M. Delavaud à ce sujet.

réputation; que, si l'on lui disoit que les affaires du royaume pouvoient détourner S. M. de porter ses armes ailleurs, il répondroit qu'avec peu de forces on pourroit réduire les rebelles à l'obéissance et en même temps avec une bonne armée faire la guerre au dehors;

Que, si l'on mettoit en avant que pour faire la guerre il falloit de l'argent, Messieurs des finances, qui étoient là présents, pourroient répondre qu'ils avoient du fonds pour faire quatre montres sans toucher aux moyens extraordinaires ni au revenu de l'année suivante; que, lorsque les princes voisins verroient S. M. dans des desseins généreux, ils seroient tous incontinent pour elle, et, tant qu'elle continueroit, jamais ne l'abandonneroient; qu'enfin l'honneur étoit le vrai patrimoine des rois, qu'il falloit que S. M. conservât le sien, et que pour cela il falloit hasarder tout le reste, et partant qu'il estimoit que le Roi pouvoit écrire au Pape et au légat que, par l'avis de son Conseil et de ses cours, S. M. ne pouvoit recevoir les propositions qui lui avoient été faites et qu'elle seroit toujours prête d'entendre à des conditions de paix honorables pour elle et pour ses alliés[1].

[1]. Comparez l'extrait suivant d'une dépêche adressée par le Roi à son ambassadeur à Rome, Béthune. Fontainebleau, 4 octobre 1625 : « Depuis le départ du cardinal-légat, j'ai fait assembler en ce lieu les princes officiers de ma couronne, principaux de mon Conseil, ensemble les premiers présidents et mes avocats et procureurs généraux de mes cours souveraines de Paris, auxquels, ayant fait entendre les raisons qui m'avoient obligé et contraint de prendre les armes pour faire rendre aux Grisons, mes alliés, la Valteline, ce qui avoit été traité avec ledit sieur légat et les causes de la rupture de ses négociations, tous d'une commune voix ont loué et approuvé le soin que j'avois pris des avantages de la religion catholique en la Valteline et plus encore la fermeté que j'avois montrée pour conserver à mesdits alliés leur souveraineté, de sorte que j'ai conclu avec eux qu'il étoit plus expédient de continuer une juste guerre

Appendice IV.

Avis de Richelieu sur le voyage de Buckingham[1].

Le manuscrit A renfermait primitivement (fol. 219-220) un Avis du Cardinal sur le projet de voyage de Buckingham en France; ce passage a été supprimé lors de la revision générale du manuscrit; nous reproduisons ci-dessous ce document tel qu'il figurait dans le manuscrit A, en indiquant les principales variantes qu'il présente sur l'avis original, dont Avenel a donné des extraits t. VII, p. 569, d'après le vol. Angleterre 26, fol. 227-228.

La nouvelle en étant venue en France, le Cardinal craignit que difficilement se pourroit-on dégager de la presse importune qu'il feroit d'avoir permission de venir en la cour et dit au Roi que, puisqu'il avoit[2] passé la mer après avoir reçu tous les avis qu'on lui aura donnés en Angleterre sur le sujet de son voyage, rien ne l'arrêteroit, et qu'il avoit grande apparence qu'il surprendroit le Roi lorsqu'il y penseroit le moins, tels tours étant ordinaires en Angleterre, et, qui plus est, à son humeur; mais qu'il faudroit qu'il eût perdu la raison pour venir sans dessein de contenter S. M. en ses affaires. Qu'il n'y avoit rien si aisé aux hommes que de se tromper en leurs jugements, principalement quand ils les font de personnes dont la conduite n'est pas réglée et qui agissent par boutades et non

pour parvenir à une bonne et honorable paix que de faire une paix honteuse qui fût le fondement d'une longue et fâcheuse guerre » (Bibl. nat., ms. Français 3669, fol. 1).

1. Ci-dessus, p. 162.
2. Première rédaction du manuscrit A, corrigée ensuite par Sancy : « C'est pourquoi, afin de n'être pas surpris, il donna au Roi l'avis suivant sur ce sujet. Il sera difficile d'empêcher que Buckingham ne vienne ici, car s'il a passé... »

par raison et par prudence. Mais qu'il étoit[1] le plus trompé du monde si ce personnage, qui savoit toutes les plaintes que la France faisoit de l'Angleterre, ne venoit garni de remèdes, prétendant par ce moyen se faire faire un bon visage et faire un tour des neuf preux semblable à celui qu'il fit faire à son maître quand il le mena en Espagne sans grand fondement; que, quelque dessein qu'il eût de donner contentement, il ne laisseroit pas de parler pour les huguenots et pour sa ligue offensive[2], mais il n'y a point d'apparence qu'il s'arrêtât ni à l'un ni à l'autre. Et, quand il le feroit, il faudroit être aussi ferme à refuser comme lui à demander, et, d'abord, il faudroit lui dire les conditions èsquelles on pouvoit entrer avec l'Angleterre pour la guerre d'Allemagne, afin de retrancher la longueur de sa négociation.

Que son but seroit de ne la finir pas si tôt, et celui de la France devoit être, sans le témoigner de parole, de ne le retenir pas longtemps.

Qu'il falloit s'abstenir de parler mal de lui, tant devant son arrivée que lorsqu'il seroit ici, et que le Roi n'avoit à tenir autre langage à ceux qui lui parleroient qu'il devoit venir, sinon qu'il seroit le très bien venu s'il lui apportoit contentement sur les inexécutions dont S. M. avoit à se plaindre, et qu'il savoit bien qu'il étoit trop avisé pour venir autrement; qu'il estimoit beaucoup sa personne, mais que les rois regardent principalement aux intérêts de leurs États.

Qu'il sembloit qu'on ne sauroit faire autre chose que le loger chez M. de Chevreuse, par les intérêts duquel il faudroit tâcher de le ménager, sans lui dire que ce qu'on voudroit que l'autre sût, et lui témoignant ne se soucier pas beaucoup, quelque résolution qu'ils prissent.

1. Angleterre 26 et première rédaction du manuscrit A : « mais je suis... ».
2. Angleterre 26 : « et pour sa ligue offensive et défensive ».

D'Effiat pourroit aussi servir en cette affaire. Quelque voyage que le Roi fît, il n'empêcheroit pas ledit Buckingham de venir ici, étant certain qu'il n'y auroit point d'apparence de lui en dénier la permission quand il la demanderoit pour venir voir les reines.

Qu'il seroit utile, à cause de l'affaire des huguenots, qu'il n'y vînt point; mais qu'il y avoit des rencontres où il n'y a point d'autres remèdes que de faire bonne mine, cacher ses sentiments et ménager adroitement ses avantages;

Qu'on pourroit accorder aux Anglois la continuation de la paye qu'on donnoit à Mansfeld pour un an, plus ou moins; ce qu'on avoit promis à Belin pour l'armée du roi de Danemark, de la cavalerie à leurs dépens, si mieux ils n'aimoient se contenter de l'entretien du Mansfeld et de la cavalerie à nos dépens, pour joindre actuellement de l'infanterie angloise lorsqu'ils résoudront d'en faire entrer dans le Palatinat;

Que l'on croit qu'il étoit utile de faire un tel traité avec eux, parce que, par ce moyen, on entretiendroit sous leur nom la guerre en Allemagne et peut-être y remettroit-on les affaires en la balance où elles doivent être, chose du tout nécessaire;

Parce, en outre, que par ce moyen on engageroit[1] les Anglois à ne rien faire contre vous en ce qui concerne les huguenots;

Moyennant ces conditions, il faudroit obliger les Anglois à exécuter ce qui étoit promis tant pour les catholiques que pour la maison de la Reine, à rendre tous les vaisseaux, tant pris par M. de Soubise que par eux, et, de plus, s'il se pouvoit, à assister S. M.[2] contre les rebelles, étant nécessaire de traiter avec eux, en sorte que plus ils s'en-

1. Angleterre 26 : « vous engagez les Anglois »; à la ligne suivante Sancy a oublié de corriger *vous* en S. M.
2. Angleterre 26 : « à vous assister ».

gageront à la servir[1], plus aussi entrera-t-on en leurs affaires.

On pourroit aussi faire quelque société avec eux pour le commerce.

Mais que, quoi qu'ils disent ou fissent, il falloit bien se garder de joindre l'affaire de la Valteline avec le Palatinat, en sorte qu'on ne pût terminer l'une sans l'autre; que ç'avoit toujours été le but des Anglois, quoique sans raison et sans fondement, et surtout qu'il falloit dépêcher les députés des huguenots devant ladite venue[2].

Appendice V.

Lettre de Guillaume Bautru au cardinal de Richelieu sur sa mission en Angleterre[3].

A Hampton-Court, 6 janvier 1626.

Monseigneur,

J'ai ponctuellement suivi l'ordre de mon voyage comme je l'avois projeté avec M. de Chevreuse. Le retour du duc de Buckingham m'a fait passer en Angleterre. Il n'est arrivé que le 2ᵉ du courant d'une maison qu'il a sur la frontière d'Écosse, où sa femme est accouchée[4]. J'ai passé quatre jours à Londres en attendant sans qu'on en ait rien

1. Angleterre 26 : « à vous servir ».
2. Angleterre 26 et première rédaction du manuscrit A : « devant la venue de Buckingham ». La correction a été faite sur le manuscrit A par Sancy. Comme la remise des conditions de paix aux députés eut lieu le 30 novembre, l' « Avis » a été certainement composé dans les premiers jours de décembre.
3. Ci-dessus, p. 177. Cette lettre inédite, par laquelle l'envoyé du Cardinal rend compte de la mission dont il avait été chargé, est conservée aux Aff. étr., Angleterre 41, fol. 10-13. Elle est entièrement de la main de Bautru.
4. Elle avait donné le jour à Charles Villiers, né le 27 novembre 1625 et décédé le 26 mars 1627.

su par deçà. Il me reçut, me logea à Londres, et ici où j'arrivai le 3ᵉ. Je fus d'abord faire la révérence à la reine [1], à laquelle je dis des nouvelles de LL. MM. et des vôtres, mais sans recommandations, mon dessein ayant été de passer en Hollande, où j'avois à parler à M. de Buckingham de la part de M. de Chevreuse.

Après une heure de conversation particulière, quoique toute sa cour en fût, le duc me mena faire la révérence au roi, lequel, après m'avoir dit des paroles beaucoup plus obligeantes et plus courtoises que je ne devois espérer, se jeta sur les mécontentements qu'il avoit de M. l'Ambassadeur [2], disant qu'il ne parloit jamais à lui sans menaces, qu'il aigrissoit l'esprit de sa femme contre lui et ses serviteurs, qu'il empêchoit les domestiques de sadite femme de vivre comme il étoit convenable, et une Iliade d'autres plaintes de pareille étoffe ; puis il passa dans l'affaire de ses vaisseaux [3] que le Roi mon maître lui refusoit, après l'en avoir si cordialement obligé ; que toutes ces choses lui faisoient croire qu'il n'étoit pas aimé du Roi son frère, comme il s'étoit imaginé et qu'il croyoit que son affection méritoit. Il ajouta encore que l'ambassadeur prenoit particulièrement à tâche de désobliger le duc de Buckingham, qui lui étoit une personne si chère et si utile et qui avoit si bien servi notre nation selon son pouvoir.

Je répondis à S. M. que, depuis quatre jours que j'étois arrivé à Londres, j'avois appris qu'il y avoit de la mauvaise intelligence entre le Roi mon maître et lui ; qu'il me faisoit beaucoup d'honneur de s'ouvrir à moi, qui n'étois en son royaume que de la part d'un prince particulier [4] vers un autre seigneur des siens, mais que je trouvois par la

1. Henriette de France.
2. Blainville.
3. Les huit vaisseaux prêtés pour l'expédition contre Soubise.
4. Le duc de Chevreuse.

bouche de S. M. les aigreurs beaucoup moindres que je m'étois imaginé, depuis ce que j'en avois appris dans ses États, les causes de cette mésintelligence étant si légères qu'elles ne pouvoient produire aucun mauvais effet. Car, pour ce qui touchoit M. l'Ambassadeur, quand il y auroit quelque chose à désirer en la forme de parler, qu'il étoit très aisé d'y remédier; que les établissements nouveaux d'étrangers, de personnes de diverse langue et religion, ne se pouvoient faire sans qu'il se trouvât quelques mauvais passages, qui ne seroient pas capables d'arrêter la bonne intelligence entre le roi Très Chrétien et lui, s'il vouloit se laisser persuader par les intérêts communs, par l'exécution des choses promises où son honneur étoit engagé et par les charmes de l'amour d'une si belle princesse que la reine, qui véritablement étoit embellie plus que je n'eusse pu m'imaginer depuis qu'elle étoit entre ses mains; qu'au moins porterois-je à la reine, sa belle-mère, de laquelle j'avois l'honneur d'être domestique[1], cette bonne nouvelle qui lui seroit extrêmement agréable, n'y ayant rien au monde qui la touchât si sensiblement que ce qui concernoit la santé et le contentement de cette chère fille.

Quant à ce qui étoit des vaisseaux, que je m'étonnois plus que je ne pouvois exprimer à S. M. que sept ou huit navires prêtés au Roi son beau-frère pussent causer aucun désordre entre personnes si éminentes; qu'il y avoit à Paris, à Londres et à Amsterdam, cinquante marchands en chacune qui ne feroient pas un procès à leurs compères pour chose de pareille valeur; que la demande exacte qu'il faisoit de cette restitution donnoit quittance au Roi mon maître de l'obligation qu'il lui en avoit, outre que, dans

---

1. Guillaume Bautru bénéficiait d'une pension de 3,000 livres accordée par la Reine mère le 6 juin 1624 (Bibl. nat., Dossiers bleus, 66). Il avait reçu la charge de mestre de camp d'un régiment d'infanterie par commission de Marie de Médicis du 20 juillet 1620 et avait participé à l'action du Pont-de-Cé.

les termes ordinaires, il ne les pouvoit redemander qu'après dix-huit mois expirés.

Et pour ce qui touchoit M. de Buckingham, qu'il pouvoit, si lui plaisoit, voir la lettre que M. de Chevreuse écrivoit audit sieur duc[1], et qu'il verroit là dedans combien les intentions de mon maître étoient éloignées des bruits que leurs ennemis communs épandoient pour profiter de leur division. Mon discours seroit de la taille d'un livre de l'archevêque de Rouen[2], si je voulois ne rien omettre de la longue conversation que j'eus avec ce roi qui me donna la plus bénigne et favorable audience que je pouvois souhaiter, et tant s'en faut qu'il prît en mauvaise part rien de ce que je lui dis, qu'il me témoigna avoir très agréable et la liberté de laquelle j'usois, et les raisons que je lui avois apportées.

Le lendemain, j'ai fait aboucher MM. de Blainville, de Mende et de Tillières avec le duc, où ils ont fait des protestations d'amitié telles qu'il se peut désirer, et particulièrement M. de Mende s'est lié de très étroite affection avec lui, le priant instamment qu'il voulût être médiateur de votre bienveillance en son endroit. Je ne fus jamais plus étonné que lorsqu'il me dit que tout le monde lui disoit que vous ne l'aimiez point, vous qu'il estimoit par sus tous les ministres des rois du monde, et de qui il avoit recherché la bonne volonté avec une passion très violente ; qu'il savoit bien que ses ennemis vous avoient voulu faire croire qu'il se réjouissoit que vous fussiez malade et qu'il n'avoit nulles bonnes intentions pour votre service, ce qui étoit, disoit[-il], plus faux que les diables mêmes auxquels il se donnoit, s'il avoit jamais tant regretté chose que l'éloigne-

1. Nous avons donné le texte de cette lettre, dictée par Richelieu, p. 175, n. 1.
2. François de Harlay de Champvallon avait publié en 1625 les « Apologia Evangelii pro catholicis ad Jacobum Majoris Britanniæ regem », in-fol., 988 p.

ment de vos bonnes grâces; qu'il savoit que vous aviez trouvé mauvais qu'il eût changé de façon de vous écrire, mais que vous aviez commencé auparavant, et qu'il voudroit s'être rompu les doigts lorsqu'il fit la suscription hors la coutume.

Je pris la parole, Monseigneur, sur cet article et dis que ces choses-là faisoient si peu d'impression en votre esprit que, lorsque vous aviez reçu la lettre des mains de M. de Chevreuse à Noisy, je croyois que ç'avoit été M. d'Effiat ou moi qui en avions fait l'observation[1]; que pour la haine prétendue que tant s'en faut qu'il en dût rien croire, qu'il avoit des arguments très pressants du contraire par la façon que vous aviez traité avec lui lorsqu'il étoit en France, par ce qu'il valoit et par votre naturel, qui étoit entièrement répugnant à toutes démonstrations d'altération et de haine, et là-dessus je lui ai conté, devant ledit sieur de Mende, l'histoire d'entre vous et feu Ruccellaï[2]; qu'au contraire je serois caution de ma vie et que je vous l'avois souvent ouï dire que vous auriez une extrême joie que les choses qui pourroient apporter contentement à notre Roi vinssent par son moyen, et qu'il ne s'arrêtât point à tous ces petits contes-là que lui faisoient des personnes pleines de mauvaise intention envers nos maîtres, mais qu'il leur donnât des démentis par des effets et qu'il verroit que vous le chéririez et aimeriez, comme sa condition, son mérite et la personne qu'il soutient en cet état le requièrent.

M. de Mende a ajouté avec serment que, depuis quinze jours, il avoit reçu deux ou trois de vos lettres, qui toutes

1. Cet incident est rapporté par Tillières, *Mémoires*, p. 68. Voir aussi Amelot de la Houssaye, *Mémoires historiques...*, t. I, Amsterdam, 1722, p. 546.

2. Sur l'intervention du Cardinal, en 1619, auprès de la Reine mère en faveur de Ruccellaï, voyez le tome II de nos *Mémoires*, p. 356.

lui enjoignoient de bien vivre avec lui, avec témoignages et d'estime et de bonne volonté de votre part en son endroit.

Monsieur l'Ambassadeur a voulu venir aux éclaircissements sur le particulier de toutes les affaires, mais M. de Mende et moi l'avons prié que l'on changeât de méshuy ce style de débats en oubliant entièrement le passé, mais bien qu'on vît les effets des protestations d'amitié que l'on venoit de faire de part et d'autre. Je crois qu'il y avoit plus de deux mois qu'ils n'avoient parlé d'affaires audit duc, même que, depuis trois jours que le Carlisle avoit été pour voir l'ambassadeur, son valet de chambre lui avoit dit que l'on ne voyoit point et qu'il avoit pris médecine. Le comte de Holland et Carlton partent dans trois jours pour aller en France. Vous en aurez été averti avant la mienne, le comte de Holland étant allé en donner avis à M. de Blainville.

J'oserois quasi assurer, Monseigneur, que, si l'on conduit les affaires par le chemin que je vous ai dit, l'on fera plus en un jour qu'en un an par une autre voie. Je voulois m'en retourner avec M. de Mende, mais je n'ai pu obtenir congé de ce prince, qui me fait beaucoup plus d'honneur que je n'en veux, ni que je n'en mérite.

Gourdon croyoit partir dans deux jours, mais j'ai rompu ce voyage, ne le jugeant aucunement à propos ; ce n'a pas été sans l'avis de M. de Mende, duquel je ne saurois assez louer l'affection au service de sa maîtresse, son adresse et industrie en la gestion des affaires et la passion en tout ce qui touche votre nom.

Au reste, Monseigneur, je vous supplie très humblement de croire que je suis demeuré dans les termes prescrits, sans m'être avancé de la moindre chose en rien qui pût blesser ni la dignité du maître, ni contrevenir à vos commandements, qui me seront à jamais des lois inviolables, étant, sans condition ni réserve, Monseigneur, votre très humble, très obéissant et très obligé serviteur.

BAUTRU.

(*Au dos :*) A Monseigneur, Monseigneur le cardinal de Richelieu.

Appendice VI.

Avis du garde des sceaux de Marillac au sujet de la paix avec l'Espagne (début de 1626[1]).

Le Roi a la guerre en deux endroits, hors son royaume couvertement avec le roi d'Espagne, et dedans son royaume ouvertement contre les huguenots en plusieurs provinces.

On traite de la paix de l'un et l'autre côté : du côté d'Espagne par l'entremise du Pape et ministère de Monsieur le Légat.

En ce traité, le premier article est pour la Valteline, que le Pape demande être délivrée de la sujétion des Grisons et que la religion catholique y soit tellement assurée qu'il ne reste rien à craindre de la puissance des hérétiques sur eux. A quoi se présente une difficulté que le Roi se rendroit blâmable si le secours qu'il donne à ses alliés alloit à les priver de leurs États et soustraire de leur obéissance les provinces qui y sont sujettes.

Car toute la face extérieure de cette guerre est que le

1. Ci-dessus, p. 208. — Ms. A, t. II, fol. 3 v°-8 v°; Archives nationales, Papiers de l'Oratoire, M 232, fol. 71, copies. — Cf. Houssaye, *le Cardinal de Bérulle et le cardinal de Richelieu*, p. 50. Le légat partit le 24 septembre 1625. — Nous donnons le texte du manuscrit A. Dans M 232, le discours de Marillac ne commence qu'à ces mots : « Si le Roi rompt le traité de paix... », vers le milieu du texte, et les quelques lignes qui terminent la copie du manuscrit A à partir de : « Conserver et ne pas perdre l'honneur de ceux qui servent le Roi... », ne s'y trouvent pas.

Roi donne secours aux Grisons, ses alliés, pour recouvrer la Valteline que l'Espagnol leur a usurpée.

On fait sur cela beaucoup d'ouvertures pour accommoder l'affaire, auxquelles je n'entre point. Je me contente de dire qu'il n'est pas malaisé d'en trouver et de considérer les raisons qui peuvent mouvoir à faciliter cette affaire et la résoudre, sinon en la manière que l'on voudroit, au moins en celle qui en approche le plus, quoiqu'elle ne satisfasse pas entièrement; mais il la faut prendre plutôt que de rompre; car il faut prendre tous partis qui peuvent être honnêtes plutôt que de rompre.

Je dis donc qu'en l'extérieur cette guerre est le secours que le Roi donne aux Grisons; mais, en effet, c'est le Roi qui se sert du prétexte des Grisons pour, avec eux, entrer en la Valteline et s'en rendre le maître pour s'assurer des passages et du pays; et le principal intérêt au traité de la paix regarde le Roi, lequel, néanmoins, ne doit pas abandonner ses amis, mais aussi ne doit-il pas se ruiner à cause de ses amis. Il se doit rendre maître de l'affaire et faire pour soi et pour ses amis ce qui est du bien de l'un et de l'autre.

Rendre absolument la Valteline aux Grisons et remettre les Valtelins en leur pleine puissance, il n'est ni juste ni utile à l'un ni à l'autre. Il n'est pas juste, car c'est les mettre en manifeste oppression et ruine, de laquelle le Roi la doit garantir autant qu'il peut honnêtement, puisque Dieu l'a établi prince puissant sur les alliés et que son crédit et son nom peut les réduire civilement à la raison.

Il est encore moins juste que, Dieu ayant donné au Roi force et autorité sur un peuple catholique, il le jette à l'abandon de la fureur et cruauté des hérétiques, principalement si, par quelques honnêtes conditions, il s'en peut exempter.

Il est encore moins juste que, trouvant une province délivrée de l'hérésie où le nom de Dieu est purement invoqué, il ôte par ses armes cette province à Jésus-Christ et la rende à Satan, vu qu'il peut justement éviter cet écueil, que le royaume de Dieu est accompagné de justice, qu'on le peut toujours chercher et satisfaire amplement à tout ce qui est juste et honnête; et, s'il arrivoit que S. M. fût conseillée de faire cette action, je craindrois grandement le retour de la punition divine, lui faisant perdre de ses propres provinces et un grand blâme en toute la chrétienté sur ce conseil, vu principalement que tout le monde sait que par honnêtes moyens et sans violence, mais pour les offices justes et dignes d'un roi Très Chrétien, il peut persuader les Grisons et les faire contenter autrement.

Il est aussi contre le bien de tous. Il n'est pas utile aux Grisons mêmes, pour ce que les Valtelins ne sauroient supporter leur domination hérétique et se remettront sans doute sous l'Espagnol ou tout autre qui les en pourroit délivrer; en quoi non seulement les Grisons perdront ce pays, mais y auront encore ce désavantage d'avoir l'Espagnol dans leur pays, ayant par là le moyen d'entreprendre toujours davantage.

Il est aussi contre le bien du Roi, d'autant qu'il perdra, par ce moyen, ces alliés et le passage.

Mais il lui est encore plus nuisible, d'autant que, prenant cette résolution ainsi simple et absolue, c'est rompre le traité de paix et entrer en une guerre malaisée à terminer que par la ruine de l'un ou de l'autre, dont le conseil du Roi sera d'autant plus blâmé que l'on saura que tout cela n'est que pour avoir voulu conserver un morceau de terre aux Grisons, les pouvant contenter autrement, et perdu une province catholique, la pouvant préserver par moyens justes et honnêtes.

Si le Roi rompt le traité de paix et laisse partir Monsieur le Légat sans rien faire, que dira-t-on que l'on ait fait tant de plaintes du Pape de ce qu'il laissoit allumer si avant le feu en la chrétienté sans s'entremettre de l'éteindre, et qu'à présent qu'il s'en mêle à si bon escient on néglige son entremise?

Que dira-t-on que, pour ces petits respects remédiables par mille voies, le Roi laisse consommer son royaume et l'expose à la ruine et que, pour sauver un morceau de terre à des Suisses, il procure un si grand mal à son État? Il semble que les auteurs de ce conseil encourront un grand blâme et faut craindre que le Roi, se voyant aux extrémités et angoisses où cela le jettera, ne convertisse son esprit en indignation contre eux.

Si le Roi rompt et se résout à la guerre, il aura les huguenots qui, de leur côté, fourrageront son pays de toutes parts.

On pourra dire que le Roi fera paix avec eux et leur donnera contentement, ce qui seroit bien honteux, et que S. M. fût si peu sensible d'un si infâme mépris, se laissant emporter à des petits sentiments d'intérêts étrangers auxquels encore il peut satisfaire. Il est roi et père de son peuple; il est roi Très Chrétien : ce sont qualités qui l'obligent à beaucoup et à ne les pas renverser toutes deux en cette occasion.

Si on rompt, il ne se passera pas beaucoup de temps que l'on n'y ait regret; on verra lors à combien peu on s'est tenu, et ne sera plus temps.

Si l'étranger attaque le royaume en plusieurs endroits, il faudra plusieurs armées pour y résister et plusieurs autres pour s'opposer aux huguenots.

Les places mal munies et mal fortifiées, les soldats et les chefs infidèles, les compagnies réduites au tiers et au quart, la mauvaise volonté des grands, le peu de personnes à qui le Roi puisse confier une armée rendront les événements des armes fort douteux.

Si l'ennemi fait quelque progrès, l'épouvante ira partout; les villes iront au-devant pour se sauver. Ajoutez à cela les trahisons de plusieurs qui commandent aux places qui se joindront, qui à l'ennemi, qui au parti huguenot, ou qui se feront acheter à millions.

Le Roi se trouvera épuisé de deniers pour faire la guerre. Il ne demandera pas la paix à son ennemi, car il faut crever plutôt que d'en venir là; cependant, il faut continuer la guerre partout et, pour l'entretenir, trouver de l'argent et le prendre de tous côtés, y employer les recettes générales et les fermes, ne payer ni gages, ni rentes, ni appointements; cela encore ne suffisant point, on viendra par force aux violences et extraordinaires, car un roi ne se rend jamais faute d'argent. Il faut tout mettre pour durer : tout cela aliénera les peuples qui diront qu'on pouvoit avoir la paix, qu'on l'a négligé; les factions profiteront de ces aliénations, et il y a sur cela beaucoup de choses à prévoir et à craindre que l'on ne peut écrire.

On pourra, dans les extrémités, rechercher la paix des huguenots, qui seroit la ruine de l'État, car leur insolence les portera à des demandes si étranges que l'on ne les pourra contenter sans ignominie. En quoi il faut remarquer qu'alors la France n'aura plus d'alliance qu'avec les princes hérétiques, lesquels favoriseront ceux du royaume et les soutiendront pour avoir des conditions plus avantageuses auxquelles on sera contraint de s'accommoder, pour ce que le Roi n'aura secours que de ces princes, qui ne l'assisteront qu'à ces conditions.

Quand je considère ces événements et l'appréhension de cette dévastation, je crains que ce ne soit l'heure que plusieurs âmes très saintes prévoient de la punition de cet État, si on néglige les moyens que Dieu présente d'y ruiner l'hérésie.

C'est pourquoi il me semble qu'il faut bander tous ses esprits pour acheminer les affaires de la paix et n'en négliger les ouvertures, prenant toujours celles qui approchent plus de ce que nous prétendons, mais en effet ne point rompre, à quelque prix que ce soit;

N'exposer le royaume à tant de ruines pour une poignée de Suisses dont le Roi prend la querelle pour son avantage; mais il ne doit pas prendre leur avantage pour sa ruine;

N'exposer pas le royaume à l'hérésie et à la perte de tous les avantages que le Roi a eus contre les huguenots;

Ne donner cet avantage aux factions et mauvaises volontés de plusieurs grands et puissants;

Éviter l'extrême indignation de tout le clergé, les parlements, les villes et le peuple;

Conserver et ne pas perdre l'honneur de ceux qui servent le Roi aux principaux conseils de son État et ne les pas hasarder au mécontentement du Roi;

N'exposer S. M. à la nécessité de faire plusieurs violences et autres actes pour avoir de l'argent pour faire la guerre, de laquelle on peut si aisément se garantir et prendre la plus belle occasion qui s'offrira jamais de ruiner l'hérésie et la faction huguenote en France; rendre le Roi seul et absolu maître de son État et, par ce moyen, puissant contre toutes les factions et mauvaises volontés, élevant ainsi sa couronne au plus haut point qu'elle puisse être.

Par l'avis ci-dessus et les conditions glorieuses que nous verrons ci-après avec lesquelles le Roi termina la paix d'Italie, il paroît manifestement quelle force et fermeté de courage il a fallu avoir pour soutenir la réputation du Roi en cette affaire si importante et sur laquelle toute la chrétienté jetoit les yeux et étoit si intéressée qu'on pouvoit dire que d'elle seule dépendoit à l'avenir sa servitude ou sa liberté.

Ce qui étoit le plus fâcheux, etc. (*comme dans le texte des* Mémoires).

APPENDICE VII.

Lettre de M. du Fargis au Roi[1].

A Madrid, ce 7ᵉ janvier 1626.

Sire,

N'ayant reçu celle qu'il a plu à V. M. de m'écrire du 5ᵉ du passé que le 27ᵉ du même[2] mois, je me suis trouvé tellement engagé par les conférences que j'ai eues avec le comte d'Olivarès, ensuite de celles dont j'ai informé V. M.[3], qu'il m'a semblé ne m'en pouvoir retirer selon que V. M. me faisoit l'honneur de me commander, sans causer beaucoup d'ombrage par deçà, et même dommage à l'effet des intentions de V. M., lesquelles il vous plut me faire savoir par des dépêches des 25ᵉ et 29ᵉ d'octobre, et qui me sont même confirmées par la conclusion de ladite dernière du 5ᵉ du passé. De sorte, Sire, que, m'ayant semblé que les choses s'étoient approchées et comme réduites aux termes où V. M. a toujours désiré qu'elles fussent, savoir que MM. du Conseil d'Espagne ne prétendissent, au nom du roi leur maître, ni d'ôter aux Grisons la puissance et souveraincté qu'ils ont sur les Valtelins, ni de se conserver aucun droit ou usage dans les passages de ladite vallée, j'ai hardiment usé de la licence qu'il vous a plu me donner par celles du 25ᵉ d'octobre et ai signé avec M. le comte d'Olivarès les articles que j'envoie à V. M. avec les raisons qui se sont dites et pensées ès contestations qui se sont offertes avant que nous y descendis-

---

1. Ci-dessus, p. 210. — Ms. A, t. II, fol. 9-10 v°; Aff. étr., Espagne 14, fol. 320 (copie de Charpentier); Arch. nat., M 232, liasse 3, pièce 3, copie.

2. La copie de M 232 porte par erreur : « du présent ».

3. *Var.* : tenu V. M. informée.

sions et que nous en tombassions d'accord[1]. Au-devant de toutes lesquelles raisons et considérations je supplie très humblement V. M. de donner rang à l'exemple du feu Roi, de très glorieuse mémoire, père de V. M., lequel, en même sujet et toute telle altération dans les Grisons, il y a vingt ans, se contenta à beaucoup moins, et hors quasi de toute comparaison que ce que nous avons obtenu, ainsi que l'a écrit du depuis celui qui avoit l'honneur de le servir auprès des Ligues Grises en la même fonction que j'exerce par votre commandement de deçà. Or, Sire, comme les résolutions et conduite de ce grand monarque sont, après les exprès commandements de V. M., ce que nous devons regarder en cette vie avec plus de vénération et suivre avec plus d'assurance, je ne puis craindre que V. M. ne trouve bon que j'aie donné à cet exemple le rang qu'il doit tenir en la conduite de cette action, laquelle, venant à vous être agréable, je serai arrivé au bout de toutes nos intentions et desseins, lesquels j'ai toute ma vie dirigés au service seul de V. M., et lesquels j'ai animés particulièrement et de nouveau en ce sujet, les accompagnant de ce peu d'industrie que je puis employer.

Et, en effet, Sire, si je mesurois la qualité de ce service à la peine que ces gens ici m'ont donnée par leur artifice et dureté, j'aurois quelque occasion d'en demeurer satisfait. Toutefois, puisque ma règle est et doit être en toutes choses l'utilité et satisfaction de V. M., je serai en la peine que mon juste respect me doit donner jusques à ce que je sache que V. M. ait eu à plaisir ce qui s'est passé, ainsi que je désire qui soit, et par-dessus toutes choses de ce monde, après la conservation de votre prospérité et santé, selon le devoir de celui qui est de V. M., Sire, très humble, très obéissant et très fidèle serviteur et sujet.

Du Fargis.

1. Cf. « Considérations de M. du Fargis sur ledit traité » (Aff. étr., Espagne 14, fol. 32 v°-38. Copie).

Appendice VIII.

Lettre de Louis XIII au roi d'Angleterre[1].

13 mars 1626 (antidatée).

Très haut, très excellent et très puissant prince, notre cher et très aimé bon frère, beau-frère, cousin et ancien allié.

Le désir que nous avons toujours eu d'entretenir entre nous la sincère et étroite intelligence nécessaire pour l'intérêt commun de nos couronnes et l'intime et cordiale amitié que nous portons à votre personne, semblable à celle que nous nous sommes toujours promis de vous, nous a fait entendre avec déplaisir, tant par votre lettre du 7º du mois passé que par la créance de vos ambassadeurs, les plaintes qui nous ont été faites en votre nom de la conduite du sieur de Blainville, notre ambassadeur. D'ailleurs, il ne nous a pas été moins sensible de savoir qu'il se fut passé en sa personne[2] quelques rencontres dans lesquelles notre dignité semble avoir été blessée, mais, ayant depuis été éclairci et assuré par vosdits ambassadeurs que c'étoit chose dont vos intentions étoient entièrement éloignées, et que notredit ambassadeur recevroit des traitements si honorables que personne n'en pourroit douter, nous avons donné ordre à notredit ambassadeur de continuer ses services près de votre personne, estimant (comme vous) être à propos pour le bien commun de nos États et la réputa-

1. Ci-dessus, p. 224. — Arch. nat., papiers d'Herbault, KK 1363, fol. 234 vº. Copie. — Cf. la pièce suivante.

2. Le manuscrit A (t. II, fol. 23) reproduisait à peu près textuellement la fin de cette lettre : « Ayant été averti qu'il s'étoit passé quelque chose à la personne de mon ambassadeur où ma dignité, etc... »

tion de nos affaires de faire voir à tout le monde la perfection de notre bonne intelligence et correspondance, à quoi nous contribuerons toujours de notre part tout le soin et affection qui dépendra de nous, vous assurant que nous aurions plus de sentiment que vous-même si aucun de ceux qui nous appartiennent vous donnoit sujet de mécontentement. Nous nous remettons du surplus à notredit ambassadeur, auquel nous vous prions de donner toute créance. Nous prions Dieu, etc.

Appendice IX.

Lettre de Louis XIII à M. de Blainville[1].

20 mars 1626.

Monsieur de Blainville,

Par la dépêche que le sieur de la Folaine vous aura rendue de ma part, je vous ai donné avis des propos que les ambassadeurs du roi de la Grande-Bretagne, mon beau-frère, m'avoient tenus sur les choses ci-devant arrivées par delà et les assurances qu'ils m'avoient données que j'en recevrois toute satisfaction. Je veux donc croire que les effets s'en seront ensuivis. Néanmoins, attendant que j'aie de vos nouvelles sur ce sujet, j'ai résolu de renvoyer vers vous le sieur de Rome et vous adresser par lui deux lettres pour ledit roi mon beau-frère. La première, qui est antidatée[2], servira de réponse à la sienne. Et je désire qu'incontinent la présente reçue vous demandiez audience pour la présenter audit roi, l'accompagnant de telles paroles civiles et respectueuses que vous jugerez convenables, eu

---

1. Ci-dessus, p. 224. — Arch. nat., papiers d'Herbault, KK 1362, fol. 237. Copie; Arch. des Aff. étr., Angleterre 36, fol. 378 v°. Copie.

2. C'est la pièce précédente.

égard à l'état où se trouveroient les choses à l'arrivée du sieur de Rome, soit de la satisfaction qui pourroit déjà vous avoir été donnée, comme à mon ambassadeur, ou du retardement qui pourroit y avoir été apporté. Vous pourrez aussi prendre sujet de faire offre en cette audience, en mon nom, pour la restitution des vaisseaux et marchandises de mes sujets, suivant les paroles que lesdits ambassadeurs m'ont données. Et, soit que vous obteniez la délivrance de tout ou de partie d'iceux, ou que le refus vous en soit fait, ou que vous ayez reçu, comme mon ambassadeur, satisfaction, ou qu'elle ait été retardée, je vous accorde la permission de revenir près de moi, que vous m'avez plusieurs fois demandée.

Et mon intention est que trois ou quatre jours après cette première audience, plus ou moins, selon que vous verrez être à propos, vous en demandiez une seconde audit roi pour y présenter mon autre lettre et pour y prendre votre congé. Ce qu'ayant pareillement accompli avec la reine, ma sœur, vous pourrez vous mettre aussitôt en chemin pour me venir trouver, sans vous arrêter davantage par delà, me proposant, si la satisfaction est faite, d'y envoyer par après le sieur de Fossé, mon ambassadeur ordinaire. Sinon, son départ sera différé, et je prendrai temps pour penser si j'aurai à envoyer un ambassadeur en [un] lieu où ma dignité en leurs personnes est si peu respectée. Cependant, je ferai acheminer le sieur évêque de Mende pour servir près de la reine, ma sœur, et ailleurs selon que les occurrences s'en présenteront. C'est ce que je vous ferai savoir par ledit sieur de Rome, me remettant sur lui de toutes nouvelles et occurrences de deçà et du contentement que j'ai de vos services. Sur ce, je prie Dieu...

Appendice X.

Lettres de la reine d'Espagne au cardinal de Richelieu et à la Reine mère[1].

25 février 1626.

Mon cousin,

Les bons et fidèles services que vous rendez et avez toujours rendus au Roi Monsieur mon frère et à la Reine Madame ma mère, avec l'estime particulière que je fais de votre personne, m'ont toujours fait désirer de vous témoigner ma bonne volonté en toutes occasions; mais je m'y trouve bien plus particulièrement obligée à cette heure que je sais que, si le mauvais état où a été au passé la correspondance de ces couronnes a du changement, votre bonne intention et industrie y ont contribué autant ou plus que tous les autres ensemble. Et, bien que je fasse profession de ne me mêler point d'affaires, j'ai eu celui-là si à cœur que je l'ai toujours appelé et le tient comme mien, comme étant le plus glorieux que je veuille entreprendre. C'est pourquoi, après vous avoir remercié de ce que vous y avez fait jusques ici, je vous exhorte de continuer courageusement. L'honneur vous en demeurera devant Dieu et le monde, et à moi le désir de vous témoigner que je suis, mon cousin, votre bonne cousine

Élizabeth.

De Madrid, ce 25ᵉ février.

20 février 1626.

Madame,

J'ai su de l'ambassadeur du Roi Monsieur mon frère, que la bonne intelligence d'entre ces couronnes, que j'ai

---

1. Ci-dessus, p. 248. — Ms. A, t. II, fol. 40-41.

toujours désirée comme mon propre salut, n'étoit pas encore en si bons termes comme nous avions espéré ces jours passés; néanmoins, j'ose me promettre de la bonté de Dieu et de la vôtre, sachant que je dois beaucoup à V. M. pour ce regard, que tout ira bien. J'ai écrit au comte d'Olivarès par l'ambassadeur, lequel est parti pour Aragon, avec le plus d'efficace que j'ai pu, afin qu'il contribuât tout ce qu'il pourroit à un si bon œuvre, et vous supplierai, Madame, de me continuer en cela les preuves que vous m'avez toujours rendues de votre bon naturel et amitié pour moi, de laquelle je suis et serai toujours très reconnoissante. Et, au cas que les affaires s'accommodassent et que le service du Roi Monsieur mon frère le pût permettre, je désirerois bien de ravoir près de moi Mme du Fargis, car je l'aime et ai toujours connu en elle beaucoup de fidélité et d'affection à mon service. Je sais que V. M. a tant de bonne volonté pour moi qu'elle prendra plaisir que je m'adresse à elle pour les choses que je désire pour mon bien et mon repos, dont la principale est que ces couronnes soient bien ensemble et V. M. en aussi bonne santé comme je le souhaite, étant à jamais, de tout mon cœur, votre très humble et très obéissante fille.

ÉLIZABETH.

De Madrid, ce 20º février.

Appendice XI.

Liste des principaux documents manuscrits utilisés pour la rédaction du tome V des Mémoires.

Archives des Affaires étrangères.

France 245.

Pages

1625. — 3 septembre. Lettre du Cardinal au roi sur la convocation d'une assemblée 113-117

APPENDICES. 333

FRANCE 246.

Pages

1625. — Mai. Discours sur l'état des affaires présentes . . . . 19-30 et 250 et suivantes
— 25 novembre. « Discours tendant à voir si, ayant la guerre avec l'Espagne en Italie, il faut la faire aussi en dedans du royaume » . 182-199

FRANCE 780.

— 25 mai. Mémoire au sieur Bellujon sur l'accommodement à faire avec les huguenots . . . 40-43
— Juillet. Mémoire du Cardinal sur la rébellion du sieur de Soubise 45-53
— 30 août. Mémoire du Cardinal à Schönberg touchant la paix avec les huguenots . . . 54-56

FRANCE 782.

1626. — Février. Déclaration de l'évêque de Chartres au sujet de l'*Admonitio* et des *Mysteria politica* 239

FRANCE 795.

— Raisons pour lesquelles le Roi ne peut accorder les duels. 268-273

ANGLETERRE 33.

1625. — Juin. Relation de ce qui s'est passé avec le duc de Buckingham 84-98
— Juin. Avis sur les propositions du duc de Buckingham. 84-98
— 11 novembre. Lettre de Richelieu à Blainville, ambassadeur en Angleterre. 154-161

APPENDICES.

Pages

1625. — Décembre. Avis du Cardinal sur le voyage
de Buckingham . . . . App. IV

ANGLETERRE, SUPPLÉMENT 1.

— Juin. Instruction de Marie de Médicis à Henriette de France allant en Angleterre . . . App. I

ESPAGNE 14.

— Octobre. « Propos tenus entre M. le maréchal
de Schönberg et le marquis de Mirabel ». . 130-133
— Octobre. « Réponse qui sera faite au nom du
Roi au marquis de Mirabel » 133
— 29 octobre. Lettre du Roi à du Fargis, ambassadeur en Espagne. 134-138
— 6 décembre. Lettre de M. d'Herbault à M. du
Fargis 138-139
1626. — 7 janvier. Lettre de M. du Fargis au Roi. 210
— Janvier. Avis du Cardinal sur le traité de Monçon 212-214
— Février. Lettre du Cardinal à M. du Fargis. 217-219

HOLLANDE 9.

Sans date. — « Savoir s'il est licite de secourir les
Hollandois ». . . . . App. II

ROME 37.

1625. — Relation sommaire de ce qui s'est passé en
la négociation de M. le cardinal Barberin, légat
en France 101-111

SUISSE 19.

— 28 octobre. Instruction baillée à M. le maré-

APPENDICES.   335

chal de Bassompierre allant ambassadeur extraordinaire en Suisse 124-129

Turin 7.

1626. — Janvier. Réponse que le Roi fera au prince de Piémont et à l'ambassadeur de Venise. . 215-216
— Juin. Instruction au sieur de Bullion allant ambassadeur extraordinaire en Piémont 252-253

Venise 44.

— Instruction au sieur de Châteauneuf allant ambassadeur à Venise, en Valteline et en Suisse . 255-259

Bibliothèque nationale.

Français 3686.

1625. — 24 décembre. Lettre du Roi à M. d'Espesses. 165-166

Français 15990.

— 23 mars. « Instruction envoyée à M. de Béthune pour la dispense du mariage d'Angleterre » . 10-15
— Décembre. « Instruction au sieur Bautru allant en Angleterre » 172-174
— Décembre. « Dépêche que le sieur Bautru a portée en Angleterre » 175

Clairambault 521.

1626. — Réponse du Roi à l'ambassadeur d'Espagne touchant le traité fait par le sieur du Fargis . . 249

Archives nationales.

KK 1363.

Pages
1626. — Mars. Lettre du Roi à M. de Blainville . 224

M 232.

— Avis du garde des sceaux de Marillac au sujet
de la paix avec l'Espagne. 207-209

SOMMAIRES DU TOME CINQUIÈME

Année 1625.

Rébellion de Soubise; il s'empare de l'île de Ré et de vaisseaux à Blavet, p. 1-7. — Projet de mariage de Madame Henriette avec le roi d'Angleterre; retour du P. de Bérulle de Rome; difficultés au sujet de la religion; concessions faites par le Pape, 8-15. — Avènement de Charles Ier; son mariage avec Henriette de France, 16-17. — Révolte des protestants en Languedoc; mémoire de Richelieu au Roi au sujet de la marche à suivre pour les négociations de la paix, 17-30. — Descente de Soubise à Castillon de Médoc; le Roi demande des vaisseaux aux Hollandais; négociations avec eux et avec les Anglais, 31-38. — Négociations avec MM. de Rohan et de Soubise et avec les protestants, 39-49. — Soubise surprend traîtreusement l'amiral Haultain, 50-51. — Suite des négociations avec les protestants, 52-56. — Victoire navale du duc de Montmorency sur Soubise, 57-60. — Campagne de Lesdiguières en Savoie; sièges d'Asti et de Verrue par le duc de Feria; sa déroute par le connétable, 60-69. — Affaires des Pays-Bas; défense de Bréda; projets divers pour y faire passer des troupes; elles y sont envoyées par mer, 69-79. — Mort de Maurice de Nassau; capitulation de Bréda; retraite de Mansfeld en Allemagne, 79-82. — Affaires de la Valteline; le Pape envoie un légat en France, 82-84. — Arrivée du duc de Buckingham en France; demandes qu'il fait; avis du Cardinal suivi par le Roi, 84-98. — Départ de la jeune reine d'Angleterre; instruction qui lui est remise par sa mère; elle débarque à Douvres, 98-100. — Négociations avec le légat au sujet de la paix avec l'Espagne et des affaires de la Valteline et des Grisons, 101-111. — Le Cardinal conseille au Roi la tenue d'un conseil extraordinaire, 112-118. — Départ du légat pour Avignon; lettre du Roi au Pape, 118-

120. — Tenue de l'assemblée extraordinaire; discours du Cardinal; suite de la négociation, 120-124. — Bassompierre envoyé en Suisse comme ambassadeur extraordinaire; son instruction, 124-130. — L'Espagne renoue les négociations par son ambassadeur en France, 130-134. — Avis conforme de M. du Fargis; instruction qui lui est envoyée; propositions d'Olivarès rejetées par le Roi, 134-139. — Arrivée d'Henriette de France en Angleterre; procédés du roi et de Buckingham à son égard; peste de Londres, 140-145. — Difficultés en Angleterre à propos de la maison catholique de la reine; envoi de Blainville comme ambassadeur extraordinaire, 145-151. — Duplicité de Buckingham; réponse du Cardinal à ses demandes, 151-162. — Alliance conclue entre l'Angleterre et la Hollande; Buckingham mécontent qu'on refuse de le recevoir en France; il fait redemander par les Hollandais les vaisseaux prêtés au Roi, 162-168. — Nouvelles vexations en Angleterre contre la reine et les Français; mécontentement de Buckingham, 168-170. — Le Cardinal emploie l'influence du duc de Chevreuse en Angleterre; envoi de Bautru à Londres, 171-177. — Retour de Bautru avec des ambassadeurs anglais; voyage de l'évêque de Mende en France, 177-181. — Reprise des négociations avec les protestants; avis du Cardinal au Roi sur la marche à suivre pour arriver aux différentes paix, 181-200. — Apparition des *Mysteria politica* et de l'*Admonitio ad Regem*; leur condamnation par la Sorbonne, 201-204.

Année 1626.

Discussions au Conseil au sujet de la paix avec l'Espagne et avec les protestants; avis de Marillac, p. 205-209. — M. du Fargis signe à Madrid, contre ses instructions, un traité désavantageux; mécontentement du Roi, 209-212. — Moyen proposé par le Cardinal pour réparer cette faute; instructions nouvelles à du Fargis, 212-219. — Négociations avec les ambassadeurs d'Angleterre, 220-224. — Venue du prince de Piémont à Paris, 224-225. — Conclusion de la paix avec les protestants; conditions du traité, 225-228. — Réflexions sur la conduite du Cardinal à cette occasion, 229-230. — Mécontentement des Rohans, 230-232. — Conflit entre le Parlement et l'assemblée du clergé au sujet des *Mysteria* et de l'*Admonitio*, et de la censure de l'évêque de Chartres, 232-239. — Tempête contre les Jésuites à propos du livre de Santarelli, 239-247. — Nouvelles fautes de M. du Fargis en Espagne; traité de Monçon; mécontentement du Roi, 247-249. — Difficulté de le faire admettre aux alliés de la France; envoi de M. de Bullion en Savoie à ce sujet, 250-254. — Envoi de Châteauneuf à Venise, aux Grisons et près des cantons suisses pour le même objet, 255-260. — Surprise des ambassadeurs d'Angleterre; projet de convention avec eux pour la continuation de la guerre en Allemagne, 260-265. — Édit contre les duels; punition du marquis de Praslin, 265-274.

APPENDICES.

I. Instruction remise par Marie de Médicis à Henriette de France avant son départ pour l'Angleterre, p. 275. — II. Discours sur la légitimité d'une alliance avec les hérétiques et les infidèles, 283. — III. Discours prononcé par le cardinal de Richelieu à l'assemblée de Fontainebleau du 29 septembre 1625, 309. — IV. Avis de Richelieu sur le voyage de Buckingham, 311. — V. Lettre de Guillaume Bautru au cardinal de Richelieu sur sa mission en Angleterre, 314. — VI. Avis du garde des sceaux de Marillac au sujet de la paix avec l'Espagne, 320. — VII. Lettre de M. du Fargis au Roi, 326. — VIII. Lettre de Louis XIII au roi d'Angleterre, 328. — IX. Lettre de Louis XIII à M. de Blainville, 329. — X. Lettres de la reine d'Espagne au cardinal de Richelieu et à la Reine mère, 331. — XI. Liste des principaux documents manuscrits utilisés pour la rédaction du tome V des *Mémoires*, 332.

TABLE ALPHABÉTIQUE

A

Acqui (la ville d'), *60, 62.
Admonitio, pamphlet, 201-204, 233, 239.
Aerssen (François d'), ambassadeur de Hollande en France, *98, 165, 167, 196.
Aiguebonne (Rostaing-Antoine d'Urre d'), *215.
Aiguillon (le port d'), l'Équilon, *51.
Alexandre, roi de Macédoine, 2.
Aligre (Étienne d'), chancelier, 120.
Allemagne (l'), 21-23, 67, 87, 88, 92, 93, 97, 98, 126, 129, 134, 147, 160, 193, 194, 201, 202, 220, 260-263.
Allemands (les), 79, 231, 264.
Angers (l'évêque d'). Voy. Miron (Charles).
Amiens (la ville d'), 26, 99, 182.
Anglais (les), 12, 37, 38, 79, 85, 89-95, 97, 149, 156-158, 161, 162, 164, 170, 180, 185, 192, 193, 196, 205, 222, 262.
Angleterre (l'), 12, 13, 22, 52, 57, 60, 73, 87, 91, 92, 140, 149, 155, 168, 169, 172, 173, 177, 180, 202, 220, 222, 223, 231, 261.
Angleterre (le roi d'). Voy. Charles Ier.
— (la reine d'). Voy. Henriette de France.
— (les ambassadeurs d') en France. Voy. Carlton et Holland.
Anholt (Jean-Jacques de Brouchorst, baron d'), *73.
Anne d'Autriche, reine de France, 84, 99.

Antioche (le pertuis d'), 51.
Anvers (la ville d'), 80.
Aragon (l'), 247.
Archevêché (l'), à Paris, 16.
Artois (l'), 71, 74, 75, 89, 90, 93.
Asti (la ville d'), 60, 63, 64.
Aubais (le baron d'), *198.
Autriche (la maison d'), 21, 24, 97, 126, 162, 193, 231.
Avignon (la ville d'), 118.
Avranches (l'évêque d'). Voy. Péricard (François de).

B

Baden (le marquis de), 262.
Barbarie (la), 231.
Barberini (François, cardinal), *82-85, 96, 101-132, 135, 136, 187.
Bassompierre (le maréchal de), 124, 130.
Bautru (Guillaume), 172, 177, 178.
Bavière (Maximilien, duc de), *24.
— (la), 160, 202, 264.
Bellujon (Daniel de), 31, 38, 40-42, 54, 55, 198.
Bernard (saint), 242.
Bérulle (le P. de), 8, 14, 149.
Béthune (Philippe, comte de), ambassadeur de France à Rome, 11, 13, 83, 96, 101, 103, 124, 254, 255.
Blainville (M. de), ambassadeur de France à Londres, 148-153, 160-163, 168-170, 172, 178, 180, 196, 220-224.
Blavet (le port de), 2, 4.
Bordeaux (la ville de), 31.
Bormio (la ville et le comté de), 82, 104, 218, 259.

TABLE ALPHABÉTIQUE.

Boucher (le docteur Jean), *201.
Boulogne-sur-Mer (la ville de), 98.
Bourbourg (la ville de), 72.
Bourgogne (la), 126.
Brandebourg (Georges - Guillaume, margrave de), *21.
— (le), 261.
Brandtschatter (le pays de), 72.
Bréda (la ville de), 20, 70, 72-77, 80, 82, 189.
Bressan (le), pays de Brescia, 103.
Brouage (le port de), 59.
Bruges (la ville de), 71.
Brunswick (le duché de), 261.
Bruxelles (la ville de), 72.
Buckingham (Georges Villiers, duc de), 38, 84-89, 97, 98, 143-148, 151, 152, 154, 159-163, 168-172, 174-176, 179, 180, 192, 196.
— (la duchesse de), 144.
Bulle d'or (la), 263.
Bullion (Claude de), 189, 252, 254.

C

Cadix (la ville de), 89, 151, 186.
Cambrésis (le), 72.
Canelli (le bourg de), Cannes, *63.
Cannes. Voy. Canelli.
Cardinaux (les), 14.
Carlisle (le comte de), 146, 168, 169.
Carlton (Dudley, lord), ambassadeur d'Angleterre, *177, 180, 220, 221, 225, 230, 231, 260.
Castillon (la ville de), en Médoc, 31.
Castres (la ville de), 18, 19, 42.
Champagne (la), 24, 26, 28.
— (la lieutenance de Roi de), 274.
Chancelier de France (le). Voy. Aligre (Étienne d').
Charles Ier, roi d'Angleterre, 8, 12, 16, 22-24, 36, 70, 84, 86, 88-90, 95, 98-100, 140-144, 146-148, 150, 151, 155-158, 161, 162, 168-172, 177-180, 206, 221, 223, 224, 230.
Chartres (l'évêque de). Voy. Valençay (Léonor d'Estampes de).
Châteauneuf (Charles de l'Aubespine, marquis de), *255-260.
Chef-de-Baye ou Chef-de-Bois, près la Rochelle, *51, 58.
Chevreuse (le duc de), 145, 149, 150, 172-176.
— (la duchesse de), 172-173.
Chiavenna (la ville et le comté de), 82, 104, 218, 259.
Christian IV, roi de Danemark, *21, 81, 162, 180.
Clergé de France (le), 195, 196, 204, 232-238, 245, 246.
Coblentz (la ville de), 262.
Cœuvres (François - Annibal d'Estrées, marquis de), 82, 103.
Cologne (la ville de), 262.
Compiègne (la ville de), 99.
Confesseur du Roi (le). Voy. Séguiran (le P. de).
Créquy (Charles de Blanchefort de), 63, 64.
Crescentin (la ville de), *65.
Cros (le sieur du), 198.

D

Danemark (le), 93, 261, 262.
— (le roi de). Voy. Christian IV.
Denbigh (William Fielding, comte de), *152.
— (la comtesse de), 144.
Diane (la déesse), 2.
Dieppe (la ville de), 93.
Douvres (la ville de), 100, 140, 141.
Duels (l'édit sur les), 265-274.
Dunkerque (la ville de), 70, 72.

E

Effiat (le marquis d'), 145.
Électeur palatin (l'). Voy. Frédéric V.
Élisabeth, reine d'Angleterre, 142.

TABLE ALPHABÉTIQUE. 343

Élisabeth de France, reine d'Espagne, 248.
Empereur (l'). Voy. Ferdinand II.
Épernon (Jean-Louis de Nogaret de la Valette, duc d'), 19.
Équilon (l'). Voy. Aiguillon.
Érostrate, 2.
Escaut (l'), 71.
Espagne (l'), 8, 19, 20, 22-27, 29, 52, 60, 67, 85, 87-90, 92, 94, 96, 97, 101, 108, 125, 130, 131, 133, 135, 136, 158, 160, 162, 165, 169, 174, 181, 182, 187, 188, 192, 202, 203, 205-207, 216, 218, 224, 249, 255, 258, 260, 261.
— (le roi d'). Voy. Philippe IV.
— (la reine d'). Voy. Élisabeth de France.
— (l'ambassadeur d') en France. Voy. Mirabel (le marquis de).
Espagnols (les), 20, 22, 24, 30, 66, 67, 69, 71, 73, 75, 82, 91, 96, 109-111, 126, 127, 129, 130, 134, 135, 169, 185, 186, 188, 192, 206, 209, 211, 212, 251, 255, 257, 264, 265.
Espesses (M. d'), ambassadeur de France en Hollande, 162, 163, 167, 171, 174.
Étage. Voy. Ottagio.
Europe (l'), 12.
Éverly (Gabriel de la Vallée-Fossez, marquis d'), 224.

F

Fargis (Charles d'Angennes, seigneur du), *134, 136-139, 210-218, 247-249, 251, 260.
Faye-Saint-Orse (N. de Peyrebrune, sieur de), *42.
Ferdinand II, empereur, 194.
Feria (Gomez Suarez de Figueroa, duc de), *63, 64, 124, 259.
Flandre (la), 22, 25, 70, 71, 89, 201.
Fontainebleau (le château de), 44, 50, 83.
Forêt-Neuve (la), en Angleterre, 148.
Fort-Louis (le), près la Rochelle, 44, 46, 47, 49, 52, 55, 194, 228, 231.
Fosse-de-Loix (la), 57, 58.
Fossez (le sieur de). Voy. Éverly (le marquis d').
Français (les), 78, 79, 81, 110, 129, 146, 168, 170, 191.
France (la), 12, 13, 17, 25, 26, 28, 46, 49, 69, 73, 78, 81, 84, 87, 89, 91, 95, 107, 109, 113, 125, 135, 136, 140, 149, 152, 159, 160, 166, 170, 171, 173, 174, 176, 177, 179, 185, 193, 195, 203, 207, 208, 213, 232, 245, 258, 261, 262, 265.
— à Rome (l'ambassadeur de). Voy. Béthune (Philippe, comte de).
Friedland (le duc de). Voy. Wallenstein.

G

Gabor (Bethlen), 21.
Gavi (la ville de), *60, 63.
Gênes (la ville et la république de), 20, 22, 23, 30, 31, 62, 63, 87, 202.
Génois (les), 61, 254.
Germanie (la), 162, 193.
Gertruydenberg (la ville de), *79.
Gravelines (la ville de), 72.
Grisons (les), 83, 90, 103, 106-111, 119, 125-129, 132, 133, 135, 208, 211, 212, 217-219, 251, 255-259.
Guise (Charles de Lorraine, duc de), 45.
Gustave-Adolphe, roi de Suède, 21.

H

Hainaut (le), 71, 74, 75.
Hamilton (la marquise d'), 144.
Hasselt (la ville de), 72.
Haultain de Zoete (Guillaume), amiral de Zélande, *43, 50, 51, 59, 60, 163, 166, 167.
Havre (le port du), 170.
Haye (la ville de la), 165, 166.
Henri IV, roi de France et de Navarre, 16, 211, 266.

TABLE ALPHABÉTIQUE.

Henriette de France, dite Madame, reine d'Angleterre, 8, 12, 16, 98-100, 140-146, 148-151, 154, 159, 168, 169, 176, 178-180, 264, 270.
Hermite (le sieur L'), marin, 22.
Holland (le comte), ambassadeur d'Angleterre, 177, 180, 220, 224, 225, 230, 231, 260.
Hollandais (les), 22, 31, 33, 37, 50, 78, 162-168, 171, 185, 192, 196, 202, 231, 232.
Hollande (la), 13, 24, 79, 152, 153, 162, 163, 168, 170, 203, 261, 262.
Holstein (le duché de), 24, 81.
Hongrie (la), 24.
Huguenots (les). Voy. Protestants.

I

Indes occidentales (les), 22.
Irlande (l'), 52.
Italie (l'), 20, 22, 24, 25, 41, 46, 60, 66, 68, 69, 88, 90, 92, 94, 97, 103, 124, 123-126, 129, 130, 134, 181, 187, 188, 190, 195, 201, 285, 215, 255, 257, 260.
— (les princes d'), 23-25.
Italiens (les), 116.

J

Jacques Ier, roi d'Angleterre, 7-16, 84.
Jésuites (les), 240, 244-246.
Juliers (la ville de), 262.

L

Langres (l'évêque de). Voy. Zamet (Sébastien).
Langstraat (la région de), *79.
Languedoc (le), 2, 3, 39, 49, 181, 196-198, 215.
Launay-Rasilly (Claude de), *167.
Laval (Frédéric de la Trémoille, comte de), *56.
Légat du Pape (le). Voy. Barberini (François, cardinal).

Le Gras (Simon), évêque de Soissons, 233, 236.
Léopold (l'archiduc), 219.
Lesdiguières (le connétable de), 31, 44, 47, 48, 55, 56, 60, 62, 63, 65, 69, 189, 190; 226.
Leye (la). Voy. Lys (la).
Limours (le château de), 113.
Londres (la ville de), 142, 143, 145.
Loudrières (René de Talansac, sieur de), *55.
Louis (saint), roi de France, 268.
Louis XIII, roi de France, 1-3, 5, 7-17, 18-20, 23-30, 32-38, 40-49, 52, 54, 55, 61, 66, 69, 70, 77, 78, 83-85, 88-93, 97-103, 105-110, 112-129, 131-139, 146-150, 153, 156-166, 171, 172, 174, 178-183, 186, 187, 190, 192-197, 200, 203, 205, 207-230, 232, 233, 236-238, 245, 247-251, 254-260, 265-267, 270-274.
Lucerne (la ville de), 128.
Lumen (la ville de), *72.
Lunebourg (la ville de), 262.
Lys (la) ou Leye, rivière, 71.

M

Madame. Voy. Henriette de France, reine d'Angleterre.
Madiane (Jean de Bouffard, dit), *198.
Madrid (la ville de), 247.
— (le traité de). 102, 110, 132.
Mahomet, 242.
Mansfeld (Ernest, comte de), 20, 21, 26, 33, 70, 71, 75-77, 80, 81, 89, 93.
Mantin (Théodore de), *5, 50, 60, 163, 168.
Marans (le gouvernement de), 274.
Marguerite de Valois, reine de Navarre, 16.
Marie de Médicis, reine de France, 8, 55, 84, 99, 100, 114, 180, 248.
Marillac (Michel de), garde des sceaux, 207.

TABLE ALPHABÉTIQUE. 345

Maurice (le comte). Voy. Nassau.
Mende (l'évêque de). Voy. Motte-Houdancourt (Daniel de la).
Metz (la ville de), 262.
Milan (la ville et l'État de) ou Milanais, 67, 126, 188, 216, 252, 253, 257-259.
Milhau (la ville de), 42.
Milletière (Théophile Brachet, sieur de la), 198.
Mirabel (le marquis de), ambassadeur d'Espagne en France, 130-133, 138, 212, 213, 215, 248.
Miron (Charles), évêque d'Angers, *235.
Monçon (la ville et le traité de), 247, 260.
Monsieur. Voyez Orléans (Gaston, duc d').
Montauban (la ville de), 18, 19, 42.
Montmorency (Henry II, duc de), 50, 57, 59, 191, 196.
Montpellier (le traité de), 44, 46.
Morisques (les), 232.
Moselle (la), 262.
Motte-Houdancourt (Daniel de la), évêque de Mende, 179, 180, 223.
Mysteria politica, pamphlet, 201-204, 233, 239.

N

Nantes (la ville de), 5.
Nassau (le comte Maurice de), 70, 79, 80.
Nevers (Charles de Gonzague-Clèves, duc de), 47.
Nice-de-la-Paille (la ville de), *63.
Nîmes (la ville de), 42.
Noaillan (Pierre), *53, 56.
Nonce du Pape (le) en France. Voy. Spada (Bernardino).
Normandie (le régiment de), 215.
Notre-Dame (l'église), à Paris, 16.
Novi (la ville de), *60.

O

Oléron (l'île d'), 44, 57, 59, 228, 231.

Olivarès (Gaspard de Guzman, comte-duc d'), 134, 137-138, 210, 211, 213, 214, 217, 247, 248.
Olonne (le port d'), 51.
Oneglia (la ville d'), Oneille, *61.
Orange (Henri de Nassau, prince d'), *80.
Orléans (Gaston, duc d'), dit Monsieur, 99.
Ottagio (le bourg d'), Étage, *61.
Oxford (la ville d'), 145.

P

Palatin (Frédéric V, électeur), 24, 86, 87, 95, 162, 202.
Palatinat (le), 30, 85, 87-90, 95, 97, 98, 160, 180, 201, 202, 262.
Papes (les), 240-243. Voy. Urbain VIII.
Paris (la ville de), 16, 83, 98, 220, 260.
Parlement d'Angleterre (le), 38, 145-147, 180.
— de Paris (le), 232-238, 243-245, 271, 272, 274.
Pays-Bas (les), 20.
Péricard (François de), évêque d'Avranches, 236.
Persans (les), 194.
Pescharnaud (le sieur de), *53, 56.
Philippe IV, roi d'Espagne, 25, 78, 87, 101, 125, 128, 131, 133, 136-139, 208, 214, 217, 219, 220, 249.
Philippe le Bel, roi de France, 268.
Picardie (la), 23, 26, 93.
Piccolomini (Octave), *189.
Piémont (Victor-Amédée Ier de Savoie, prince de), 225, 251, 252.
— (le), 28, 63, 67, 186, 188, 252.
Pieve (la ville de), *61.
Plymouth (la ville de), 151.
Pô (le), fleuve, 64, 65.
Poitou (le), 50.
Ponant (la rivière du), 61.
Port-Louis (le), 168.

Portsmouth (la ville de), 164, 168.
Poschiavo (la ville de), 103.
Praslin (Charles de Choiseul, maréchal de), 31, *41, 43, 190, 191, 226, 274.
— (Roger de Choiseul, marquis de), *274.
Protestants (les), 1, 12, 13, 17, 19, 24, 26, 27, 29, 30, 35, 38, 49, 65, 88, 91, 118, 122, 155, 157, 164, 171, 181-190, 194, 196, 197, 205-207, 213, 220, 225-230, 232, 263, 265.
Provinces-Unies (les), 73, 162. Voy. Hollande.
Puritains (les), 12.

Q

Querolhein (le sieur de), *4.

R

Ré (l'île de), 4, 44, 57, 228, 231.
Rhin (le), 81, 262.
Richelieu (le cardinal de), 16, 17, 19, 32, 33, 35, 36, 44, 45, 54, 66-68, 78, 83, 90-96, 99, 112-117, 120-122, 149, 154, 157, 160, 164, 165, 167, 171, 179, 182, 183, 200, 202, 206, 212-215, 229-231, 236, 239, 240, 245, 248, 264, 267-269, 272, 273.
Riva di Chiavenna (la ville de), *82.
Rochefoucauld (François V, duc de la), 43, 57.
— (le cardinal de la), 233.
Rochelais (les), 4, 43, 47, 48, 52, 55, 181, 182, 205, 228.
Rochelle (la ville de la), 17, 18, 31, 39, 41, 42, 46, 47, 49, 55, 56, 58, 157, 168, 181, 185, 186, 188, 191, 192, 196-198, 200, 226-228.
Rohan (Henri, duc de), 2, 3, 18, 39, 41, 42, 44, 46, 47, 49, 215, 230.
— (Catherine de Parthenay, dame de), *3, 231, 232.
— (Marguerite de Béthune, duchesse de), 3.

Rohan (Henriette, demoiselle de), *3.
Rome (la ville et la cour de), 8, 10, 13, 83, 106, 130, 132, 187, 229, 230, 238, 240, 254, 255.

S

Sables-d'Olonne (la ville des), 1.
Saint-Georges (Mme de), dame d'honneur d'Henriette de France, *142, 144.
Saint-Jean-d'Angély (la ville de), 1.
Saint-Julien (le chevalier de), 5, 37.
Saint-Luc (Timoléon d'Espinay, marquis de), 57.
Saint-Malo (la ville de), 168.
Saint-Martin-de-Ré (le bourg de), 51, 59.
Saint-Michel (le), vaisseau, 59.
Salisbury (la ville de), 152.
Santarelli (Antonio), *240-247.
Savoie (Charles-Emmanuel Ier, duc de), 23, 47, 48, 60-62, 125, 216, 251, 252, 254, 255, 261.
— (l'ambassadeur de) en France, 213.
— (la), 88, 117, 127, 202, 203, 213, 216.
Savone (la ville de), 61, 62.
Saxe (la), 21.
— (le cercle de Basse-), 81.
Scheurken (le canal de), 71.
Schönberg (Henri, maréchal de), 131, 132, 138.
Séguiran (le P. Gaspard de), confesseur de Louis XIII, *14.
Sillery (le commandeur de), 132.
Soissons (l'évêque de). Voy. Le Gras (Simon).
Sorbonne (la), 14, 203, 204, 243-246.
Soubise (Benjamin de Rohan, seigneur de), 1-7, 17, 18, 31, 32, 39, 41, 43-47, 50, 51, 56-59, 62, 118, 150, 156, 157, 164, 168, 230, 231.
Southampton (Thomas Wriothesley, comte de), *148.

TABLE ALPHABÉTIQUE. 347

Spada (Bernardino), nonce du pape en France, 9, 11, 13, 14.
Spinola (Ambroise), 20, 26, 71, 73, 75, 76, 80, 188, 189.
Suède (la), 261.
— (le roi de). Voy. Gustave-Adolphe.
Suisses (les cantons), 124-130, 257-259.

T

Tadon (le fort de), à la Rochelle, 228.
Tente (le canal de la), 71.
Thémines (le maréchal de), 19, 226.
Thienen. Voy. Tirlemont.
Tillières (le comte de), 147, 151.
Tilly (Jean Tserclaes, comte de), 82.
Tirlemont (la ville de) ou Thienen, *72.
Titchfield (le château de), *148.
Todos-los-Santos (la baie de), *22.
Toiras (Jean de Saint-Bonnet, seigneur de), 39, 57, 196.
Trèves (l'évêché de), 262.
Troyes (la charge de bailli de), 274.
Turcs (les), 156, 194, 231, 232.
Turin (la ville de), 65.

U

Urbain VIII, pape, 8, 10-15, 24, 82, 96, 101-103, 106, 108-111, 119, 120, 122, 123, 125, 127, 128, 130, 132-137, 145, 156, 208, 209, 213, 255.
Uzès (la ville d'), 42.

V

Valaisans (les), 62.
Valençay (Léonor d'Estampes de), évêque de Chartres, 204, 232, 234-236, 238, 239.
Valence (le concile de), en 855, 268.
Valteline (la), 20, 23, 24, 30, 60, 82, 83, 87, 92, 102-111, 122, 124-126, 129, 137, 186, 188, 201-203, 207-209, 215, 217, 253, 255-258.
Valtelins (les), 129, 132, 133, 211, 218, 219, 256-259.
Vendôme (César, duc de), 5, 6.
Venise (la ville et la république de), 23, 88, 117, 125, 127, 129, 202, 203, 213, 259, 261.
— (l'ambassadeur de) à Paris, 213.
Vénitiens (les), 103, 251.
Verrue (la ville de), *64, 65, 67, 69, 186, 187.
Verse (la rivière de la), 64.
Vierge (la), vaisseau, 59.
Vignoles (Bertrand de), 65, *68, 216, 254.
Ville-aux-Clercs (M. de la), 145.
Vitelleschi, général des Jésuites, *240.

W

Wallenstein (Albert de), duc de Friedland, *82.
Weser (le), 81.
Westphalie (la), 81.
Worms (la ville de), 262.
Wurtemberg (le duc de), 21.

Y

Ypres (la ville d'), 71.

Z

Zamet (Sébastien), évêque de Langres, 233.
Zampa (la), 79.
Zucarella (terre de), 251, 254.

ADDITIONS ET CORRECTIONS.

Page 18, note 1, ligne 3. Au lieu de : *adieu*, lire : *adieux*.

Page 100, note 3, dernière ligne. Au lieu de : *Bibl. nat.*, lire : *Arch. nat.*

Page 112, note 1, première ligne. Au lieu de : *Première rédaction du manuscrit B*, lire : *du manuscrit A*.

Page 212, note 1, ligne 3. Au lieu de : *Espagne 13*, lire : *Espagne 14*.

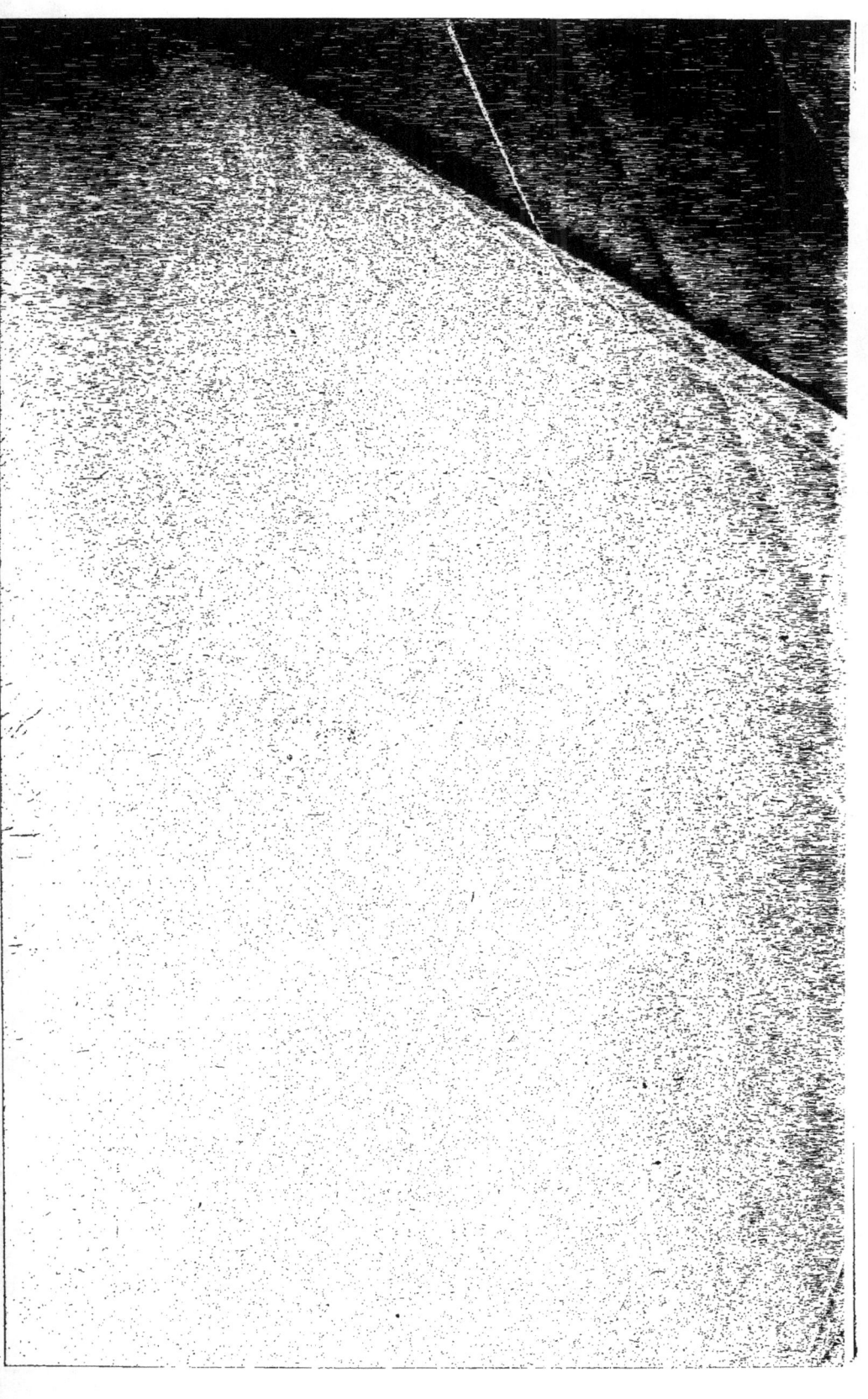

Ouvrages publiés par la Société de l'Histoire de France
depuis sa fondation en 1834.

In-octavo à 12 francs le volume, 10 francs pour les Membres de la Société.
Les volumes parus à partir de 1920 sont vendus 15 francs; pour les sociétaires, 12 francs.

Ouvrages épuisés.

L'Ystoire de li Normant. 1 vol.
Lettres de Mazarin. 1 vol.
Villehardouin. 1 vol.
Histoire des Ducs de Normandie. 1 vol.
Grégoire de Tours. Histoire ecclésiast. des Francs. 4 v.
Beaumanoir. Coutumes de Beauvoisis. 2 vol.
Mém. de Coligny-Saligny. 1 v.
Mémoires et Lettres de Marguerite de Valois. 1 vol.
Comptes de l'Argenterie. 1 v.
Richer. Hist. des Francs. 2 v.
Mémoires de Cosnac. 2 vol.
Journal d'un Bourgeois de Paris sous François Ier. 1 v.
Chron. des comtes d'Anjou. 1 v.
Lettres de Marguerite d'Angoulême. 2 vol.
Joinville. Hist. de saint Louis. 1 vol.
Chronique des quatre premiers Valois. 1 vol.
Guillaume de Nangis. 2 vol.
Mém. de P. de Fenin. 1 vol.
Œuvres de Suger. 1 vol.
Histoire de Bayart. 1 vol.
Procès de Jeanne d'Arc. 5 v.
Mém. de Commynes. 3 vol.
Chronique de Morée. 1 vol.

Ouvrages épuisés en partie.

Œuvres d'Éginhard. 2 vol.
Barbier. Journal du règne de Louis XV. 4 vol.
Choix de Mazarinades. 2 vol.
Bibliographie des Mazarinades. 3 vol.
Hist. de Charles VII et de Louis XI, par Th. Basin. 4 v.
Grégoire de Tours. Œuvres diverses. 4 vol.
Orderic Vital. 5 vol.
Corresp. de Maximilien et de Marguerite. 1 vol.
Le Nain de Tillemont. Vie de saint Louis. 6 vol.
Mém. de Mathieu Molé. 4 v.
Chron. de Monstrelet. 6 vol.
Chron. de J. de Wavrin. 3 vol.
Mémoires d'Argenson. 9 vol.
Œuvres de Brantôme. 11 v.
Mém. et Lettres de Monluc. 5 vol.
Mém. de Bassompierre. 4 vol.
Chanson de la croisade contre les Albigeois. 2 vol.
Chron. de J. Froissart. 13 v.
L'Histoire de Guillaume le Maréchal. 3 vol.

Mémoires de Gourville. 2 vol.
Mémoires de Souvigny. 3 vol.
Mém. de M. et G. du Bellay. 4 v.
Établissements de St Louis. 4 vol.

Ouvrages non épuisés.

Registres de l'Hôtel de Ville pendant la Fronde. 3 vol.
Miracles de S. Benoît. 1 vol.
Mém. de Beauvais-Nangis. 1 vol.
Chronique de Mathieu d'Escouchy. 3 vol.
Pièces inédites du règne de Charles VI. 2 vol.
Comptes de l'hôtel. 1 vol.
Rouleaux des morts. 1 vol.
Mém. et corresp. de Mme du Plessis-Mornay. 1 vol.
Chron. des églises d'Anjou. 1 v.
Chroniques d'Ernoul et de Bernard le Trésorier. 1 vol.
Annales de S.-Bertin et de S.-Vaast d'Arras. 1 vol.
Histoire de Béarn et de Navarre. 1 vol.
Chroniques de Saint-Martial de Limoges. 1 vol.
Nouveau recueil de comptes de l'Argenterie. 1 vol.
Chronique du duc Louis II de Bourbon. 1 vol.
Chronique de J. Le Fèvre de Saint-Remy. 2 vol.
Récits d'un ménestrel de Reims au XIIIe siècle. 1 v.
Lettres d'Ant. de Bourbon et de Jeanne d'Albret. 1 vol.
Mém. de La Huguerye. 3 vol.
Anecdotes et apologues d'Étienne de Bourbon. 1 vol.
Extraits des auteurs grecs concern. les Gaules. 6 vol.
Mémoires de N. Goulas. 3 v.
Gestes des évêques de Cambrai. 1 vol.
Chron. normande du XIVe s. 1 v.
Relation de Spanheim. 1 vol.
Œuvres de Rigord et de Guillaume le Breton. 2 v.
Mém. d'Ol. de la Marche. 4 v.
Lettres de Louis XI. 11 vol.
Mémoires de Villars. 6 vol.
Notices et documents, 1884. 1 v.
Journal de Nic. de Baye. 2 v.
La Règle du Temple. 1 vol.
Hist. univ. d'Agrippa d'Aubigné. 10 vol.
Le Jouvencel. 2 vol.
Chron. de Jean d'Auton. 4 vol.
Chron. d'A. de Richemont. 1 v.
Chronographia regum Francorum. 3 vol.

Mémoires de Du Plessis-Besançon. 1 vol.
Éphém. de La Huguerye. 1 vol.
Hist. de Gaston IV, comte de Foix. 2 vol.
Journal de J. de Roye. 2 vol.
Chron. de Richard Lescot. 1 v.
Brantôme, vie et écrits. 1 vol.
Journal de J. Barrillon. 2 vol.
Lettres de Charles VIII. 5 vol.
Mém. du chev. de Quincy. 3 v.
Chron. de Morosini. 4 vol.
Doc. sur l'Inquisition. 2 vol.
Mém. du vic. de Turenne. 1 vol.
Chron. de Perceval de Cagny. 1 vol.
Journal de J. Vallier. T. I à IV.
Mém. de Saint-Hilaire. 6 vol.
Journal de Fauquembergue. 3 vol.
Chron. de Jean le Bel. 2 v.
Mémoriaux du Conseil. 3 vol.
Chron. de G. Le Muisit. 1 vol.
Rapports et Notices sur les Mém. de Richelieu. T. I et II.
Mém. du cardinal de Richelieu. T. I à V.
Mém. du mar. de Turenne. 2 v.
Grandes Chroniques de France, depuis les origines. T. I.
Grandes Chroniques de France : Jean II et Charles V. 4 vol.
Mém. du mar. d'Estrées. 1 vol.
Corresp. de Vivonne relative à Candie. 1 vol.
Correspondance du chevalier de Sévigné. 1 vol.
Lettres du duc de Bourgogne. 2 vol.
Mém. de Beaulieu-Persac. 1 v.
Mém. de Florange. T. I.
Histoire de la Ligue. T. I.
Corr. de Vivonne relative à Messine. 2 vol.
Campagnes de Mercoyrol de Beaulieu. 1 vol.
Mém. de Brienne. 3 vol.
Dépêches des Ambassadeurs milanais. T. I à III.
Mém. du maréchal de Richelieu.

SOUS PRESSE :

Dépêches des Ambassadeurs milanais. T. IV.
Grandes Chroniques : Mérovingiens et Carolingiens. T. II.

ANNUAIRES, BULLETINS ET ANNUAIRES-BULLETINS (1834-1920).
In-18 et in-8°, à 2 et 6 francs.
(Pour la liste détaillée, voir à la fin de l'Annuaire-Bulletin de chaque année.)

Nogent-le-Rotrou, imprimerie Daupeley-Gouverneur.

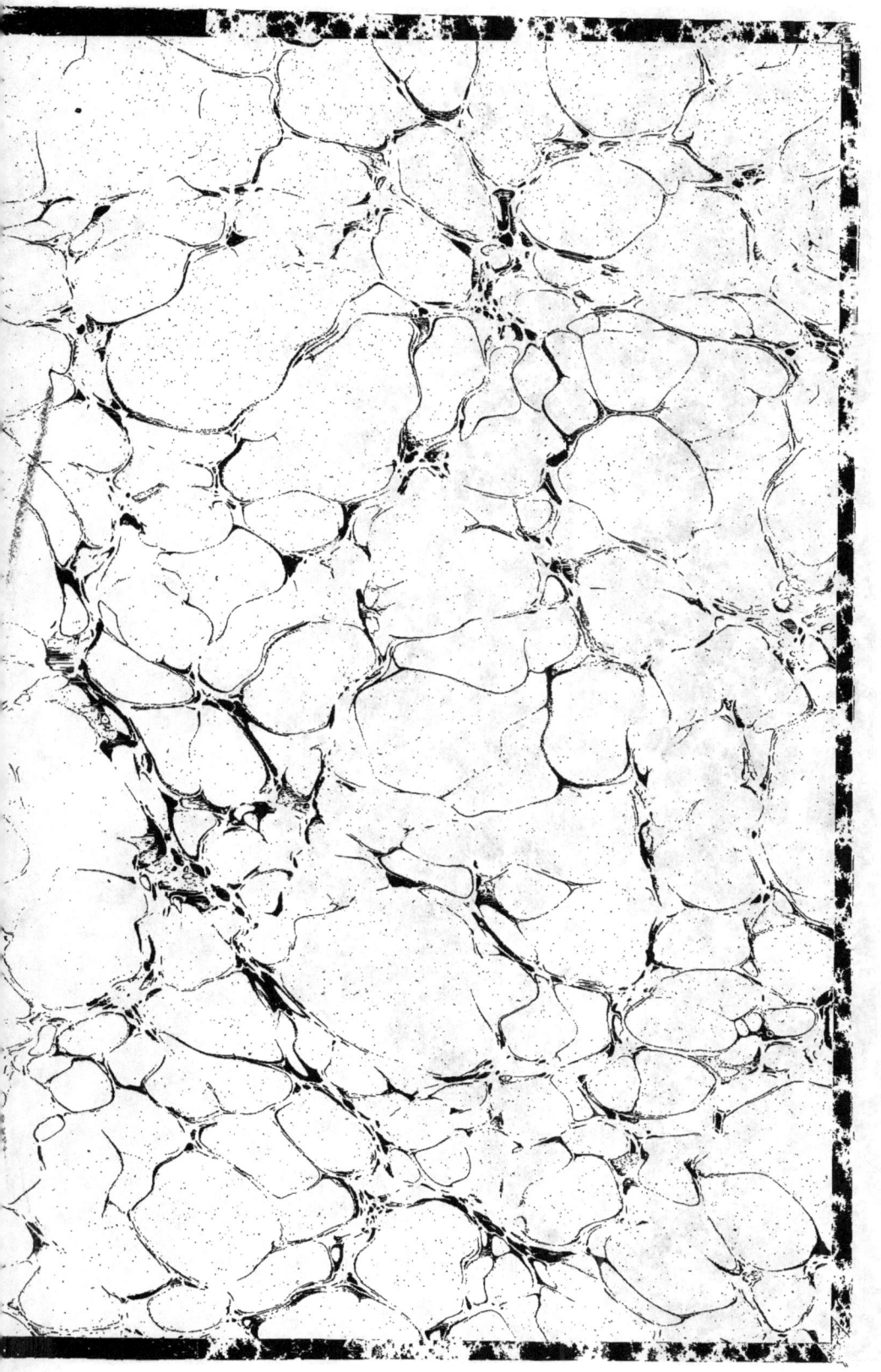

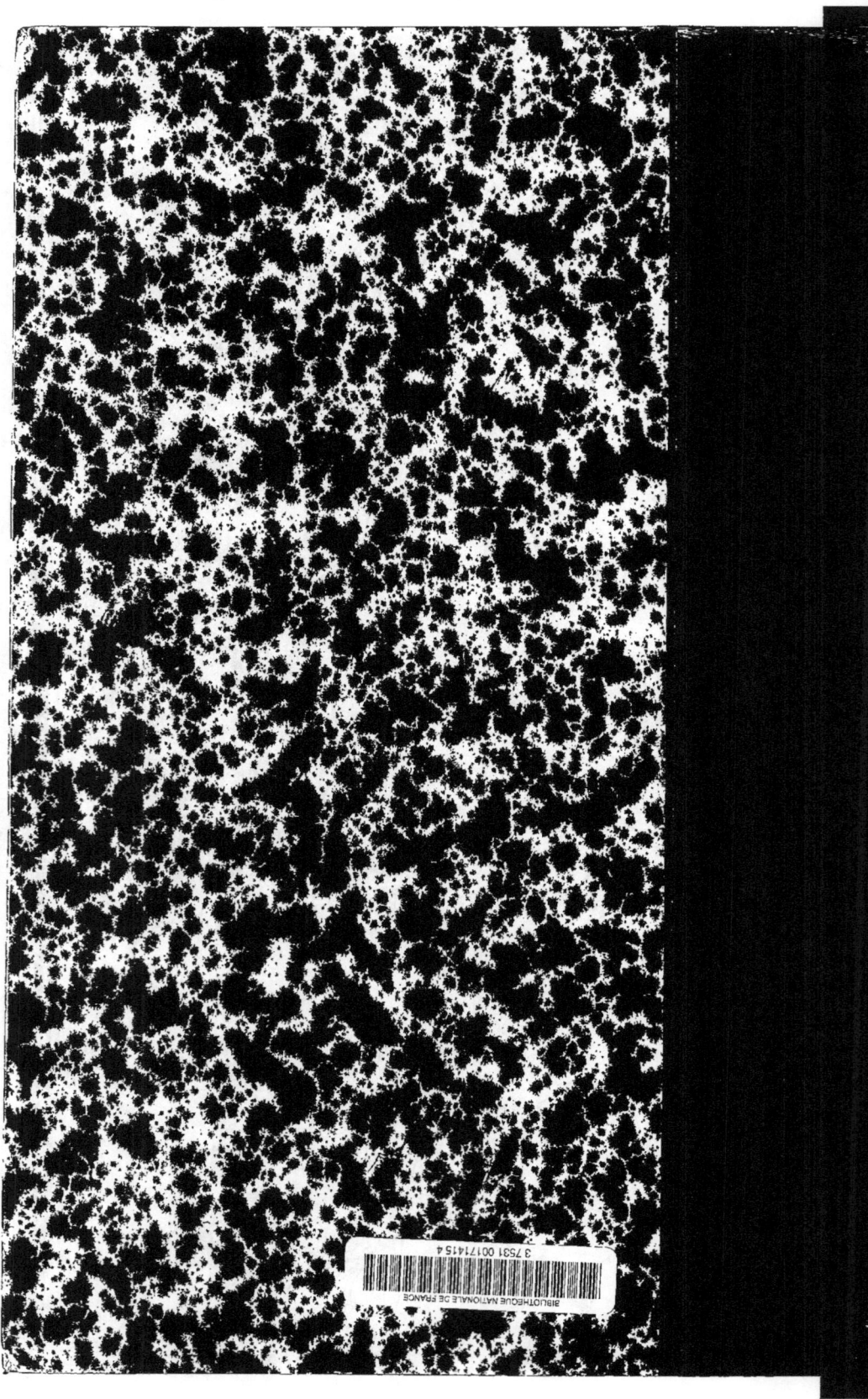

www.ingramcontent.com/pod-product-compliance
Lightning Source LLC
Chambersburg PA
CBHW070453170426
43201CB00010B/1325